민족종교와
민의 철학

조선대학교 우리철학연구소 우리철학총서 05
근대전환기의 한국철학 〈民〉

한국학
총 서

민족종교와
민의 철학

이종란·김현우·이철승 지음

學古房

19세기 후반기부터 20세기 전반기까지 약 100년 동안의 한국 사회는 격동의 시기였다. 이 시기는 '전통'과 '현대' 및 '동양'과 '서양' 등의 가치관이 혼재되면서 많은 문제가 발생했다. 특히 사상계는 일본 사람인 서주西周(니시 아마네 : 1829~1897)에 의해 굴절된 상태로 소개된 '철학哲學' 용어의 출현과 일제 강점기의 도래로 인해 새로운 문화가 형성되었다.

서양 근대 문명을 동경했던 서주는 '지혜를 사랑함'이라는 'Philosophia, Philosophy'를 '철학'으로 번역했다. 이때 그와 일본의 주류 사상계는 근대 과학 문명을 탄생시킨 서구적 사유를 물리物理와 심리心理를 아우르는 '철학'으로 여기고, 유·불·도를 중심으로 하는 동아시아의 전통적 사유를 심리心理의 영역으로 제한시켰다.

특히 일제 강점기에 서양 선진국의 교육시스템을 모방한 동경제국대학의 교육 체계를 모델로 삼은 경성제국대학 철학과의 주요 교과목은 서양철학 위주로 편성되었다. 이 무렵 한국의 전통철학은 제도권 안에서 부분적으로 수용되었다. 따라서 전통철학은 제도권 안에서 독자적인 영역을 확보할 기회를 갖지 못하고, 주로 제도권 밖에서 연구되었다. 이 때문에 당시의 많은 사람들에게 서양철학은 보편적인 철학이고, 전통의 동양철학은 특수한 철학으로 여겨졌다. 이러한 상황은 많은 학자들에게 서양철학에 대한 무비판적인 수용과 동양철학에 대한 연구의 소홀을 가져오도록 안내했다. 이러한 비주체적인 학문 탐구 경향은 해방 정국 이후부터 산업화시기인 20세기 후반까지 이어졌다.

비록 일부의 학자들에 의해 학문의 주체성 회복과 우리철학의 정립을 위한 연구가 진행되었지만, 철학계에서 그들의 영향력은 크지 않았다. 그러나 20세기 말의 민주화 과정에서 철학의 현실화와 주체적인 학문 탐구를 중시하는 일군의 학자들에 의해 우리철학 정립에 대한 열기가 고조되었다. 그들은 서양철학을 무비판적으로 수용하는 태도와 전통철학을 맹목적으로 옹호하는 태도를 지양하였다. 그들에 따르면 비주체적인 철학 활동은 건조한 수입철학으로 전락하거나, 복고적인 훈고학의 울타리를 벗어나기 어렵다. 이러한 비주체적인 철학 활동은 창의적인 사유를 통한 생명력 있는 이론을 생산하고 발전시키는 면에 제한적이다. 이를 해결하기 위해 시대정신에 대한 통찰력을 강화할 필요가 있다.

우리철학의 정립에 대한 이러한 풍조는 21세기에 확산되고 있다. 조선대학교 우리철학연구소는 비주체적인 철학 풍토를 비판적으로 성찰하고, 통일 시대에 부응하는 21세기형 우리철학의 정립을 목표로 2014년에 설립되었다.

21세기형 우리철학이란 역동적인 시대의 다양한 특성을 반영한 것으로서 한국 전통철학의 비판적 계승, 외래철학의 한국화, 한국의 특수성과 세계의 보편적 흐름을 유기적으로 결합한 사유체계이다. 곧 21세기형 우리철학은 특수와 보편의 변증법적 통일로서 한국의 전통철학과 외래철학과 현실 문제 등에 대해 시대정신을 반영하여 주체적으로 연구한 이론체계를 의미한다.

이 총서는 조선대학교 우리철학연구소가 2015년 한국학중앙연구원의 '2015년도 한국학총서' 사업에 선정된 〈우리철학, 어떻게 할 것인가? – 근대전환기 한국철학의 도전과 응전 – 〉의 연구 성과를 집약한 것이다.

조선대학교 우리철학연구소의 이 총서 사업은 근대전환기 한국사회에서 발생한 철학 담론을 탐구하는 결과물로서 전통의 유·불·도 철학과 민족종교와 미의식 등을 주요 연구대상으로 한다. 이 사업은 민족, 계층, 종교, 이념, 동양과 서양, 전통과 현대, 특수와 보편 등의 문제가 중첩된 근대전환기의 한국사회를 철학적 가치로 재해석하여, 21세기의 시대정신에 부응하는 우리철학 정립의 이론적 토대를 제공하고자 한다. 이 연구는 19세기 후반부터 21세기의 현재까지 취급하는 총론을 제외한 7개의 주제에 대해 19세기 중·후반부터 20세기 전반기까지 약 100년 동안의 전통철학 전반을 대상으로 한다. 내용은 총론, 리理, 심心, 기氣, 실實, 교敎, 민民, 미美 등 총 8개의 주제이다. 총서는 △총론 : 우리철학, 어떻게 할 것인가 △성리학 : 근대전환기의 한국철학 〈理〉 – 호락논변의 전개와 현대적 가치 △심학 : 근대전환기의 한국철학 〈心〉 – 실심실학과 국학 △기철학 : 근대전환기의 한국철학 〈氣〉 – 서양 문명의 도전과 기의 철학 △실학 : 근대전환기의 한국철학 〈實〉 – 현실 비판과 근대지향 △종교철학 : 근대전환기의 한국철학 〈敎〉 – 근대전환기 도교·불교의 인식과 반응 △민족종교 : 근대전환기의 한국철학 〈民〉 – 민족종교와 민의 철학 △미학 : 근대전환기의 한국철학 〈美〉 – 근대 한국미의 정체성 등 총 8권으로 구성된다.

총론인 『우리철학, 어떻게 할 것인가』(이철승)는 21세기형 우리철학의 정립이라는 문제의식으로 '철학' 용어가 출현한 19세기 후반부터 21세기가 진행되고 있는 현재까지 한국 철학계의 현황을 고찰한다. 또한 우리철학 정립의 이론적 토대에 해당하는 고유의식, 외래철학의 한국화, 전통철학의 비판·계승·변용, 자생철학의 모색 등을 살펴보고, 우리철학 정립의 사회적 토양에 해당하는 다양한 정치 현실과 문화 현상을 분석한다. 그리고 특수와 보편 및 타율성과 자율성의 등의 시각으로 우리철학 정립의 방법을 모색하고, 같음과 다름의 관계와 어울림철학을 중심으로 하는 우리철학 정립의 한 유형을 고찰한다.

근대전환기의 한국철학 〈理〉인 『호락논변의 전개와 현대적 가치』(홍정근)는 호론과 낙론 사이의 학술논변을 다루고 있다. 호락논변은 중국이나 일본 등 다른 전통 사회에서 찾아볼 수 없는 독자성이 강한 우리철학의 한 유형이다. 이 논변은 중국과 일본을 비롯한 전통의 동아시아사회에서 찾아볼 수 없는 독자성이 있다. 이 책은 호락논변 초기의 사상적 대립, 절충론의 등장, 실학에 끼친 영향 등을 서술하였고, 20세기 학자인 이철영의 사상을 집중적으로 검토하였다. 이철영은 호락논변을 재정리하고, 자신만의 새로운 학설을 정립한 학자이다. 다음으로 호락논변의 논쟁점을 총체적 관점에서 인물성동이논변과 미발심성논변으로 나누어 기술하였다. 마지막 장에서는 호락논변에 함유되어 있는 근현대적 가치들을 살펴보았다.

근대전환기의 한국철학 〈心〉인 『실심실학과 국학』(김윤경)은 근대 격변기 속에서 속일 수 없는 자기 본심을 자각하고 '실현'해 나간 양명학 수용자들의 철학적 문제의식, 자기수양, 사회적 실천 등을 고찰하였다. 이들의 중심에는 정제두 이래 양명학을 주체적으로 수용하고 계승한 이건승, 이건방, 정인보 등 하곡학파가 있다. 하곡학파는 실심실학에 기초한 주체적 각성, '국학'의 재인식과 선양이라는 실천으로 식민지 현실을 극복하고자 하였다. 또한 본서에서는 하곡학파에 속하지 않지만, 하곡학파와 긴밀히 교류하면서 양명학적 유교 개혁을 추구한 박은식, 화담학과 양명학의 종합으로 독창적인 학술체계를 건립한 설태희, 진가논리로 불교개혁을 추구한 박한영 등의 사유를 부분적으로 취급하였다.

근대전환기의 한국철학 〈氣〉인 『서양 문명의 도전과 기의 철학』(이종란)에서 탐구하는 주제는 근대전환기 과학과 그리스도교로 대표되는 서양문명의 도전에 따라 그것을 수용·변용하거나 대응한 논리이다. 곧 기철학자와 종교사상가들이 서양문명의 수용·변용·대응 과정에서 기의 논리를 핵심으로 삼아, 전통사상의 계승·발전·극복 등의 사유 과정을 구체적으로 분석하였다.

근대전환기의 한국철학 〈實〉인 『현실비판과 근대지향』(김현우)에서는 한민족에게 내재한 현실 중심의 개혁·실천·개방의 전통 사유를 중심으로 근대전환기 전통 개혁론의 계승과 확산, 서구 과학기술의 수용과 한계, 초기 사회주의 수용과 경계 등을 대주제로 삼았다. 이를 바탕으로 북학파의 계승과 개화파의 등장, 1840년 아편전쟁 이후 한국 정부의 대응, 서구 문명에 대한 인식 변화, 문명과 유학과의 관계 재정립, 실학자들의 재발견, 보편 문명과 민족 문화와의 충돌과 해소, 사회 주체로서 국민의 등장, 대한민국 임시정부와 사회주의 소련과의 조우 등을 세부적으로 분석하였다.

근대전환기의 한국철학 〈教〉인 『근대전환기 도교·불교의 인식과 반응』(김형석)은 도교철학과 불교철학을 중점적으로 취급한다. 도교의 경우, 근대전환기 한국 도교 전통의 맥락을 계승하면서 수련도교의 큰 축을 이루고 있는 전병훈의 『정신철학통편』을 중심으로 살펴본다. 특히 한국 도교전통을 통해 동·서문명의 만남, 전통과 근대의 만남을 기획했던 그의 세계관과 정치사상을 분석하였다. 불교의 경우, '호법護法', '호국護國', '호민護民' 등의 프리즘으로 숲과 마을, 성과 속, 교단과 세속권력, 종교와 정치 사이 등과 같은 당시의 시대적 모순에 대한 불교계의 인식과 반응을 분석하였다. 이는 정치주체와 '외호'의 주체에 대한 해석 문제, 한국불교전통의 계승과 불교 근대화의 문제, 불교 교단의 승인·운영·관리 문제 등의 형태로 드러났다.

근대전환기의 한국철학 〈民〉인 『민족종교와 민의 철학』(이종란·김현우·이철승)은 동학·대종교·증산교·원불교 등 민족종교의 사상 속에 반영되어 있는 당시 민중들의 염원과 지향 및 사유를 철학적 관점으로 재구성하였다. 이들 종교는 모두 전근대적 민에서 주체의식과 민족정체성, 상생과 평화, 공동체 의식을 갖는 근대적 시민으로 자각하도록 이끄는 데 일조하였음을 밝혔다.

근대전환기의 한국철학 〈美〉인 『근대 한국미의 정체성』(이난수)은 19세기 후반부터 20세기 전반까지 한국 사회에서 풍미했던 고유의 미의식을 분석한다. 특히 예술과 예술 정신의 기준이 변화하기 시작했던 1870년대 개항 시기부터 한국 고유의 미론이 등장하는 1940년대까지의 미의식 현황을 분석한다. 이때 미의 철학이란 한국인의 미에 대한 가치와 그것이 구체화된 현상적 특징을 말한다. 이는 전통에서 근대로의 이행 과정에서 예술이 어떻게 계승되고 변용되었는지를 고찰하는 것이다. 이를 통해 근대 예술의 형성이 오로지 예술만의 이념과 논리를 기준으로 형성되지 않고, 당시의 시대 상황과 뒤섞이며 시대정신과 함께 변모했음을 확인할 수 있다.

이 총서를 발간하면서 그동안 우리철학 정립이라는 문제의식을 공유하며 연구와 집필에 전념한 연구진께 고마움을 전한다. 연구진은 그동안 한국의 철학계에서 수행하기가 쉽지 않은 이 작업을 위해 많은 노력을 기울였다. 낯선 시도이기에 불안할 수도 있지만, 누군가는 해야 할 일이기에 연구진은 용기를 내어 이 길에 들어섰다. 미비한 점은 깊게 성찰하고, 이후의 연구를 통해 보완할 것이다.

이 사업이 이루어질수록 적극적으로 지원해준 한국학중앙연구원과 교육부에 감사를 드리며, 이 사업의 필요성을 인정하고 선정해 주신 심사위원들께도 감사를 드린다.

또한 어려운 상황임에도 출판을 허락하신 도서출판 학고방의 하운근 사장님과 글을 꼼꼼하게 다듬어주신 명지현 팀장님을 비롯한 편집실 구성원들께도 감사를 드린다.

2020년 7월
한국학중앙연구원 한국학총서 사업 연구책임자
조선대학교 철학과 교수 및 우리철학연구소장
이철승 씀

우리 역사에서 피지배 계급으로서 전근대적 민이 국가의 주인으로 행세하는 현대적 시민으로 성장한 일은 그저 근대전환기에 서구 문명이 베푼 시혜 때문만은 아니다. 더 나아가 일제에 의한 식민지 근대화 덕분이라거나 광복 후 우리에게 심어준 미국 문화의 고마운 혜택이라고 여기는 데는 더욱 문제가 있다. 정확히 따져보면 그것은 시혜라기보다 그들의 이익을 위해 한 일이고, 장기적으로는 그들에게 호의적인 인재를 기르는 제국주의 문화 정책의 일환이다.

그러나 어찌 되었든 그 민이 이렇게라도 성장한 데는 긴 시간에 걸친 인민의 주체적 자각과 노력이 있었기 때문이다. 그게 아니라면 광복 후 민주 제도를 확립하고서도, 장기간에 걸쳐서 외세 의존적이고 인민의 삶을 옥죈 독재 정치와 정치 집단이 존속한 것을 어떻게 설명하겠는가? 외세는 단지 그들의 손을 들어주었을 뿐이다. 정통성이 없는 집단은 부려먹기 편하기 때문이다.

역사에는 공짜가 없다. 대외적이든 대내적이든 모든 문제를 주체적으로 해결해야 한다. 또한 인민의 의식과 생활이 개선되는 것도 단번에 이루어지지 않는다. 역사에도 관성이라는 것이 있어서 진보와 퇴행을 되풀이하면서 진행한다. 그 때문에 결코 잊어서 안 될 일은 오늘날 우리가 있게 된 데에는 근대전환기가 시작되는 때로부터 적어도 150년 동안 반복된 민중의 자각과 투쟁, 그에 따른 좌절과 성공이 있었다는 점이다.

이 책은 근대전환기 전근대적 민이 근대적 시민으로 성장하는 과정에서, 그들의 사유를 다룬다. 당시 교육의 기회가 적었거나 전무했던 민중은 지적·사회적 여건상 주체적인 사상과 조직을 갖기 어려웠다. 이들은 대개 종교의 영향을 받아 그것을 통해 각성되는 경우가 많았다. 그것도 기성의 제도적 종교가 아니라 그들 스스로 만들었던 종교를 통해서 더욱 그러하다.

이런 전제에서 이 책은 근대전환기 탄생한 한국 민족종교의 가르침 속에 녹아든 민 또는 민중의 사상을 철학적으로 재구성하여 '민의 철학'이라 명명하고, 그들이 자신들의 삶을 개선하고자 어떤 노력과 사유를 펼쳤는지, 그들의 의식이 어떻게 변모하였는지 탐구하였다. 곧 동학·대종교·증산교·원불교사상 속에 반영된 당시 민중들의 염원과 지향 및 사유를 철학적 관점으로 재구성하고, 이들 종교가 제각기 전근대적 민에서 주체의식과 민족정체성, 상생과 평화, 공동체의식을 갖는 근대적 시민으로 자각하도록 이끄는 데 일조하였음을 밝혔다. 다만 이들 종교가 우리 민족 구성원 모두를 대표하지는 않더라도, 적어도 민중 중심의 전통문화를 계승하고 발전시킨 한국에서 자생한 종교라는 점에서 우리철학의 탐색에 적합한 대상임은 분명하다.

이 책은 해당 종교의 교리나 가르침 그 자체만을 직접 천착하지 않았다. 그러나 부득불 그 종교사상의 배경과 구조를 통해서 민의 철학을 구성해야 하므로, 그것을 중요하게 취급할 수밖에 없었다. 당연히 그 철학은 당시 민중들의 치열한 삶 속에서 전통과 외래사상의 관계 속에서 드러낸 사유이므로 근대전환기형 우리철학이기도 하다.

이렇듯 근대전환기 우리 민중은 부득이 종교에 기대서 자신들의 삶을 개선하거나 새로운 세계를 꿈꾸었지만, 이제는 평등권의 보장과 교육의 보편화로 굳이 그럴 필요는 없다. 다만 각성된 개인이 실천하거나 연대해서 자신들이 원하는 새로운 세계의 건설을 위해 노력할 수 있다. 그러나 미래는 정해진 것이 아니어서 어떤 세계를 꿈꿀지는 과거를 되돌아보아 참고할 수밖에 없다. 특히 현대의 한국 종교가 민중 또는 시민에게 어떤 역할을 하고 있는지 반성하고, 또 어떻게 나아가야 할지 시사되는 바를 찾아야 한다. 그런 점에서 근대전환기 민족종교와 민의 철학은 큰 의의가 있다고 하겠다.

이 책은 그 성격상 공동으로 집필하였다. 서론과 제1장은 김현우와 이종란, 제2장은 이철승, 제3장은 김현우, 제4~제5장과 결론은 이종란이 집필하였다. 그 집필을 위해 많은 협조를 해준 조선대학교 인문학연구원과 우리철학 연구소, 본 집필 과제의 연구 책임자인 이철승 교수, 기획을 맡았던 김현우 박사, 그리고 도서출판 학고방 관계자들께 깊은 감사의 말씀을 드린다.

2020년 5월
글쓴이를 대표해서
이종란 씀

왜 민의 철학인가?   19

민과 민의 철학   19
민의 철학과 근대전환기 민족종교   24
민의 철학과 우리철학   35

제1장 전통적 배경으로서 원형사상과 민족종교   41

1. 원형사상의 형성과 쇠퇴   42
   1) 단군신화   42
   2) 제천 의식과 소도   46

2. 유교와 불교 속의 원형사상   48
   1) 최치원과 풍류도   48
   2) 일연의 단군신화와 불교   52
   3) 조선 시대의 단군의식과 경천사상   55

3. 민족종교의 전개   64
   1) 민족종교와 시대적 배경   64
   2) 민족종교 형성 당시의 종교·사상적 배경   67
   3) 민족종교 현황   71

제2장 동학과 주체의식   77

1. 시대적 배경   77

2. 우주관   81
   1) 지기   81
   2) 자연스러움   88

3. 인간관   92
   1) 인간과 하늘의 관계   93
   2) 인간과 인간의 관계   99

4. 가치관   104
   1) 도덕의식의 기원   104
   2) 도덕의식의 발현   113

5. 실천관   118

제3장 대종교와 민족정체성   127

1. 근대전환기 단군신앙의 출현   127

2. 대종교와 항일투쟁   130
   1) 초기 대종교의 항일투쟁   130
   2) 청산리전투에서 임오교변까지   139

3. 대종교의 삼신일체설과 민족주의   142
   1) 삼신일체설   142
   2) 근대적 민족주의   150

  4. 대종교 현황   159

    1) 경전의 성립   159

    2) 한국 사회에 미친 영향   162

제4장 증산교의 상생과 평화   167

  1. 시대적 배경   167

    1) 증산교 탄생의 시대적 배경   167

    2) 고부와 그 주변 지역의 민중의 삶   169

    3) 민중으로서 강일순의 삶   174

  2. 선천과 후천 세계   179

    1) 상극의 원리가 지배하는 선천   179

    2) 인간의 원한과 신명   188

    3) 후천의 지상선경   193

    4) 지상선경의 주체   200

  3. 이상 세계 건설을 위한 실천   205

    1) 의료 행위로서의 천지공사   205

    2) 민중을 구원하기 위한 천지공사   211

    3) 해원과 상생   217

  4. 민의 철학에서 본 증산교사상의 의의   223

    1) 민중이 주체인 이상 세계   223

    2) 증산교사상과 민족주의   226

    3) 상생과 평화의 보편적 이념   233

    4) 증산교사상과 우리철학   236

제5장 원불교와 사회 공동체　241

1. 시대 상황과 사상적 배경　241
   1) 근대전환기 민중의 삶과 원불교　241
   2) 박중빈의 삶과 사상의 배경　244

2. 원불교의 현실 인식과 인간 이해　249
   1) 세계와 현실 인식　249
   2) 인간 이해　255

3. 이상 세계는 어떻게 도래하는가?　264
   1) 이상 세계와 그 주체　264
   2) 이상 세계의 건설 방법　272

4. 민의 철학에서 본 원불교사상의 의의　281
   1) 민족주의와 근대적 시민의식의 고양　281
   2) 공동체사상의 심화와 종교 화합　286
   3) 원불교사상과 우리철학　292

우리철학으로서 민의 철학　299

근대전환기 민의 철학과 우리철학　299
현대적 의의와 과제　309

참고문헌　319

민과 민의 철학

민民은 근대 이전까지 피지배계급을 의미하였다. 드물게 인류로 범칭하는 경우도 있지만, 대체로 지배계급에 상대되는 피지배계급으로서 서민庶民, 백성百姓 등을 가리킨 말이다.

민은 갑골문에서 ☙의 형태인데, 눈(◖)을 예리한 무기인 ☦ 또는 ☓로 찔린 모양이다. 금문에서는 ☙ 나 ☙의 형태인데 여기에서는 눈동자가 없는 눈(☞)이 나타난다. 도망치지 못하도록 눈을 멀게 만든 상태[1]나 한쪽 눈을 없애는 형벌[2]을 표현한 것인데 모두 통치자와 대비되는 노예의 의미이다.

그런 노예와 다름없는 민이 장구한 역사를 거치면서 오늘날은 한 국가의 주권자로서 정치에 참여할 수 있는 시민으로 성장하였다. 이제는 전근대사회의 지배층이었던 사대부의 후손과 피지배층이었던 노비와 상민常民의 후손이라 할지라도 모두가 적어도 법 앞에서는 평

---

1) 象形字典, www.vividict.com(접속일 : 2018.03.05.)
2) 郭沫若 저, 조성을 역, 1991, 『中國古代思想史』(원서명 『十批判書』), 까치, 48쪽 참조.

등하다. 이렇게 된 데에는 근대전환기[3] 우리 역사 속에서 전근대적 민이 근대적 시민으로 성장해 가는 과정에서 그것을 주도하는 노력과 사상이 있었다. 동학혁명과 그 사상도 그렇지만 특히 갑오개혁 이후에 그런 논의와 전파가 가속화 되었다.

본서에서 말하는 민은 전근대적 민에서 장차 주권을 지닌 근대적 시민으로 전환되는 과도기적 위치에 있는 피지배계급에 속한 사람들을 지칭하는 말로 사용하겠다. 따라서 민의 의미는 다양할 수밖에 없다. 왜냐하면 동학이 발생하고 성장·운동하는 시기는 전근대적 피지배계급으로서 민도 포함할 뿐만 아니라, 갑오개혁 이후부터 광복 이전의 민중[4]은 전근대사회의 민도 아니고, 그렇다고 근대 국가의 주권

---

[3] 근대전환기에 대한 시기는 학문마다 또는 연구자 마다 약간의 편차가 있을 수 있다. 본 총서 시리즈는 대략 아편전쟁 후의 19세기 중기(대체로 1850년 전후)부터 20세기 8·15 광복 전후까지를 그 시기로 보고 연구를 진행하였다. 본서도 그것을 따랐다.

[4] 民衆의 사전적 의미는 '국가나 사회를 구성하는 일반 국민 또는 피지배계급으로서의 일반 대중이다'라고 말하고 있다. 본서에서 사용하는 민중은 주로 후자의 의미를 포함하지만, 역사적 배경에 따라 그 의미를 달리한다. 사실 民衆은 전통적으로 거의 쓰이지 않고, 주로 '백성이 많다(民衆)'는 의미의 문장 속에 쓰이다가 독립된 어휘로 본격적으로 쓰인 것은 근대 이후이다. 이 경우 민중은 "역사를 창조한 주체이면서도 역사의 주인이 되지 못한 사회적 실체를 의미하며, 정치적·문화적·경제적 지배 관계에서 종속계급·피지배계급에 속해왔고, 고정된 계급을 지칭하는 것이 아니며, 역사 속에서 각기 다른 모습으로 파악되는 유동적인 계급·계층의 연합([네이버 지식백과] 민중, 접속일 : 2019.09.11.)"으로 본다. 본서의 민중은 대체로 이 정의를 따르지만, 근대전환기의 특성상 민중의 대다수는 노비 또는 그 출신, 몰락 양반, 소작농·소농·소상인·수공업자·빈민·머슴이나 식모로 더부살이 하는 사람 등으로 구성된 고정된 계층의 성격이 강하였다.

을 지니고 행사하는 시민도 아니기 때문이다. 달리 말해 당시는 인민5)은 있어도 국민이 형성되지 못한 시기였다.6) 그런 이유로 본서에서 '민의 철학'이라고 할 때 민은 전근대적 민으로만 고정된 개념이 아니다.

그러자면 여기에 문제가 하나 발생한다. 갑오개혁 이후 민은 신분해방을 통하여 적어도 명목상으로는 만민이 평등하게 되었다. 모두가 하나의 자연인으로서 인민이다. 이렇게 신분적으로 평등한 인민이 생산한 철학까지 포함시켜 모두 '민의 철학'이라 규정한다는 것은 뭔가 조금 어색하다.

그러나 명목상 전근대적 신분의 구분은 없어졌다고 하더라도, 인민들은 여전히 국가의 주권을 갖지 못한 피지배계급에 머물러 있었고, 일제강점기 때는 더욱 그러하였다. 따라서 민중은 전근대사회의 피지배계급인 민의 처지와 별반 다르지 않았다. 비록 이전의 신분이 없어졌다고는 하나 정치·경제·사회적 위상에 따라 피지배층으로서 물질

---

5) 사전적 의미의 인민은 국가나 사회를 구성하고 있는 사람들로서 대체로 지배자에 대한 피지배자 또는 국가를 구성하고 있는 자연인으로 소개하고 있지만, 이는 특히 서구 사회에서 그 의미가 변천되어 온 유동적인 개념이다. 본서에서는 근대전환기의 상황을 고려하여, 민중을 포함하는 나라의 구성원으로서 자연인의 의미로 사용하겠다.

6) 정혜정, 2019, 「3·1운동과 국가문명의 '교(敎)' – 천도교(동학)를 중심으로」, 백낙청·임형택·도진순 외 지음, 『백년의 변혁』, 백영서 엮음, 창비, 164쪽. 「기미독립선언서」에서는 民으로, 「대한민국임시헌장」에서는 國民·人民으로 표기되어 있는데, 후자의 國民은 당위적·선언적 의미가 강하고, 사실상 한반도는 일본이 지배하고 있어서 조선은 주권이 없었을 뿐만 아니라, 또 그 당시 민중들의 의식 수준으로 보아 당시의 민중을 근대적 독립국가의 국민 또는 시민으로 보기는 어렵다.

적·지적으로 빈곤한 하층민으로서 신분은 여전히 존재했기 때문이다.

이런 역사적 배경에서 본서에서 말하는 민중은 서술의 편의상 민과 아울러 사용하되 인민의 부분집합 개념으로 좁힌다. 인민의 경우도 민중을 포함하고 아직 근대 국가의 시민이 되지 못한 사람들을 총체적으로 가리키는 말로, 또 갑오개혁 이전의 민중은 전통[7]적으로 사용한 전근대사회의 민과 같은 의미로 사용할 것이다.

본서에서는 이런 민이나 민중들이 생산한 사상이나 담론을 철학적으로 재구성하는 작업을 한다. 그렇다면 이들이 무슨 철학적 사유를 했느냐는 오해가 있을 수 있다. 민중 자체가 철학적 담론을 체계적으로 생산하기는 사실상 어려운 일이므로, 대체로 민중이면서 이들을 대변하는 자들의 언론에서 찾을 수밖에 없다. 그 중심에는 민중이 구성원의 추축을 이룬 종교가 있다. 물론 종교 이외에 민중이 생산한 설화(신화·전설·민담)나 민요·민화 등이 있으나 이런 것을 모두 살피기에는 다양한 연구 방법과 사례가 적용되어야 하고, 또 그만큼 방대하므로 본서에서는 다루지 않는다.[8]

따라서 '민의 철학'이란 근대전환기 내부 체제의 모순과 외세의 침략이라는 민족적 문제를 두고, 민중 출신의 사상가들이 펼친 사유는 물론이요, 당시 민중이 주축이 되어 성립한 종교의 경전이나 담론 자

---

7) 여기서 말하는 전통은 한국의 전통을 말한다. 특히 전통사상의 경우 원형사상은 물론이고 과거 중국사상이든 인도사상이든 근대전환기 이전에 이미 한국화된 것도 여기에 포함된다.

8) 근대 이전의 민중이 생산한 민담을 철학적으로 연구한 사례도 있다. 더 자세한 것은 이종란 지음, 2008, 『전래동화·민담의 철학적 이해』, 철학과현실사를 참조 바람.

료에 보이는 내용들을 분석하여 철학적 논리로 재구성한 것을 의미한다. 민의 철학에 대한 연구 방법은 사실상 후자가 더 적절할 수밖에 없다. 곧 피지배자로서 제도와 관습으로부터 억압받았던 민의 입장에서 바라본 우주관 또는 세계관·인간관·실천관 등을 이들 종교사상을 통해 재구성한다. 이렇듯 '민의 철학'이란 외세 침략과 내부 모순의 폐해를 온전히 떠안고 체험하였던 근대전환기 민중이 가졌던 철학적 관점이다.

사실 이제껏 한국에서 전통철학을 연구하거나 기술할 때는 대부분 지식인·사대부 학자들이 남긴 사상만 취급하였다. 그마저도 대부분 조선 성리학에 집중되어 있다. 국내에서 해마다 생산되는 논문 제목만 살펴봐도 금방 확인할 수 있다. 성리학이 아닌 경우는 지식인 위주의 사상이다. 그도 그럴 것이 문자를 알고 자신의 생각을 펼쳐 기록할 수 있는 사람이 그들이기 때문이다.

이런 연구는 어쩌면 전통에 대한 반쪽 연구에 해당된다. 다시 말하면 그것은 지식인들의 사상 내지 철학을 대상으로 삼은 것이지, 과거에 살았던 민 또는 민중의 그것은 아니다. 그러므로 당시 구성원들의 한쪽 계급이 가졌던 생각은 그에 비해 잘 연구하지 않은 채 방치하고 있어서, 전통의 온전한 철학을 탐구한다고 말할 수 없을 것이다. 특히 근대전환기는 이러한 민이 근대 국가의 시민으로 전환해 가는 과도기이므로, 그 때의 민중이 어떤 생각을 갖고 있었고, 또 어떤 영향을 받았고, 그리하여 무엇을 지향하고 있는지 철학적 관점에서 살피는 일은 현대의 우리를 있게 한 사상의 뿌리를 확인하는 중요한 작업이다.

그런 뜻에서 근대전환기 민이나 민중이 가졌던 담론이나 사상 가운데 녹아든 철학적 관점을 재구성하여 '민의 철학'이라 이름 붙이고, 전근대적 민에서 근대적 시민으로 성장하는 과정에서 어떤 철학적 관점을 생산하였는지 다룬다.

민의 철학과 근대전환기 민족종교

근대 이전까지 민은 대체로 전근대적 사고에서 크게 벗어나지 못하였다. 하지만 19세기 중·후반 이후 우리나라에 닥친 서세동점이라는 국가적 위기에서 민은 스스로 깨닫기 시작하였다. 그 방향은 크게 민중 운동과 민족[9] 운동이었다. 민중 운동은 전근대적 체제와 억압에 대한 해방 운동이었고, 민족 운동은 서세동점과 일제 침략에 대한 민족주체성의 확인이었다. 물론 이 두 운동은 종교와 무관하게 전개될 수도 있었으나, 근대전환기라는 특수한 상황 속에서 동학이라는 종교를 통해 먼저 이루어졌다. 이 새로운 종교 운동 또한 19세기를 전후하여 변화된 세계상에 대한 민중적 자각을 통해 일어난 세계적인 현상[10]과도 통한다.

나아가 19세기 후반부터 일제강점기까지 우리 사회에는 강한 민족적 사고가 다방면으로 분출하였다. 그 중 개신교[11] 유입과 더불어 수

---

9) 민족이라는 말은 다의적으로 사용하고 있지만, 본서에서는 근대전환기 인사들이 이해했듯이 '같은 지역에서 동일한 혈연과 언어와 문화 속에서 역사적으로 형성된 집단'의 의미로 사용하고자 한다.

10) 양은용, 「원불교의 개벽사상」, 『한국종교』 제35집, 원광대학교 종교문제연구소, 2012, 128쪽.

11) 신교와 구교를 구분하지 않고 일반적으로 말할 때는 그리스도교로 통칭하고,

입된 근대적 정신문화는 비로소 독자적인 한국종교의 형성에 일정한 영향을 끼쳤다. 당시는 민족종교[12])뿐만 아니라, 조선 유학의 종교화 운동, 개신교의 수용과 흥기 등으로 종교의 중요성이 강조되던 시기 였다. 뒤에서 밝히겠지만 이전의 교학敎學의 차원을 넘어 근대적 '종교'라는 개념과 제도의 정착이 그것이다.

이 시기 민중은 개명 지식인들을 통해 적자생존適者生存 · 우승열패優勝劣敗 등을 내세우는 사회진화론이 유행하였던 세계 질서 개념을 비로소 접하게 된다. 그러나 이런 사상을 접했다고 해서 전근대적 통치 체제 속에서 소외된 민이 그 특성상 갑자기 근대적 합리성을 갖출 수는 없었다. 이러한 이들에게 가장 쉽게 다가간 것이 바로 종교였다. 종교는 민중에게 고차원의 지식이나 고도의 수련을 요구하지 않으면서도 그들의 요구를 가장 잘 대변하는 도구였다. 이것이 민의 철학으로서 근대전환기 자생한 종교를 들여다 볼 수밖에 없는 배경이다. 또 하나 이러한 민의 철학을 탐색하기 위해 근대전환기 신종교를 들여다 볼 수밖에 없는 이유는 남조선신앙, 미륵신앙, 개벽사상 등이 민중사상의 하나로 자리 잡고 있었는데, 근대전환기 이 민중사상을 잘 구현하고 있기 때문이다.[13])

군이 구분할 필요가 있을 때는 개신교와 천주교로 나누어 칭하겠다. 현재 한국에서 개신교만을 기독교라 부르는 경향이 강하기 때문에 혼동을 피하기 위해서이다.

12) 동학 · 대종교 · 증산교 · 원불교처럼 한국에서 자생하며 민족주의 색채가 뚜렷한 종교를 일컫는 말로서, 달리 '한국신종교'라고도 한다. 본서에서는 민족사상이 싹텄던 근대전환기 민의 철학을 다루므로 '민족종교'로 용어를 통일하고, 문맥에 따라 필요시 '신종교'를 사용하겠다. 뒤에 자세히 설명함.

13) 이봉호, 2015, 「『전경』과 민중사상의 관계 – 후천개벽, 남조선신앙, 미륵신앙을

이 시기 대표적인 종교 운동은 개신교의 확산과 이에 대응[14]하는 신종교의 출현이다. 특히 수입 종교인 그리스도교와 동학을 위시한 신종교들은 비록 약간의 결을 달리하는 점도 있지만, 공통적으로 민의 자각을 이끌었다. 다시 말해 서양의 이른바 선진 문물 수용의 입장에서 문명개화를 주장하는 개신교와 전통문화와 사상을 재해석한 신종교의 그것은 같을 수는 없었으나, 모두 민의 자각을 이끌었다는 점에서는 공통점을 갖는다. 물론 당시 전개한 종교 운동이 모두 이 운동에 동참한 것은 아니지만, 이들 그리스도교와 신종교가 전통의 민이 근대적 시민으로 자라나게 하는 민의 자각과 연결된 점은 부인할 수 없다.

이렇게 근대 한국의 다양한 종교 운동에는 민이 스스로 자신의 존재를 확인해 가는 양상이 포함되어 있다. 당연히 이런 자각에는 전근대적 신분 의식이나 구습·편견·무지·미신 등을 벗어나 합리적이고 과학적인 생활로 전환되는 것도 포함하고 있다. 비록 종교의 외피를 입고 있으나 때로는 과학적인 세계관에 접근하려는 모습을 보이기도 하였다.

이들 신종교는 단군신앙 등 한국의 원형사상과 전통에 근거하면서 동시에 외래 종교에 대응하면서 출현하였다. 동학(천도교)·대종교·

중심으로-」, 한국도교문화학회 편, 『증산사상의 다층적 분석』, 청홍, 196~197쪽 참조.

14) 오해를 방지하기 위해 대응과 대항은 전혀 다른 개념이다. 예컨대 동학을 '서학에 대항하여' 최제우가 만들었다는 시각은 대응의 관점에 부합되지 않는다. 대항은 배척의 성격이 강하지만, 대응은 상대의 장점을 인정하면서도 불합리하고 잘못된 점을 주체적으로 보완·극복하는 측면이 강하다.

증산교·원불교 등이 대표적인 종교이다.

최제우崔濟愚(1824~1864), 최시형崔時亨(1827~1898), 손병희孫秉熙(1861~1922) 등으로 이어지는 동학은 동학혁명으로도 나타났듯이 민이 국가와 민족의 주체로 나서는 계기가 되었다. 나철羅喆(1863~1916), 오기호吳基鎬(1863~?), 정훈모鄭勳謨(1909~1978) 등이 세운 단군교와 대종교는 민족주체성을 확립하는 데 크게 기여하였다. 미륵 또는 상제를 자처하는[15] 강일순姜一淳(1871~1909)은 1901년 천지공사天地公事와 해원解冤·상생相生의 도를 내걸고 신도들을 규합하였으며, 1909년 그의 갑작스런 죽음 이후 그의 교지를 받든 이들이 여러 교단들을 창립하고 강일순의 도를 이어갔다. 박중빈朴重彬(1891~1943)의 '불법연구회'는 당시 식민지 한국 사회에서 민중 운동에 적극적이었다. 그의 사후 '불법연구회'는 '원불교圓佛敎'로 개칭하여 민중의 현실적 종교적 삶을 위해 적극적으로 활동하였다.

이제 이들 종교는 전통의 교학敎學의 차원을 넘어 근대적 '종교宗敎'라는 개념과 제도의 영향 아래 있었다. 정도의 차이는 있지만 이들

---

15) 신과 인간의 관계에서 인간이 신(또는 하느님)으로 격상되는 경우는 그리스도교화 된 이후의 서양 전통에서는 있을 수 없는 불경스런 일이지만, 인간의 몸을 빌려 신이 誕降하거나 憑依를 통해 뜻을 전하는 경우는 우리 문화에서는 낯설지 않다. 과거 弓裔가 미륵으로 자처한 것이나 천상의 신선이나 선녀가 인간으로 태어났다는 관념 등은 각종 민담이나 설화·소설·무속 등에서 자주 볼 수 있다. 특이한 능력과 자질을 소유한 비범한 사람들을 대개 그렇게 생각했고, 또 그런 사람이 죽어서 신이 된다고 여겼다. 후술 하겠지만 훗날 민족종교에서 이런 관념이 보편적으로 발전하여 누구나 존재적으로 신을 모셨거나 수양의 정도에 따라 神人合一의 경지를 누릴 수 있는 길을 열어 놓았다. 따라서 강일순을 따른 무리들이 그를 상제로 여기는 것은 우리 문화와 동떨어진 일이 결코 아니다.

종교들은 그리스도교가 상징하는 서구 문명에 대응하는 성격이 강하지만, 그 이면에는 그것과 상관관계를 갖고 있다. 그 상관관계는 당시 한국 사회에서 사용된 '종교宗敎'라는 용어 속에서 명확히 파악할 수 있다. 겉보기에는 한자어이고 전통적으로 사용되었을 것 같은 이 종교라는 용어는 종宗이나 교敎 또는 다른 합성어(예를 들면 종법宗法, 정교政敎, 교학敎學 등)로는 사용되었어도, religion이라는 의미의 종교로는 거의 사용되지 않았다. 더 정확히는 조선 유교의 성스러움과 거룩함은 그리스도교 등 서구의 그것과 달랐으며, 때문에 religion에 대응하는 개념이 부족하였다.

여기서 전통에서는 '종교宗敎'라는 말로 붙여 쓰는 경우가 거의 없었으니, 자연이 '종宗'은 수식어 '교敎'가 중심어가 되는 역할을 한다. 그러나 서구식 '종교'라는 말이 등장하자 '종' 대신에 '교'를 한정하는 말을 덧붙여 사용하였다. 그래서 천도교天道敎·대종교大倧敎·증산교甑山敎·원불교圓佛敎라고 말할 때 모두 '교敎'자를 붙였다. 특히 대종교의 '종倧'자는 '종宗'자와 다름에 주의해야 한다.

원래 교敎라는 말은 '가르치다'라는 뜻 외에 유교적 전통에서는 예악형정禮樂刑政처럼 인물이 마땅히 행해야 할 것들을 성인이 규격지운 법도였다.16) 쉽게 말해 성인의 가르침이다. 그 국가에서 그 가르침을 펼치는 행위가 교화였다. 그 교를 굳이 근대적 종교라는 관점에서 말한다면 국교에 해당된다.

이런 전통에서 근대전환기 대다수 지식인들이 생각한 종교는 서양

---

16) 聖人因人物之所當行者, 而品節之, 以爲法於天下, 則謂之敎, 若禮樂刑政之屬是也(『中庸章句』, 第1章).

의 영향을 받았음에도 그것과 결을 달리했다. 곧 우주의 근본을 자각하는 전통적 교의 개념 위에서 대동단결로 국난을 극복하고자 하는 정치적 수단의 의미가 강했다.[17] 가령 「대한독립선언서」와 '헌장'을 기초한 조소앙趙素昂(1887~1958)은 교의 의미를 실행주의, 임성자적任性自適, 종교적 이상, 정치상 의미 등으로 네 가지로 제시하였는데, 곧 교란 도덕의 실행과 본성의 자각, 그리고 국교를 통해 공유되는 이상과 정치적 주권의 회복을 의미하는 것이었다.[18] 이는 당시의 시대적 과제를 교의 내용에 포함하면서도 전통적 요소를 함의하고 있음을 알 수 있다. 당시 유교구신이나 종교 개혁 운동의 종교 개념도 이와 크게 다르지 않았다.

따라서 서구 개신교가 유입된 후 religion의 번역어인 '종교'를 점차 보편적 용어로 사용하면서 그 교의 의미가 변해갔다. 동학을 계승한 천도교나 증산교 및 원불교 등은 여전히 전통의 성속일치聖俗一致의 특징을 유지하면서도, 이전의 정교일치의 교 개념에서 한발 물러나 정교분리의 성격을 드러낸다.

이런 현상은 그리스도교의 영향도 무시할 수 없지만, 또 당시 사회적 분위기나 정치 환경이 크게 달라졌기 때문이기도 하다. 곧 전근대 사회보다 사상이나 종교의 다양화로 말미암아 하나의 종교나 사상으로 모든 인민의 생각을 하나로 만들거나 같은 길로 가게 하는 데 한계가 있었고,[19] 또 그렇게 할 국가라는 주체를 상실하였기 때문이다.

---

17) 정혜정, 앞의 글, 152쪽 참조. 여기서 '우주의 근본'이라는 말은 유교적 교의 의미에서 분화되거나 각자가 따르는 사상의 영향 아래 새로운 것으로 대체될 수밖에 없다.
18) 같은 글, 166쪽 참조.

여기서 사상이나 종교의 다양성을 인정할 수밖에 없었던 가장 큰 요인 가운데 하나에 그리스도교가 있었다는 점을 놓쳐서는 안 될 것 같다. 그밖에 개화기 문명 담론이라 추정할 수 있는 여러 사상들이 있다.

그런 점에서 동학은 비록 종교라는 말이 번역어로 쓰이기 이전에 성립하였지만,[20] 이를 계승한 천도교에 서양 종교의 영향이 전무하다고 단언할 수 없다. 또 이보다 늦게 등장한 신종교의 경우는 기존의 유교와는 다른 새로운 종교관이 자리를 잡아갔다. 이들 신종교들 역시 그리스도교에 대한 해석에서 비롯한 종교관에 일정한 영향을 받아 거기에 대응하는 성격이 짙다.[21] 따라서 이제 교의 의미는 근대적 종

---

19) 당시 사상이나 종교의 다양성을 인정할 수밖에 없는 점은 최남선이 1915년 3월에 발표한 『청춘』 제5호의 「각 길로 한 信地에」(고려대학교 아세아문제연구소 육당전집편찬위원회 편, 1974, 『육당최남선전집』 9권, 현암사, 151~153쪽)라는 논설에 잘 나타나 있다.

20) 東學이 '東敎'가 아닌 '東學'으로 언표한 점에 주의를 해야 할 것 같다. 물론 天主敎도 天主學으로도 불렸다. 이는 서구식 religion이라는 개념이 정착되기 이전이기 때문이다. 어쨌든 동학이 '조선의 학문이자 조선의 사상' 즉 '우리 학문이자 우리 사상'(박맹수, 2014, 「동학계 종교운동의 역사적 전개와 사상의 시대적 변화-동학과 천도교를 중심으로-」, 『한국종교』 제37집, 원광대종교문제연구소, 60쪽)을 지향했다는 점에서 알 수 있듯이, 이 또한 천주교에 대응하기 때문에 그 영향으로부터 완전히 자유로울 수는 없다.

21) 敎의 의미가 서구식 종교 개념으로 변화해 간 모습도 있지만, 역으로 초기 개신교 인사 가운데는 이런 교의 의미를 유지한 점도 분명히 있다. 비록 한국 개신교의 정치적 중립화를 위한 선교사들의 집요한 노력이 있었음에도 불구하고(김용복, 1993, 「근대화와 한국 기독교의 성격-민족사적 평가를 위한 새 시각-」, 조명기외 33인 저, 『한국사상의 심층연구』, 우석, 509쪽), 개신교 초대 지도자들 가운데는 단지 서양식 종교관에 따라 입교한 것만이 아니라, 독립운동과 사회 개혁 등으로 국권 회복을 위해서도 입교했기 때문이다. 이들은 각자

교관의 의미를 가지게 되었지만, 그렇다고 해서 서양 종교의 그것과 동일하다고 말할 수는 없다.[22]

아무튼 이들 신종교 가운데는 민족종교라 부르는 종교들도 있다. 주로 동학·대종교·증산교·원불교의 네 교단을 민족종교라 명명한다. 하지만 근대 시기 한국에서 발생한 신종교들을 어떻게 불러야 할지는 아직도 명확히 정해진 바가 없다. 이런 부류의 민족종교는 한국에만 있는 종교 현상이기 때문이다.[23]

의 종교관에서 전통의 교의 의미를 어느 정도 유지하고 있었기에 생긴 일이다. 만약 聖과 俗의 분리라는 종교관의 기준에서 이들을 판단하면 신앙의 순수성을 의심하게 되고, 단지 자신들의 운동 목적을 위해 개신교를 이용했다는 평가만 가능하다. 이들에겐 신앙과 구국·독립운동이 별개의 일이 아니었다. 다만 선교사들에게는 그런 행동이 우려의 대상이었고, 그들의 통념적 접근은 우리 문화와 전통과 종교는 모두 타당성과 중요성이 없는 부정되어야 할 것, 그래서 크리스천이 되기만 하면 전통문화와 타종교는 포기해도 된다는 거였다(서광선, 1993, 「탈종교성과 민중의식 - 그리스도와 문화 …한국사상 造形과 관련하여 - 」, 조명기외 33인 저, 『한국사상의 심층연구』, 우석, 530~531쪽 참조). 그것은 聖(또는 교회나 내세)과 俗(또는 현세나 국가·사회)이 완전히 분리된 태도였다.

22) 이점은 우리철학과 관련지어 결론 부분에서 정리하겠다.

23) 민족종교와 관련해서 神道를 중심으로 한 일본의 근대 종교 운동과 연결할 수도 있다. 일본 문화청의 『종교연감』(1997년)에는 신도를 "일본 민족에 고유한 신 및 신령에 관련한 신념을 기반으로 발생 전개되어 온 종교를 총칭하는 말이자 이와 같은 신과 신령에 관련한 신념 및 전통적인 종교적 실천뿐만 아니라 널리 생활 속에 전승되어 온 태도나 사고방식까지 함의한다(村岡典嗣 저, 1998, 『일본 신도사』, 박규태 역, 예문서원, 5쪽)."로 정의하고 있다. 특히 메이지유신 이후 신도는 천황제를 뒷받침하는 근대 국정의 사상적 기반이 되기도 하였다. 하지만 일본의 신도는 민중 해방과는 다소 거리가 있다는 점에서 민족종교와는 다르다(고이케 나가유키 저, 1997, 『종교를 알아야 일본을 안다』, 이상결 역, 철학과 현실사, 245~247쪽 참조).

종교는 세계종교(또는 보편종교)와 민족종교로 구분하기도 한다. 서구에서는 알렉산더 대왕의 서아시아 정벌 과정에서 보편 질서 universe라는 개념이 성립하였다. 즉 혈연 집단, 민족 중심의 개별 질서cosmos를 넘는 보편 질서가 형성된 것이다. 로마 시대에 이르러서 그리스도교는 유대교라는 개별 질서에서 벗어나 보편 질서의 지위를 얻게 된다. 이 과정에서 종교는 세계종교와 민족종교로 구분되었다. 세계종교는 보편의 지위를 얻어 민족종교의 해체를 촉진하였다.

이러한 보편과 특수의 관계는 우리 역사에서도 자주 등장하였다. 불교는 소도蘇塗를 포함한 전통 종교 체계를 흡수하였고, 유교는 전통 부족국가 체제를 중앙집권 체제로 변형시켰다. 도교의 등장은 더욱 심각하였다. 고구려 보장왕은 삼교를 통해 국가의 기틀을 확고히 해야 한다는 김주金奏의 말을 듣고 당 태종에게 요청하여 도사 8인이 고구려에 도착한다. 하지만 이로 인해 기존의 전통 신앙 체계는 더욱 파괴되었다.[24]

한편, 기성 종교, 신흥 종교 또는 신종교라는 개념도 있다. 기성 종교는 국가가 공인한 종교를 의미한다. 조선의 유학(성리학)은 비록 서구식 종교와 다르지만 국교로서 이 개념과 유사하다. 반면 신흥 종교 또는 신종교는 새로 발생한 종교로 국가로부터 공인받지 못한 상태나 공인 받은 얼마 되지 않는 종교를 의미한다. 그러나 이들 관련

---

24) 金奏曰鼎有三足, 國有三敎. 臣見國中, 唯有儒釋無道敎, 故國危矣. 王然之, 奏唐請之, 太宗遣叙達等道士八人. 王喜, 以佛寺爲道館, 尊道士坐儒士之上. 道士等行鎭國內有名山川, 古平壤城勢新月城也. 道士等呪勅南河龍, 加築爲滿月城, 因名龍堰城, 作讖曰龍堰堵, 且云千年寶藏堵. 或鑿破靈石[俗云都帝嵓亦云朝天石蓋昔聖帝騎此石朝上帝故也](『三國遺事』, 「寶藏奉老普德移庵」).

용어들은 근대 한국에서 발생한 종교들의 특징을 모두 포함하지는 않는다. 신종교에는 고유사상 대신 불교·유교·그리스도교 등 세계종교의 교리를 기반으로 발생한 것들도 있고, 심지어는 반민족·반민중·반국민적인 성격의 종교도 있기 때문이다. 그러므로 이들 신종교에서 민중과 민족 지향의 종교를 구분할 필요가 있으며 이를 민족종교라고 명명할 수 있을 것이다.

실제로 이런 의미에서 한국의 몇몇 신종교를 민족종교라 부르는 경우는 여러 곳에서 볼 수 있다. 문화체육관광부에서 2018년 발행한 『2018년 한국의 종교현황』에서는 민족종교를 다음과 같이 소개하고 있다.

> 민족종교는 19세기 중엽 이후 자생적으로 생겨난 다양한 종교들을 통칭한다. 한국에서는 민족·국가·국민이라는 세 용어가 동일한 의미를 지니는 경우가 적지 않다. 더구나 '한국민족'이 배타적이고 좁은 의미가 아니라 한국의 국민과 국가라는 넓고 개방적 의미를 담고자 한다면, 민족종교라는 용어는 '한국의 고유한 영성적 전통과 개방적 종교사상'이라는 지향을 담고 있다고 할 수 있다.25)

한국민족종교협의회에서는 다음과 기술하고 있다.

> 이때에 성인聖人이 나오시지 않고는 될 수 없는 때에 이르렀으므로 천지天地께서 우리나라에 성인聖人들을 내시어 새 종교宗敎를 세워 겨레가 의지할 기둥을 세우고, 지향指向할 표식標識을 만들며 갱생更生할 법도法度를 지으며, 고난苦難을 이기고 영광榮光을 누릴 대

---

25) 문화체육관광부, 2018, 『2018년 한국의 종교현황』, 75쪽 참조.

도大道를 창명彰明한 대한민족종교大韓民族宗敎는 한결같이 구국제
민救國濟民과 인류평화人類平和의 큰 뜻을 품고 상고上古로부터 내려
온 고유固有한 종교사상宗敎思想의 맥脈을 이으며 새 종교사상宗敎思
想을 제시提示한 같은 혈족血族의 형제교단兄弟敎團입니다.

　탄생誕生 연월年月의 전후先後 처處한 시대時代가 다소多少 상이相
異하고 각覺의 내용內容과 교명敎名이 보는 이의 시각視覺을 달리하
지만 같은 백의白衣의 도인道人으로서 겨레를 먼저 구하고 나아가
인류人類를 구하려 한 민족종교民族宗敎의 창교주創敎主들은 우리
겨레가 이 땅의 주인主人으로서 외래外來 종교문화사상宗敎文化思想
속에서 그간 삶의 체험體驗을 통通하여 쌓여 온 인생관人生觀 세계
관世界觀 우주관宇宙觀을 확고히 세워주신 위대偉大한 선구자先驅者
들이십니다.26)

　위 두 인용문에서 볼 때, 민족종교라는 명칭은 새로운 종교라는 신
종교 개념을 두 가지 측면에서 보다 구체화한 것으로 볼 수 있다. 첫
째는 기원적으로는 단군을 중심으로 한 전통 원형사상에 기반하고
있다는 것이다. 둘째는 창립 목적이 구국제민 즉 민족 재건과 민중
해방에 있어야 한다는 것이다. 그리고 하나 더 주목할 점은 교를 창도
한 사람들이 외래 종교의 영향 아래 있었기 때문에 삶의 체험을 통해
그에 대응하는 가르침을 세웠다는 점을 빠뜨리지 않고 있다는 것이
다. 바로 이것이 근대전환기 종교사상의 특징을 이루는 배경이 된다.
　이러한 목적에 가장 잘 부합하는 신종교는 바로 동학·대종교·증
산교·원불교로서 본서의 연구 대상이다. 특히 단군의 중심으로 한
원형사상이 민중 속에 녹아 있기도 하지만, 민족주의27)에 기반 한 민

---

26) 「민족종교협의회 창립취지문」(1985), 노길명 등, 2003, 『한국민족종교운동사』,
　　사단법인 한국민족종교협의회, 392쪽 참조.

중 해방은 이들 종교들이 지향하는 바이기도 하다. 대체로 이들 종교의 창시자가 민중 출신이기도 하거니와 그를 따르는 무리들도 대다수 민중이기 때문이기도 하다.

본서에서는 이들 종교를 묶어 민족종교 또는 문맥에 따라 신종교[28]로 부를 것이다. 그리고 탐구 대상의 형식적 명칭을 '민족종교'라고 했을 때 어쩔 수 없이 그 속에 녹아든 민족주의를 배제할 수 없다. 더구나 한국의 민족종교의 발생은 한국 민족주의 이념 확립의 시기[29]와 일치하기 때문에 민족종교에서 그 이념을 배제하기 어렵다. 각 종교들이 갖는 민족주의적 성격도 분석할 것이다.

민의 철학과 우리철학

본서에서는 동학·대종교·증산교·원불교의 사상을 민의 철학으로 재구성하였으므로, 이들 종교의 교리나 가르침 자체의 탐구가 일차적 목적이 아니다. 그것은 해당 종교사상 속에 반영된 민의 생각으로서 세계관이나 논리 등을 재구성하는 철학의 탐구이다. 그러나 이들 종

---

27) 본서에서 사용하는 우리의 민족주의는 '한반도와 그 주변 지역에서 동일한 혈연과 언어와 문화 속에서 역사적으로 형성된 집단인 한민족에 의한 공동체인 국가 형성을 당연한 것으로 여기는 신념'의 의미로 사용할 것이다.

28) 현재까지 한국의 신종교와 관련된 연구논문의 제목을 보면 '한국신종교'가 압도적으로 많고, 연구 대상도 대부분 이 네 종교에 한정되어 있다. 또 '신종교'라는 이름을 사용하는 학회도 있다.

29) 지금까지 알려진 民族이라는 단어가 최초로 보이는 문건은 『皇城新聞』(1900.01.12.)의 '東方民族' 등이고 民族主義라는 말이 최초로 알려진 문건은 『皇城新聞』(1907.06.20.~21)의 「民族主義」라는 논설이다.

교가 보편성을 지향하면서 민의 입장을 반영하고 있다면, 해당 종교 사상의 구조 속에서 그것을 탐색할 수밖에 없는, 곧 보편과 특수의 관계 속에서 민의 철학을 구성할 수밖에 없어서, 그 교리나 가르침 또한 그 대상으로서 연역 또는 분석될 수밖에 없다.

이렇게 민의 철학을 탐구한다는 점에서 기존의 신학·종교학 등에서 탐구하는 방식과 다를 수 있다. 곧 근대전환기라는 한국의 특수한 시대적 배경 속에서 민중들이 겪었던 삶과 관련지어 추상해 낸 논리들이 어떤 철학적 의미를 지녔는지 해당 종교의 가르침을 분석하고 연역하여 재해석해보는 일이기 때문이다. 어쩌면 이런 작업은 전해져 온 신학적 관념이나 교리로부터가 아니라, 근대전환기 민중의 현실과 그 경험이 그 가르침에 반영되거나 추상화되었다고 보고, 민의 철학적 관점을 재구성하는 일이다. 당연히 이는 1970년대 민중신학[30]을 구축하는 방법과는 다르다. 그것이 기존 종교의 가르침 속에서 보편과 특수의 변증법적 관계를 통해 현실에 적용할 논리를 찾아야 하는 것과 달리, 민의 철학은 근대전환기 한국의 특수한 역사와 현장의 경험이 종교적 가르침에 고스란히 직접 추상화되었고 또 종교의 역사도 짧아, 비록 그것이 보편성을 지향해도 한국적 특수성에서 나온 것이므로, 보편성 자체가 해석상 어려운 문제가 아니다. 종교가 발생할

---

30) 1970년대 한국에 등장한 민중신학은 대체로 "민중의 고난과 저항의 현장에서 하나님의 구원(해방) 사건을 체험하고 그 것을 증언하며, 동시에 거기에 투신할 것을 요구했던 신학(서진한, 1995, 「민중신학의 태동과 전개」, 민중신학연구소 엮음, 『민중신학 입문』, 한울, 12쪽)"이라고 정의하고 있다. 고난·저항·현장·체험 등이 민의 철학에서 다루는 일부 키워드와 유사한 것은 둘 다 민중을 다루기 때문이다.

당시의 역사·정치·사회·지역적 환경을 익히 알고 있기 때문이다.

따라서 해당 종교의 가르침 속에 녹아든 민의 생각이 일차적 고려의 대상이 된다. 그것은 본서를 '우리철학 총서' 가운데 하나로 기획하였을 때, 그 주제를 아의 철학, 리의 철학, 심의 철학, 기의 철학, 실의 철학, 교의 철학, 미의 철학과 더불어 민의 철학으로서 근대전환기 우리철학을 탐색하기 때문이다.

우리철학이란 한국의 특성을 바탕으로 하면서 한국인의 정서와 정신을 깊게 반영하여 성립시킨 보편성을 지향하는 합리적인 이론 및 외국으로부터 전래되었지만 맹목적으로 그것을 추종하지 않고 한국의 실정에 부합할 수 있도록 주체적으로 새롭게 구성한 이론 등을 아우르는 철학이다.[31] 여기서 말하는 '한국의 특성'이란 한국의 문화와 정서를 배제해서도 안 되지만, 무엇보다도 한국이라는 특수한 상황 속에서 한국적 문제를 해결하기 위한 이론이라는 전제가 매우 중요하다. 반면에 한국인이 외국에서 한국 문제와 무관하게 서양철학을 탐구하거나 또는 외국인이 개인적 필요성이나 본국의 문제 해결을 위해 한국철학을 탐구한다면, 제각기 그 결과물이 서양철학이나 한국철학은 될지언정 우리철학은 아니다.

따라서 근대전환기 민의 철학으로서 우리철학이란 조선 민중이 당시 외세의 침략과 전근대적 체제라는 시대적 문제를 두고 치열하게 투쟁하고 몸부림치며 사유했던 이론을 재구성한 것을 말한다. 당연히 종교사상 그 자체만이 대상이 아니라, 거기에 녹아든 민중들의 염원

---

31) 이철승, 2016, 「우리철학의 현황과 과제(1)–근대 전환기 '철학' 용어의 탄생과 외래철학의 수용 문제를 중심으로–」, 『인문학연구』 제52집, 44쪽.

·욕망·지향 등이 반영된 세계관·인간관 등과 그것을 이상적 방향으로 이끌고자 했던 사상가들의 이론이 그 대상이 된다. 그 대상을 구체적으로 말하면 동학의 주체의식, 대종교의 민족정체성, 증산교의 상생과 평화, 원불교의 사회 공동체에 관련된 사상을 중심으로 다룬다. 물론 이런 식의 분류는 해당 종교의 두드러진 특성에 초점을 맞춘 것이지만, 사실은 각 종교마다 이런 요소를 모두 포함하고 있어서,[32] 해당 종교에만 이 특성이 배타적으로 적용하는 것은 아니다.

이와 관련하여 좀 더 구체적으로 어떤 사상이 우리철학이 될 수 있는 방법론적 근거는 본 총서의 총론에 해당하는 책에서 이론적으로 다루지만, 그 논리에 기초하여 여기서는 조선대학교 우리철학 연구소의 규정을 바탕으로 이를 좀 더 구체화한 연구 결과[33]를 따른다. 여기서 어떤 철학사상이 우리철학이 될 수 있는 모델을 '한국인의 삶에 기초한 시대인식과 문제의식', '전통사상을 발전적으로 계승하기', '전통사상의 재해석을 통하여 한국적으로 특성화하기', '외래사상을 비판적으로 수용하거나 포용하기', '외래사상에 대응한 한국적 변용'으로 나누어 살펴볼 것이다. 판단의 기준은 '한국인의 삶에 기초한 시대인식과 문제의식'의 〈필수모델〉과 나머지 모델의 조합으로 이루어진다. 당연히 당대의 역사적 삶과 무관한 이론은 우리철학의 규정에 맞

---

32) 근대전환기 신종교 사상을 '민족의 주체사상'으로 규정하고 세부적으로 민족주체의식, 인본사상, 평등사상, 共和(共生·相生) 정신이 공통적으로 들어있다고 한다(유병덕, 1987, 「한말·일제시에 있어서의 민족사상」, 한국철학회 편, 『한국철학사』 하권, 동명사, 233~245쪽 참조).

33) 이종란, 2018, 「『전경』의 사상분석으로 살펴본 '우리철학'의 방법론」, 『대순사상논총』 제30집, 대진대학교 대순사상학술원. 이 글은 본 총서의 집필을 위하여 우리철학의 방법론 탐구의 필요성에 따라 연구하였다.

지 않기 때문이다.

본서의 연구 목적은 근대전환기 조선 민중이 이전과 다른 모습으로 자각할 수 있었던 민의 철학의 주요 논리가 무엇인지 밝힌다. 동시에 그 사상의 연원이 전통과 외래 등 어디에 있는지, 또 전통과 어떤 관련이 있으며, 그리고 근대전환기 서양 문명의 도전에 따른 수용과 대응의 모습도 밝힌다. 더 나아가 21세기 근대화된 세계에서 한국의 현대철학으로서 '우리철학'을 구축하는 데 모종의 기여를 할 수 있는 근대전환기 민의 철학이 갖는 의의도 살펴 볼 것이다.

제**1**장
전통적 배경으로서 원형사상과 민족종교

근대전환기 민의 철학을 재구성하기 전에 먼저 당시까지 민중의 의식을 지배하는 사상에는 어떤 것이 있었는지 검토해 보아야 한다. 여기에는 크게 기존의 유불도儒佛道(또는 유불선儒佛仙) 사상과 우리 민족의 원형사상과 고유신앙이 있다. 유불도는 이 총서 시리즈의 다른 책에서 별도로 다루기 때문에 본서에서는 거기에 녹아든 것만 찾아보고, 원형사상과 고유신앙을 중심으로 설명하겠다.

근대전환기 민중들이 민간신앙 등을 통해 원형사상을 이어가고 있었지만, 그것들을 흡수한 민족종교 또한 대체로 단군신앙을 중심으로 한국의 원형사상을 계승하고 있었다.[1]

그런데 여기서 근대전환기 민중이나 민족종교들이 단군신화를 계승하기 위해서는 역사적 교량을 거쳐야 하였다. 단군신화는 이후 제천 행사, 소도蘇塗 등으로 이어졌다. 그 후 원형사상은 유불도 삼교에 녹아 들어가면서 독자성을 잃게 되었다. 이러한 단군으로부터 민족종

----

1) 『육당최남선전집』 9권, 「朝鮮思想槪觀」, 앞의 책, 286쪽. ; 같은 책, 294~295쪽 참조.

교까지 원형사상의 연결은 대체로 다음과 같이 진행되었다.

1 원형사상의 형성과 쇠퇴

1) 단군신화

단군신화 나아가 고조선의 성립은 한민족의 출발로서 언급된다. 단군은 단군을 주신으로 삼는 대종교뿐만 아니라 증산교, 동학 등의 교단에서도 자주 인용하고 있다. 단군신화는 홍익인간弘益人間, 재세이화在世理化의 인본주의, 천인합일天人合一의 조화사상, 그리고 한민족의 형성과 연대의식이라는 세 가지의 요소가 들어있다.[2]

먼저, 단군신화의 통치이념은 홍익인간과 재세이화로 인간을 위한 것이 우선하고 신이 인간 세상에서 직접 교화로서 통치한다는 점에서 인문적이고 현실적이며, 신이나 통치자 중심의 다른 종교 문화와 구분된다. 다음으로, 단군신화의 중반부의 환웅과 웅녀의 결혼은 천인합일의 종교성을 말한다. 마늘과 쑥을 먹고 100일 동안 햇빛을 보지 않은 곰은 웅녀로 환생하고, 다시 웅녀는 환웅과 결혼하는데, 이는 천신 세력과 토착민의 결합으로도 해석된다. 그들의 후손인 단군도 하늘과 인간의 조화를 의미한다.[3] 마지막으로 인간이 되지

---

2) 유승국은 한국의 원형사상을 평화·생명·의리·중도·상생·소통으로 정리하였다. 이런 원형사상은 단군신화로부터 민족종교에까지의 한국철학의 화두였다(柳承國, 1977, 「韓國 固有思想에 나타난 人本思想」, 『원불교사상』 2, 원광대학교 원불교사상연구원 참조).
3) 일부에서는 웅녀를 '地神' 즉 '땅의 신'으로 보기도 한다(황수영, 2015, 「한국

못한 호랑이는 인문으로 나아가기 위해서는 과거의 습속을 버려야 한다는 점을 의미한다. 어떤 의미에서는 야만과 문명에서의 선택이라고도 할 수 있다. 이는 반인문주의에 대한 경고이기도 하며, 일종의 제한적 배타성으로 민족종교의 민중 해방과 민족중흥과도 연결되는 부분이다.

무엇보다 단군신화에 보이는 사상의 특징 가운데 현대적 의의는 하늘을 상징하는 신앙적·정신적인 면이나, 땅을 상징하는 물질적·세속적인 면의 한 방면에 치중하고 있지 않다는 점이다. 하늘과 땅과 사람이 융화된 현실의 삶을 긍정하면서도 영과 육이 조화를 이룬 영육쌍전靈肉雙全의 태도를 유지하며, 또 단군조선의 이상 실현의 터전인 신시神市는 이 땅에서 유토피아의 낙원을 건설해야 한다는 상징을 나타내고 있다. 그리고 신과 인간의 경계나 차이가 유일신을 숭배하는 일신교一神敎처럼 엄격하지 않고 서로 융화되고 있는 점은 신성神性과 인성人性이 하나가 되어, 인간이 신의 경지로 변화될 수 있는 길을 터놓고 있다.

뒤에서 살펴보겠지만, 동학을 비롯한 민족종교의 신관과 거기서 내

고유사상의 특징 – 단군신화와 풍류도를 중심으로 – 」, 『韓國思想과 文化』79, 한국사상문화학회, 375쪽 참조). 웅녀를 지신으로 보는 관점은 임승국의 『한단고기』 등에서 나오는데(임승국 번역 및 해설, 계연수 저, 1986, 『환단고기』, 정신세계사), 이 설은 '웅' 즉 '곰'은 예전에는 '금'으로 표기되었으며 이는 '땅'이라는 의미도 함께 지닌다는 설에 기초하고 있다. 그러므로 '웅녀'에서 웅은 '땅'이고 녀는 '여성'이라는 의미이다. 이 설에 의하면 단군은 하늘과 땅의 합일로 인해 탄생한 천지합일의 결과이다. 이 두 가지 관점 모두 단군과 그들의 후손은 자연과 인간, 나아가 천지의 합일로 탄생한 인간이라는 천인합일의 관계를 설명하고 있다.

세운 후천의 세계도 모두 이러한 원형적 사유를 온전히 따르고 있다는 점에서, 비록 중간에 불교와 유교에 잠식당해 왔으나 20세기에 가까이 와서야 원형사상이 빛을 보게 되었다.

사실 단군신화에 대한 해석은 앞서 설명한 것에만 한정되지 않는다. 신화는 인간의 현상, 문화 현상, 인간 정신의 창조로서, 그것을 올바르게 이해하기 위해서는 거기에 등장하는 행위를 설명하고, 정당화하고, 종교적인 가치를 부여하는 노력이 필요하다.[4] 따라서 모든 신화는 그것이 발생했던 공동체의 삶과 문화를 반영하고 있듯이 단군신화 또한 그렇게 해석할 여지가 풍부하다. 흔히 한국의 고유사상은 유불선 속에 녹아들고, 남아 있는 것이라곤 무속 등의 민간신앙이라고 하는 관점을 어느 정도 받아들인다면, 새로운 해석도 가능하다.

어느 신화도 마찬가지이지만 단군신화도 고대인들이 세계를 이해하거나 해석하는 방식을 포함한다. 동북아시아는 그 지리적 여건상 주로 농사를 지었기 때문에 단군신화는 농경 사회의 흔적을 물씬 풍긴다. 음양으로 상징하는 하늘과 땅이 잘 교합해야 만물이 풍성하게 자란다는 의미도 그렇지만, 날씨와 관련된 비·바람·구름 또한 그러하다.[5] 그래서 단군신화는 창조 신화와 관련이 없고, 천상의 신이 여러 가지 방식으로 인간을 돕는 것으로 되어 있다. 세상의 기원이나 내세의 문제가 중요한 것이 아니라, 이 땅에서 풍요롭게 사는 것이 일차적인 관심이었기 때문이다. 그래서 유대교처럼 절대적 유일신이

---

4) 미르세아 엘리아드 저, 이은봉 역, 1985, 『신화와 현실』, 성균관대학교 출판부, 12쪽 참조.

5) 이남영, 1993, 「사상사에서 본 단군신화」, 조명기외 33인 저, 『한국사상의 심층연구』, 우석, 71쪽 참조.

나 그리스 신화처럼 여러 종류의 신이 필요 없고, 주로 농사와 관련된 신만 있으면 되었다.

동북아시아 고대인들이 풍년이 들어 하늘에 감사의 제사를 지낼 때, 그 풍년이 든 원인이랄까 근거를 이렇게 신화적으로 表現했다고 본다. 다시 말하면 홍익인간은 그 공동체를 위하여, 재세이화는 제의 의 주관자이자 신인神人으로서 단군(巫君)[6]이 잘 다스렸기 때문에 풍 년을 가져 왔거나 기약할 수 있다는 점이 그것이다. 호랑이는 육식을 하므로 수렵(또는 유목)만을 전문으로, 곰은 잡식성이므로 농경과 수 렵을 병행하는 산업을 상징한다고 말할 수 있다. 쑥과 마늘 또한 그런 각도에서 이해할 수 있다. 결국 곰이 여자가 되었다는 말은 그들의 산업 형태를 합리화한 것으로 보인다.

자, 시점時點을 신화 그 자체에 두지 말고 신화적으로 이해했던 고 대 사회의 제의가 진행될 때로 돌아간다면, 하늘이 이렇게 인간을 위 해 도와주었으므로 감사의 제사를 올리고, 이어서 음주 가무가 빠질 수 없다. 이런 전통은 후대에 등장하는 제천 의식이 모두 단군신화와 연결되는 데, 가령 소도蘇塗는 신시神市, 솟대는 신단수, 제사장으로서 단군은 그 신을 몸속에 모신 무당이나 그 대리자인 왕으로 바뀌었을 뿐이다. 그 일부는 지금까지 이어지는 각종 민속신앙과 무속에서도 볼 수 있다.[7]

---

6) 단군은 神政時代에서 巫君의 호칭이라고 한다(『육당최남선전집』, 「朝鮮의 固 有信仰」, 앞의 책, 256쪽).
7) 무속신앙은 고대 한국인의 신앙 양상과 그 잔류 현상이며, 제천 의식은 역사적 인 변천을 거쳐 현대의 무속신앙으로 남게 되었다(유동식, 1978, 「별신굿의 종 교적 특징」, 『明大』 9, 명지대학교 교지집편집위원회, 17쪽)고 한다.

현대에 남아 있는 흔적은 별신굿에서도 찾아볼 수 있는데, 이것은 고대 한국인의 제천 의례가 가장 충실하게 전승된 것이라 한다.[8] 별신굿이란 풍요를 비는 굿이다. 신의 대리자인 무당은 단군, 서낭나무 또는 푸른 대나무는 신단수, 굿터는 신시, 굿의 목적은 제사의 목적, 신내림은 한웅의 강림에서 외형상의 강한 유사성을 발견할 수 있다. 별신굿 뒤의 온갖 여흥은 제천 의식 뒤의 그것과 별반 다르지 않다.[9] 다만 신앙의 대상이 분화되었을 뿐이다.

이렇게 봤을 때, 단군신화의 전통은 한국 고대 사회의 제천 의식으로 이어졌고, 또 현대에 다른 어떤 분야보다 무속 같은 민간신앙 속에 면면히 이어지고 있다고 하겠다.[10] 민족종교 가운데는 이러한 민간신앙을 수용했다는 점은 단군신화에 등장하는 정신을 계승했다는 점을 의미한다.

2) 제천 의식과 소도

제천 의식와 소도는 우리 민족 초기의 종교적 세계관을 대변한다. 제천 의식은 고대 공통의 제의로 풍요로운 산물과 공동체의 안녕을 위해 거행되었다. 기원전 3세기를 전후하여 우리 민족은 고조선·부

---

8) 유동식, 앞의 글, 18쪽.
9) 김열규, 1993, 「한국신화와 무속」, 조명기외 33인 저, 『한국사상의 심층연구』, 우석, 52~59쪽 참조.
10) 夫餘의 迎鼓, 고구려의 東盟, 濊의 舞天, 韓의 弗矩內 등의 고대의 제천 의식과 신라와 고려의 팔관회, 조선 이후의 府君祭와 10월 상달이란 이름으로 행하는 告祀, 時祭, 대동굿 등도 모두 이와 연관이 있다(『육당최남선전집』 9권, 「開天節」, 앞의 책, 198~199쪽 참조).

여·고구려·읍루·옥저·예맥 등의 북부 공동체와 마한·진한·변한의 남부 공동체를 이루었다.

이들 공동체들은 모든 구성원이 참여하는 제천 의식을 가졌다. 이 행사에는 천신과 곡식과 관련한 신에게 제사를 지냈는데, 수렵이나 채집에서 점차 농경 체계로 진입했음을 의미한다. 부여의 제천 의식은 영고迎鼓로 매년 정월에 행하던 종교 의례로써 부족 구성원이 참여하여 모두 하늘에 제사를 지냈다고 한다. 영고는 지금의 설날처럼 음력 정월에 시행하여 다른 공동체들이 가을이나 봄에 하는 것과는 다르다. 이는 부여가 농경과 더불어 수렵 생활이 남아 있음을 알 수 있다.[11]

고구려와 동예의 제천 행사는 동맹東盟과 무천舞天이다. 동맹은 영고와 마찬가지로 국가대사(國中大會)였다.[12] 그 중 수신隧神(또는 禭神)에 대한 제사는 유화신화의 반복으로 단군신화의 웅녀와 유사하다. 또 시기가 음력 10월이라는 점과 숭배의 대상이 수신에게로 확대되었다는 것은 경제 환경이 농경 체제로 이행되었음을 보여 준다. 한편 무천에 대한 기록에는 '국중대회國中大會'라는 표현이 사라졌다.[13] 즉 무천은 종교적 원형사상이 집권자 중심의 제사에서 벗어나 민의 생활 속에 안착되었음을 의미한다. 제천 행사의 주관자가 민에게 이관되는 현상은 삼한의 기록에도 나타난다. 삼한에서는 음력 5월과 10

---

11) 以殷正月祭天, 國中大會, 連日飲食歌舞, 名曰迎鼓. 於是時斷刑獄, 解囚徒. (『三國志·魏書』, 「東夷傳·夫餘條」 이하 편명만 표기함)

12) 好祠鬼神·社稷·零星. 以十月祭天大會, 名曰東盟. 其國東有大穴, 號禭神, 亦以十月迎而祭之. (「東夷傳·高句麗條」)

13) 常用十月祭天, 晝夜飲酒歌舞, 名之舞天. (「東夷傳·濊」)

월 두 번 제천 행사를 거행했다. 또 이 제사는 천보다는 귀신을 대상으로 하였다.[14]

삼한 특히 마한에서의 천신제天神祭는 천군天君에 의해 소도蘇塗에서 지냈다.[15] 『후한서』와 최치원에 의하면 소도는 주로 마한 지역에 있었다. 소도는 솟대 또는 '높은곳(솟아 오른 터)'을 가차한 말이다. 소도의 존재는 통치자는 산업과 생산에 집중하고, 천신제는 제사장인 천군이 주관하는 이원화가 이루어 졌음을 보여 준다. 소도는 이후 불교가 유입되면서 불교 사찰로 바뀌었다.

2 유교와 불교 속의 원형사상

1) 최치원과 풍류도

최치원崔致遠(857~?)은 신라 6두품 출신으로 12세의 어린 나이로 당시 중국인 당나라에 유학한 학자이다. 그는 중국에 17년간 거주하면서 대문장가로 명성을 날린 후 귀국하여 원형사상을 풍류風流라 명명하였다.

우리나라에 현묘玄妙한 도가 있으니, 이를 풍류라 부른다. 이 종

---

14) 常以五月田竟祭鬼神, 晝夜酒會, 羣聚歌舞, 舞輒數十人相隨蹋地爲節. 十月農功畢, 亦復如之. (「東夷傳・韓」)

15) 國邑各立一人主祭天神, 名之天君. 又諸國各有別邑. 名之爲蘇塗. 立大木, 縣鈴鼓, 事鬼神. 諸亡逃至其中, 皆不還之, 好作賊. 其立蘇塗之義, 有似浮屠, 而所行善惡有異. (「東夷傳・韓」)

교를 일으킨 연원은 선사仙史에 자세히 실려 있거니와, 근본적으로 유불선 삼교를 이미 자체 내에 지니어, 모든 생명을 접하여 저절로 감화시킨다. 집에 들어온즉 효도하고 나간즉 나라에 충성하니 그것은 공자의 교지와 같고, 무위無爲의 일에 처하고 불언의 가르침을 행하는 것은 노자의 종지와 같으며, 모든 악한 일을 짓지 않고 모든 선한 일을 받들어 실행함은 석가의 교화와 같다.[16)]

이 글은 '난랑鸞郎'이라는 화랑花郎에 대한 비문이므로 풍류는 화랑과 직접 관련이 있다. 『삼국유사』에는 화랑이 풍월도風月道의 구성원이며 국선國仙은 화랑의 우두머리이고, 풍월도를 일으킨 사람은 진흥왕이라고 한다.[17)] 이것으로 보아 풍월도·화랑이 풍류와 관련 있음을 알 수 있다. 그런데 국선은 화랑의 우두머리였을 뿐만 아니라 미륵불을 상징하는 신라의 미륵부처 또는 나라의 아기부처로서 받들어진 것은 진흥왕의 미륵신앙과 관련이 있다고 한다.[18)] 이는 화랑 집단이 미륵신앙에 의하여 단결되고 중심인물인 화랑 곧 국선은 미륵의 화생

---

16) 國有玄妙之道, 曰風流. 說敎之源備詳仙史, 實乃包含三敎, 接化群生. 且如入則孝於家, 出則忠於國, 魯司寇之旨也, 處無爲之事, 行不言之敎, 周柱史之宗也, 諸惡莫作, 諸善奉行, 竺乾太子之化也(『三國史記』, 「新羅本紀·眞興王 37年」).

17) 王又念欲興邦國, 須先風月道. 更下令, 選良家男子有德行者, 改爲花郎, 始奉薛原娘爲國仙, 此花郎國仙之始(『三國遺事』, 「眞興王」). 여기서 왕이 '나라를 일으키려면(欲興邦國) 풍월도를 먼저 [일으켜야] 한다(須先風月道)'는 말에서 풍월도가 '邦國'처럼 미리 있었던 것으로 보아, 신라 고유의 사상 또는 신앙으로 보인다. 그러나 풍월도(國仙 花郎단체)를 진흥왕이 '창설'하였다는 견해(김영태 저, 1990, 『한국불교사개론』, 경서원, 46쪽)도 있어, 그것을 따른다면 풍월도와 풍류는 다른 것으로, 풍류가 고유신앙(사상)이다.

18) 김영태 저, 1990, 『한국불교사개론』, 경서원, 48쪽 참조.

이라 믿고, 미륵이 수호해 준다고 확신하고 있었기 때문에 전쟁에 나가도 물러서지 않았고, 또 신령과 교류하는 화랑 집단은 주술적인 의례를 행하였다[19]고 한다. 이는 신라의 고유신앙인 풍월도에 불교의 가르침이 습합 또는 융합한 것을 말해준다. 그러니까 통일 이전의 신라 불교는 풍류도(풍월도)와 결합하여 청년들의 수련을 지도하고 단결을 고취함으로써 신라가 삼국 통일을 준비하는 데 중대한 역할을 하였다.[20]

잘 알다시피 최치원은 통일신라 말기의 인물이다. 진흥왕과 그가 살았던 때는 시간적 차이가 있음에도 불구하고, 그의 이 저작을 『삼국사기』 진흥왕조의 기록에 인용한 것을 보면, 『삼국사기』의 편찬자는 그가 말한 풍류와 풍월도가 같은 것으로 보았던 것 같다. 그래서 학자들은 풍월도를 풍류도라고 말하기도 했다. 최치원의 논리는 풍류의 성격을 규정하기 위해 거기에 삼교의 요소가 들어있다고 하여, 그것이 원형적 사유임을 밝히는 일환이기도 하였지만, 동시에 종교적 원형사상의 자립이 위협받음을 의미한다.

한편 최치원의 이 자료를 일찍이 우리 민족의 고유신앙의 관점에서 발굴한 사람은 최남선崔南善(1890~1957)이다. 그는 '풍류'가 중국식 자면字面 또는 불교에도 보이지만, 고유신앙인 '부루'의 음을 한자로 표기한 것이며, 불(火) 또는 광명光明을 의미하는 '부루'는 '신도神道'라는 뜻이 된다고 주장한다.[21] 그는 그 증거로 부여의 옛 왕인 '부루夫

---

19) 鎌田茂雄 저, 신현숙 역, 1991, 『한국불교사』, 민족사, 55~56쪽 참조.
20) 정의행, 1993, 『한국불교통사』, 한마당, 91~92쪽 참조.
21) 『육당최남선전집』 9권, 「朝鮮의 固有信仰」, 앞의 책, 249~250쪽 참조. 그는 우리의 고유사상과 종교를 아울러 '古神道'로도 불렀다(같은 책, 3권, 253~255

娶', 신라의 시조인 '불구내弗矩內(赫居世)' 외에 많은 사례를 언급하고
있다.[22]

아무튼 여기에 등장하는 '모든 생명을 접하여 저절로 감화시킨다'
는 접화군생接化群生라는 말은 한국 상고대의 '재세이화在世理化', '홍
익인간弘益人間', '광명이세光明理世'의 정신을 확대한 것이라고 본
다.[23] 광개토태왕비에서 선언한 '이도여치以道輿治'는 도를 가지고 천
하 대지를 다스린다는 말이고, 고승 원효가 말한 '요익중생饒益衆生'은
본래의 마음자리로 돌아가 모든 중생이 이롭도록 한다는 말이다. 말
은 서로 다른 듯하지만 정신과 사상은 하나로 연결된다.[24]

통일신라 이후 고려 시대에는 전통의 제천 의식이 팔관회로 흡수되
었다. '팔관八關'이라는 말 그 자체는 불교의 기한부 계율 생활을 의미
하지만, 고려의 그것은 하늘과 5악岳·명산·대천·용신龍神 등에 제사
를 지내는 축제이므로 불교와 아무런 관계가 없다. 따라서 팔관이라
는 말도 앞서 말한 풍류가 '부루'라는 말의 음을 한자식으로 표기한
것처럼 '밝안'의 대자對字라고 한다.[25] 이것은 되레 불교와 상반되게

쪽). 또 『朝鮮儒學史』를 쓴 玄相允도 '神道'라 하였고, 『朝鮮道敎史』를 쓴 李
能和는 '神敎'라 불렀다.

22) 같은 책, 250~251쪽 참조. 여기서 최남선의 고유신앙 강조는 기존의 불교와
유교가 외래사상이므로 민중의 입장에서 볼 때, 특정 계급 위주의 형식적이고
의례적이어서 민중의 心田에 파고들지 못했다는 반성에서 출발하였다(같은
책, 246~248쪽 참조). 그의 연구 방법은 사학·문헌학·인류학·민속학·언어학
·종교학 등의 학문에 의존하고 있다.

23) 최영성, 2017, 「한국사상의 원형과 특질」, 『한국철학논집』 55, 한국철학사상사
연구회, 23쪽.

24) 같은 글 참조.

25) 『육당최남선전집』, 「朝鮮의 固有信仰」, 앞의 책, 253쪽.

신도神道적인 의례로 왕 이하 문무백관에서 서민에 이르기까지 전국가적으로 치른 제사와 음주 가무 등의 화려한 의식이었다.[26] 이를 보면 고대의 제천 의식의 연장이라 하겠다. 고려의 역대 왕들이 팔관회를 강조한 것은 물론 태조 왕건의 유훈도 작용했지만, 왕조의 구성원들을 단합시키기 위해 귀족만이 아니라, 일반 서민들의 정서에 맞는 축제가 필요했기 때문이다.

2) 일연의 단군신화와 불교

일연一然(1206~1289)은 몽고 침략기에 살아간 승려이자 불교 철학자이다. 그의 『삼국유사』는 『삼국사기』에서 빠진 부분을 추가하였는데 여기에는 단군신화와 같은 원형사상도 포함되었다.

> 고기古記에서 말하기를, "옛날에 환국桓國[제석帝釋을 말한다]의 여러 아들 가운데 환웅이 수차례 천하에 뜻을 두고 인간 세상을 구하고자 하였다."라고 하였다.[27]

여기서 제석이란 불교에서 석가제환인다라釋迦提桓因陀羅 또는 제석환인帝釋桓因, Sakra-Devanam Indra이다. 그 밖에 『삼국유사』에는 천신인 환인을 포함하여 수신(또는 龍神), 지신(또는 山神), 수목신樹木神 등의 토속신들이 나오는데, 이들은 점차 불교로 통일되어 갔다.[28] 이

---

26) 같은 책 참조.
27) 古記云, 昔有桓國, - 謂帝釋也 - 庶子桓雄數意天下貪求人世(『三國遺事』, 「紀異・古朝鮮王儉朝鮮」).
28) 조수동, 2002, 「일연의 화회사상 - 『삼국유사』를 중심으로」, 『철학논총』 29, 새

는 일연이 단군신화를 비롯한 종교적 원형사상을 불교로 흡수하려는 시도라 볼 수 있다.

그런데 일연이 원형사상을 불교로 유입시키는 방법은 공존이었다. 즉 불교가 중심이지만 원형사상도 독자적인 지위를 얻었던 것이다. 그 근거로 그는 불교와 원형사상 간에는 감통感通·감응感應·영응靈應·영향靈響·영적靈迹 등의 종교적 공통점이 있다고 주장하였다.

이는 일연이 원형사상을 반불교로 보지 않고, 불교의 틀 속으로 포용을 시도하였기 때문이다. 다만, 불교의 영성이 원형사상보다 더 큰 차원으로 보았다.[29] 곧 불교의 전래로 그 이전의 무교巫敎적 하느님 신앙에 입각해 있던 신성 관념이 불교화했다는 점이 지적된다.[30] 그러기에 일연의 불교철학은 몽고 침략기 고려에서 이민족의 공세에 저항하는 민족정신으로 이어졌다.

사실 불교의 민간신앙 또는 토속신앙의 흡수는 단순한 문제가 아니다. 불교는 삼국 시대에 전래 된 것으로 알려져 있다. 삼국에서 불교를 수용한 것은 왕권 강화와 국론 통일을 위해서였다는 것이 학계의 중론이다. 그러나 상식적으로 생각해 볼 때 삼국마다 정도의 차이는 있었겠지만 그 수용과 전개가 일사천리로 순조롭게 되지는 않았을 것이다. 한반도에는 이미 토착신앙이 있어서 그것과 충돌이 불가피하기 때문이다. 그 대표적 사례가 527년 신라 법흥왕 때의 이른바 '이차돈의 순교' 사건이다.

한철학회, 371~379쪽 참조.

29) 같은 책, 381~383쪽 참조.

30) 고익진, 1991, 『한국의 불교사상』, 동국대학교 출판부, 111쪽 참조.

이렇듯 불교의 수용도 세계의 어떤 종교의 수용과 마찬가지로 모두 토착 종교의 토대 위에서 외래 종교를 받아들이는 보편적 현상을 따라 충돌과 갈등의 존재 속에서 융합될 수밖에 없는 과정이었다. 곧 삼국의 불교 수용 과정은 바로 샤머니즘[31]적 자연 종교의 제양태와 어떠한 충돌을 경험하며 또는 어떠한 형태로 서로 융합되며 변양되어 가느냐 하는 과정을 살펴보지 않을 수 없으며, 바로 '호국 불교'의 본질도 이러한 수용 과정의 제 충돌과 융합의 구조 속에 내재하는 것, 불교와 샤머니즘의 해후였다.[32] 다시 말하면 '호국 불교'라는 한국 불교의 전통은 고유신앙과 불교의 충돌과 융합의 결과로 탄생된 것으로 보인다.

이런 사례는 무수히 많다. 고대 삼한의 소도蘇塗 또한 자연히 사찰로 바뀐 것도 그렇고, 불국토사상, 불공을 쌓아 소원을 성취하려는 것, 사찰이나 탑을 세워 현세의 이득을 취하려는 것, 어느 사찰이든 대개 삼성각三聖閣이나 산신각山神閣이 있는 것도 민간신앙과의 갈등을 융합하거나 포용한 산물이다. 특히 민간의 미륵불신앙은 특별하다. 앞에서도 언급했듯이 진흥왕이 풍월도에 미륵신앙을 결합시켜 화랑을 만들기도 하였지만, 통일 이후에는 미륵신앙이 민중들에게도 전파

---

31) 여기서 말하는 샤머니즘은 "종교의 원시태가 아닌 근본태이며, 어떠한 현존하는 고등 종교도 이 샤머니즘의 요소를 완전히 배제할 수 없다(김용옥, 1989, 『나는 불교를 이렇게 본다』, 통나무, 96쪽)."고 한다.

32) 같은 책, 97~98쪽. 그래서 "부처는 삼국 시대 인민 대중에겐 쎈 무당, 쎈 신령, 쎈 귀신이었다(같은 책, 98쪽)."고 한다. 이런 맥락에서 지금도 무속인들 가운데는 예수를 서양의 쎈 귀신으로 여겨, 굿판에 그리스도인의 참여를 꺼리는 경향이 있고, 신병(무병)을 앓는 사람이 신내림을 원치 않으면 차라리 교회에 나가[예수 귀신을 받으]라고 권유하기도 한다.

되었다. 그 대표적인 사례 가운데 하나는 궁예弓裔가 미륵으로 자처하여 나라를 세우는데 이 미륵신앙을 이용한 일이다.

원래 미륵신앙은 불교 경전의 설화에 근거한다. 그래서 중국도 남북조시대에 전성을 이루다가 쇠퇴하였지만, 신라에 들어와서는 고유 사상과 결합하여 조선 말기까지 내려온다.[33] 특히 증산교를 창시한 강일순이 스스로 미륵으로 자처하고 금산사 미륵금상에 임하여 삼십 년을 지내다가 인간으로 탄생했다는 말과 원불교 경전에서 미륵을 언급하는 횟수에서 절정을 이루는데, 이는 그만큼 민간에 구세주를 바라는 미륵신앙이 널리 퍼져있는 방증이다. 이것은 한편 그리스도교가 급속히 전파할 수 있었던 배경이 되기도 하였다.

사실, 순수 불교의 이론에서 보자면 이런 것들이 석가의 근본 가르침을 벗어나는 것이지만, 민중의 종교적 심성에는 원형적 사유로서 샤마니즘 또는 무속과 타협 또는 융합된 모습으로 나타난다. 이렇듯 원형적 사유 또는 정서나 태도는 불교에서 보이는 바와 같이 아직도 민중 속에 면면히 유지되고 있고, 이것을 집단적 종교의 모습으로 승화시킨 것이 민족종교였다.

3) 조선 시대의 단군의식과 경천사상

원나라는 주자학를 중심으로 한 성리학이 주를 이루었다. 이 성리학은 고려 말 유입되었고, 이후 성리학을 학문적 기반으로 하는 신진

---

[33] 혹자는 당시의 민족종교 속에서 미륵신앙의 말류를 발견하게 되지만, 한국 개신교야말로 그 본류로서 미륵신앙의 근대적 변용이라 규정하기도 한다(같은 책, 189쪽 참조).

사대부에 의하여 조선은 유교 국가가 되었다. 성리학은 『오경』보다 『사서』를 강조하는 특징이 있다. 이는 성리학이 통치 위주의 외왕파外王派에서 벗어나 개인의 자율적 도덕성을 강조하는 내성파內聖派에 초점이 있음을 의미한다. 이를 위해 성리학에서는 리와 기를 통해 세계를 보편적으로 이해하였다.

이렇게 하늘을 신앙의 대상보다 천리를 담보한 것으로 본 성리학을 받아들였어도, 조선의 유학자들의 삶과 행동에는 여전히 하늘에 대한 고대 사회의 신앙의 흔적이 보인다. 각종 제문祭文 속에서나 자연에서 이변이 생겼을 때 여러 상소문 등에 발견된다. 물론 이것은 유교 경전에 보이는 상제上帝를 빌어온 천에 대한 의인화의 성격을 갖기도 하겠지만, 백번 양보해 한민족의 정서에 면면히 흘러온 하늘에 대한 무의식적 태도나 관념이 없었다면 그렇게 쉽게 말하기는 어렵다. 그런 점에서 하늘 숭배의 정서는 수입한 학문에 앞서서 선험적으로 주어진 에토스라 할 수 있다.

따라서 경천사상의 유래가 단군신화와 연관됨을 확인할 수 있다. 조선 시대 문헌에 '단군檀君'이라는 단어가 들어간 사례를 보면『조선왕조신록』에 89회,『승정원일기』에 54회,『일성록』에 19회나 등장하고,『한국문집총간』에는 무려 602회 그 외 여러 문헌에도 발견된다. 이것은 우리 민족의 국조國祖로서 단군에 대한 상징적 중요성을 나타내기도 하지만, 그 계승의 차원에서 원형사상과도 관련이 있다.

가령 『조선왕조실록』에 태조 때 예조전서禮曹典書 조박趙璞 등이 글을 올려 조선의 단군은 동방에서 처음으로 천명을 받은 임금이라 하여 제사지낼 것을 주청하였고,[34] 또 변계량卞季良이 올린 글에는 이런 말이 보인다.

그러나 우리 동방에서는 하늘에 제사지내는 도리가 있었으니, 폐지할 수 없습니다. … 우리 동방은 단군이 시조인데, 하늘에서 내려왔고, 천자가 분봉分封한 나라가 아닙니다. 단군이 내려온 것이 당요唐堯의 무진년戊辰年에 있었으니, 오늘에 이르기까지 3천여 년이 됩니다. 하늘에 제사하는 예가 어느 시대에 시작하였는지를 알지 못하겠습니다만, 그러나 또한 1천여 년이 되도록 이를 혹시 고친 적이 아직 없습니다.[35]

하늘에 제사를 지내야 하는 당위성을 하늘에서 내려온 단군이 세운 나라가 중국의 제후국이 아니라는 사례를 들었다. 중국의 예에 천자만이 하늘에, 제후는 산천에 제사를 지내기 때문이다. 이것은 하늘을 숭배하는 전통이 단군 이래로 중국의 그것과 별도로 면면히 이어져 왔음을 주장하는 말이다. 성리학의 명분을 철저하게 따랐다면 하늘에 제사를 지내자는 말은 하지 못했을 것이다. 가관인 것은 이런 변계량의 글을 폄하고, 스스로 중국의 제후국 처지로 자처하는 사관의 기록이다.[36] 아마도 성리학의 명분론에 경도되어 있었기 때문에 그랬을 것이다.

그런데 변계량과 같은 생각은 훗날 정조도 가지고 있었다.

---

34) 禮曹典書趙璞等上書曰, … 朝鮮檀君, 東方始受命之主, … 令平壤府以時致祭(『太祖實錄』1권, 1년 8월 11일 庚申).

35) 然吾東方有祭天之理, 而不可廢, … 吾東方, 檀君始祖也, 蓋自天而降焉, 非天子分封之也. 檀君之降, 在唐堯之戊辰歲, 迄今三千餘禩矣. 祀天之禮, 不知始於何代, 然亦千有餘年, 未之或改也(『太宗實錄』, 16년 6월 1일 辛酉).

36) 季良惑佛諂神, 拜天禮星, 無所不爲, 至於力主東國祀天之說, 非不知犯分失禮, 徒欲以强詞, 奪正理耳(같은 책).

우리 동방은 나라를 세운 것이 단군으로부터 시작되었는데, 역사에서는 하늘에서 내려와 돌을 쌓아 제천의 예를 행하였다고 하였다. 그 후에도 모두 그대로 따르고 있는 것은 대국에서 제후를 봉하지 않았고, 크게 참람하기에 이르지 않기 때문이다. 우리 조선에 이르러서는 혐의를 구별하고 미세함을 밝히는 뜻이 엄격하여 환단圜壇의 예가 혹 소국에서 감히 지낼 제사가 아니라 하여 세조世祖 이후에는 환단의 호칭을 남단南壇이라 고쳐 일컫게 되었다.[37]

이로 보면 정조 자신도 조선 이전부터 하늘에 제사를 지낸 전통을 존중하고 있어, 경천사상이 단지 유교 경전에서 근거하고 있는 것만이 아니라, 우리나라에서는 단군 이후로부터 내려왔음을 그도 인정하고 있음을 알 수 있다. 다만 대국에 하늘에 제사를 지낸 다는 빌미를 주지 않기 위해 제사지내는 곳의 호칭을 바꾸어 선택한 점을 따를 수밖에 없음을 그의 말에서 읽어낼 수 있다.

사실 하늘에 제사를 지내는 일은 훗날 중국식 도교가 들어와 종교행사로서 거기에 녹아들어가기도 하였다. 그래서 조선 중기까지 소격서昭格署가 있어 하늘과 별과 산천에 제사를 지낼 수 있었다. 단지 도교의 행사만이 아니라 천자만 하늘에 제사를 지낼 수 있다는 명분을 피해갈 수 있는 점도 작용했을 것이다. 야속하게도 성리학으로 무장한 유학자들은 끝내 이마저도 철폐하게 만들었다.

세종 때에도 강화도 마리산摩利山 참성단塹星壇은 단군이 하늘에

---

37) 我東建邦, 創自檀君, 而史稱自天而降, 壘石行祭天之禮. 則後皆因之者, 以其不受大國之分茅, 而不至於大僭逼也. 至于我朝, 嚴於別嫌明微之義, 以圜壇之禮, 或涉於小國之不敢以祭, 光廟以後, 圜壇之號, 改曰南壇(『正祖實錄』 35卷, 16년 8월 12일 戊寅).

제사지내던 곳으로 매년 봄·가을에 백성들이 제사를 지냈는데, 세종이 2품 이상의 관원을 보내기 시작했다고 한다.[38] 비록 여건상 임금이 직접 하늘에 제사를 지내지는 않았으나, 관원을 보내 지내게 한 것은 단군 숭배와 함께 경천사상의 흔적이라 하겠다.

또 『성종실록』에는 황해도 관찰사 이예李芮가 글을 올려 단군묘에 제사를 지낼 것을 주청하고 있다. 황해도 문화현文化縣에 있는 환인·환웅·단군을 모신 삼성사三聖祠를 평양부로 옮기고 제사를 지내지 않자 악병이 생겼는데, 그 때문에 백성들이 제사 지내기를 원하기 때문이라고 한다.[39] 이로 보건대 백성들 사이에는 단군을 숭배하는 전통이 면면이 이어졌음을 알 수 있다.

심지어 고종 때 평안북도 관찰사 신태휴申泰休는 자신의 임지에 "단군의 두터운 교화가 아직도 남아 있다."[40]고 말하고 있다. 물론 의례적으로 한 말일 수 있으나, 이 또한 해당 지역이 다른 곳보다 단군과 관련된 풍습이나 의식이 남아 있음을 시사하고 있다.

제천 의식은 『국조보감國朝寶鑑』에도 분명히 기록하고 있다.

> 과거에 동방에서는 단군이 감응하여 난 때로부터 하늘에 제사를 지내어 근원에 보답하였다[제천단祭天壇은 강화江華 마니산摩尼山에 있다]. 신라·고구려·백제로부터 고려에 이르기까지 모두 그대로 답습하여 하늘에 제사를 지냈다.[41]

---

38) 『世宗實錄地理志』, 京畿, 江華都護府 참조.
39) 『成宗實錄』 3년 壬辰 2월 6일 참조.
40) 且是省也, 檀君之庬化尙存(『承政院日記』 高宗44년 1월 11일 癸卯).
41) 初東方自檀君感生, 祭天以報本(祭天壇在講話摩尼山). 而新羅高句麗百濟以及高麗, 皆因襲祭天(『國朝寶鑑』 第10卷, 世祖條1, 丁丑).

이로 보건대 제천 의식은 고조선에서 시작하고 삼국 시대와 고려 시대를 거쳐 조선 말기까지 면면히 이어 왔음을 알 수 있다. 이것은 근대전환기 최남선의 글에서도 보이지만, 특히 대종교의 성립도 당시에 그런 단군에 대한 확실한 근거가 있었기 때문에 가능한 일이었음을 확인할 수 있고, 여타 민족종교에서 하늘을 숭배하는 것도 단지 도교의 영향만이 아니라, 우리 민족이 면면히 이어온 경천사상과 관련이 있다.

사실 이런 경천사상이 철학적 태도나 사상에 전혀 무관하게 내려온 것만은 아니다. 비록 성리학이 종교적 심성에 부정적 영향을 끼친 것은 분명하지만, 앞의 인용에서 보았듯이 사대부 지식인들의 무의식 속에는 제천 행사의 필요성은 느끼고 있었다. 다만 현실적 제약 때문에 그 형식을 어떻게 하느냐가 고민이었다. 사람의 무의식은 학문이나 예술에 드러나게 되어 있다.

가령 퇴계 이황李滉(1501~1570)은 한국 성리학의 독자적인 체계를 이루었는데, 그 속에서 경천사상의 요소를 발견할 수 있다. 그는 리가 지극히 존귀하며 절대적인 것이요, 천리는 만사와 만물을 명령하는 자리요 아무것에게도 명령받지 않는 것[42]이라고 한 것과 또 리가 기와 섞여 한 몸체로 삼아 한 물건이 될 수 없다고 하는데, 이 경우의 리는 만사와 만물을 초월해서 그것 가운데 내재하지 않는다고 한다.[43] 형식적 논리만 보면 퇴계의 리는 만물을 초월한 근원적 일자一者로서

---

42) 理本其尊無對, 命物而不命於物, 非氣所當勝也(『退溪全書』卷13,「答李達李天機書」).
43) 유승국, 1988, 『한국사상과 현대』, 동방학술연구원, 94쪽.

형이상의 정통 기독교 신학의 하느님과 유사하다. 이 표현에서 그의 리가 이 같은 인격적 신을 말한 것은 아니라 할지라도, 마치 신으로 의인화한 것처럼 보인다. 그의 성리학에서 종교성이 강하게 풍기는 점은 그 자신이 그토록 중시했던 '리'를 우주의 원리로만 해석하지 않고, 상제上帝를 중요 개념으로 사용하였는데, 이는 인격적 상제를 연상하게 하는 것이었다.44) 그의 학문과 철학을 대표하는 '경敬' 사상 역시 대월상제對越上帝, 즉 종교적 차원에서 하늘과 인간이 교감하기 위한 방법론의 차원에서 이해할 수 있다.45) 이런 점은 적어도 전통 경천사상의 영향이라 아니할 수 없다.

또 고려의 팔관회가 국가적인 행사였다면, 조선에 이르면 그런 국가적 행사는 점차 사라졌다. 그런데 조선 초기까지만 해도 나라 차원의 제의를 주관하기 위하여 도성 안에 둔 무당이 있었는데, 보통 국무國巫라 불렀고, 달리 나라무당·나라만신·대무大巫로 불렸으며, 기우제를 집전하거나 명산대천에 왕실의 축복을 기원하며 내행제內行祭인

44) 최영성, 앞의 글, 41쪽 참조. 퇴계의 경천사상과 천관에 관한 연구로는 김형효, 1997, 「퇴계 성리학의 자연 신학적 해석」(『퇴계의 사상과 그 현대적 의미』, 한국정신문화연구원)과 최재목, 2014, 「韓國思想의 低流와 退溪學」(『한국학논집』 56, 계명대학교 한국학연구원)과 윤사순의 2000, 「퇴계 천개념의 다의성에 대한 검토」(『퇴계학보』107, 퇴계학연구원)와 조성환의 2012, 「바깥에서 보는 퇴계의 하늘섬김 사상」(『퇴계학 논집』10, 영남퇴계학연구원)와 김현우·이경원의 2017, 「민족종교에 나타난 한국정신문화의 원류」(『한국철학논집』52, 한국철학사연구회)과 황상희의 2015, 「퇴계의 천관을 중심으로 한 성리설 연구」(성균관대학교대학원 박사학위논문)와 이관호의 2016, 「퇴계 이황의 '천' 사상연구 -理學과의 관련성을 중심으로-」(연세대학교대학원 박사학위논문) 등이 있다.
45) 최영성, 앞의 글, 41쪽.

치병 의례 등을 주관하였다고 한다.46)

사실 단군은 신정神政 시대에서 무군巫君의 호칭이었고, 『삼국사기』에는 신라의 고대에 무군이 있었다고 하는데,47) 이 국무도 그 흐름에서 고찰될 수 있다. 국무는 국가의 천신제나 시조제 등에서 중요한 기능을 담당했으며 고려 시대에 와서 불교와 도교에 의해 기능이 분리 되었지만 그 명맥을 계속 이어 갔고, 조선에서는 권내의 성수청星宿廳에 소속되어 왕실의 안녕을 빌거나 기청祈請·기우祈雨, 내행제內行祭인 치병 의례 등을 전담하다가 중종 이후부터 유명무실 해졌다고 한다.48)

대신 지방이나 민간에는 경천 의식이 일종의 민속신앙으로 전해져 내려왔다. 산이나 강과 바다 등 산천의 신에 지내는 각종 제사가 그런 것인데, 그 가운데 하나는 부군당府君堂이 있다. 그것은 고려 팔관회의 유학적 변형으로 서울이나 지방의 관청과 사람들이 많이 모이는 장소에 설치하여, 관리들이 임명을 받으면 맨 먼저 참배하여 폐백을 올렸다고 한다.49) 지금은 대개 마을 단위로 유교식 제를 지내거나 당굿을 하며, 봉안된 신은 대체로 마을을 보호해 주는 무신적武臣的 성격과 함께 풍요신적 요소도 지니고 있다고 한다.50) 현재 서울에 몇 군데 남아 있다.

조선 후기가 되면 임진왜란과 병자호란의 여파와 서학의 유입으로

---

46) 국립민속박물관, 2009, 『한국민속신앙사전 – 무속신앙 – 』, 086쪽.
47) 『육당최남선전집』, 「朝鮮의 固有信仰」, 앞의 책, 256쪽.
48) 국립민속박물관, 앞의 책, 086쪽.
49) 『육당최남선전집』 9권, 「朝鮮의 固有信仰」, 앞의 책, 254쪽 참조.
50) 한국정신문화연구원, 1996, 『한국민족문화대백과사전』 10, 157쪽 참조.

민간에는 기존의 유교나 불교에 의지하지 않는 새로운 신앙을 갈망하게 된다. 일부 사람들은 천주교를 신봉하였지만 조선 정부의 박해 사건으로 그것도 여의치 않았고, 다수의 민중은 의지할 곳을 찾아 방황하고 있었다. 그 돌파구가 민간신앙으로 거기에는 미륵신앙이나 남조선신앙 그리고 정감록과 같은 비서秘書 등에 의지하였다. 뒤의 해당되는 곳에서 자세히 설명하겠지만, 최남선은 조선 민중들이 이상 사회를 염원한 '남조선신앙'은 근대전환기 혼란기에 갑자기 튀어나온 것이 아니라, 그 성립과 성장의 기간이 고조선까지 올라간다고 본다.[51] 그는 이러한 이상 세계를 건설하려는 남조선신앙의 근거 사례로서 홍길동과 전우치 이야기, 그리고 박지원의 『허생전』 등을 들었다.[52]

그러니까 조선 후기 이런 민간 신앙은 민족종교가 형성될 수 있는 배경을 이루고, 이런 신앙적 요소를 해당 민족종교에서 흡수한다. 이렇듯 민족종교가 우리의 고유사상으로 복귀한 것은 시조리始條理에 대한 종조리終條理의 성격을 지닌다[53]는 평가는 조선 후기에 고유사상의 특징을 잘 드러내 있다는 점을 말해주고 있다. 그도 그럴 것이 고려 시대에는 불교에, 조선 시대에는 유교의 영향으로 겨우 명맥만 이어오다가, 불교와 유교의 영향력이 약화된 조선 후기에 사상적으로 의지할 곳 없는 민중들이 서양 종교의 영향 아래 원형사상을 부활시킨 것은 어쩌면 당연한 일이기도 하다.

이것은 민중들이 신봉한 민간신앙을 통하여 또는 도교(仙敎)와 습

---

51) 『육당최남선전집』 9권, 「朝鮮思想槪觀」, 앞의 책, 294쪽.
52) 같은 책, 295쪽.
53) 최영성, 앞의 글, 12쪽.

합하여 다양한 형식으로, 그리고 불교가 다양한 방식으로 전통신을 수용하여 이어왔기 때문이다. 유교의 합리성이 원형사유를 비판하였지만, 제사를 통해서 또 지방에서는 집단놀이 형태로 제천 행사가 유지되었으며, 동시에 무속 역시 생활 속에 자리 잡고 있었기 때문이기도 하다.

3 민족종교의 전개

1) 민족종교와 시대적 배경

서구의 근대화는 제국주의로 이어졌다. 1840년 아편전쟁으로 시작한 서구 제국주의의 서세동점은 청나라와 일본을 거쳐 19세기 후반 조선으로 확장되었다. 서구 문명에 적극적으로 대응하지 못하고 중화주의에 매몰되어 쇄국으로 일관하였던 조선에서도 1876년 개항을 기점으로 서구 중심의 보편 질서로 편입하게 되었다.

동시에 전통 성리학에 기반을 둔 조선 사회의 체제는 말기적 폐단이 극에 달했다. 삼정의 문란으로 민의 삶은 극도로 피폐하였다. 지방 관료들의 부정부패를 막을 중앙 정부의 정책이나 수단도 유명무실해졌다. 관료들의 부정과 부패는 민란으로 이어졌고 크고 작은 민란과 그 진압은 민의 자각을 유도하였다. 이런 와중에 사교로 박해받던 천주교는 더욱 교세를 확장해갔다. 이런 시대의 배경에서 최제우는 서학 즉 천주교에 대응하는 동학을 창시하여 민의 삶을 안정시키고자 노력하였다. 보국안민輔國安民·포덕천하布德天下·광제창생廣濟蒼生의 기치는 동학이 전적으로 민의 입장을 대변하였음을 보여

준다.

1876년 일명 강화도조약의 체결로 개항이 이루어지자 조선은 제국주의의 침략 앞에 고스란히 노출되었다. 이 조약의 결과 쌀 수출을 위한 지주의 수탈은 더욱 심하여 쌀값이 폭등하는 등 민중의 삶은 풍전등화의 위기 속으로 빠져들어 갔다. 불평등한 개항에 따른 외세의 수탈과 전근대 사회의 모순에 빠진 민중은 1894년 동학혁명으로 그 주체성을 확인하게 된다. 동학은 인간평등사상의 기초 위에 척왜·척화·척양의 반외세 의식을 강화시켰다. 또한 이 혁명은 민족종교가 고원한 종교적 이상만을 좇지 않고, 현실의 삶에서 민중 자신의 삶을 개선하려는 사회·정치적 투쟁의 성격을 분명히 드러낸 사건이다.

동학혁명은 30만 명의 죽음을 가져온 비극이기도 하였다. 강일순은 전라북도 고부와 정읍 등지에서 동학도의 비극을 목도하였고, 동학의 폭력이 더 큰 폭력을 불렀다고 보았으며, 그 속에서 더욱 괴로워하는 민중을 보았다. 그는 폭력으로는 세상을 고칠 수 없다고 보고, 세상을 바로 잡기 위해서 원한을 풀어야 한다는 해원사상을 제시하였다. 그는 또한 스스로 상제로 자처하고 세상을 위한 종교적 활동을 시작하였는데, 그 가운데 하나가 천지공사天地公事[54]이다. 그는 1909년 갑작스럽게 죽지만, 그의 교리를 따르는 신도들은 광복 이후에도 계속 교단을 창설하였다.

일제의 강점이 구체화되던 1907년 나철羅喆(1863~1916)·오기호吳基

---

[54] 부조리한 현실 세계를 이상적 유토피아 세계로 전환시키는 종교적·상징적 활동으로 상제 자신이 직접 수행하였다. 더 자세한 것은 본서 제4장을 참조할 것.

鎬(1863~?) 등은 을사오적을 척결하기 위한 비밀 작전에 들어갔다. 그러나 이 노력이 실패로 돌아가자 그들은 다른 방면에서 일제와 맞설 방안을 모색하였다. 그들의 모색은 1909년 단군교 창립으로 구체화하였고, 이듬해 대종교大倧敎로 명칭을 바꾸었다. 나철은 1915년 일제의 대종교 탄압에 자결하였지만, 대종교의 항일투쟁은 더욱 거세졌다. 1920년 청산리전투는 항일무장투쟁의 큰 성과로 항일투쟁사의 한 획을 긋는 사건이었다. 대종교는 광복 이후 한국의 정체성 확립에도 크게 기여하였다. 단군을 우리 민족의 기원으로 삼고, 고조선을 신화에서 역사로 재등장시켰으며, 개천절의 국경일 지정에도 큰 영향을 미쳤다.

1916년 박중빈朴重彬(1891~1943)은 "물질이 개벽되니 정신을 개벽하자."라고 선포하였다. 이후 박중빈은 공동체를 중심으로 민중의 삶을 회복시킬 각종 사업을 종교 활동의 한 축으로 삼았다. 이른바 영육쌍전靈肉雙全·이사병행理事並行의 실천이었다. 박중빈은 1917년 8월에 저축 조합을 창설하고 간척 사업에 착수하였다. 교단과 신도의 경제적 자립을 통해 종교의 사회적 기능에 충실하였던 것이다. 원불교는 '일원상一圓相'의 진리를 추구한다. 이는 현실에서는 네 가지 은혜로 즉 사은四恩으로 나타난다. 또한 일원상의 진리는 모든 언어나 사유를 초월한 절대공絶對空의 세계이며, 우주를 관통하는 밝은 광명이 존재하고, 그 광명을 따라 만물을 무한히 생성 변화시키는 무궁한 조화력이 작용함을 의미한다.

19세기 중후반 동학에서 20세기 초 원불교에 이르기까지 민족종교는 민중과 민족을 위해 다양한 종교적 방법을 제시하였다. 이들 민족종교의 성립 및 전개 과정에는 크게 두 가지의 공통점이 있다. 첫째는 우리나라에 전통적으로 내려오는 원형사상을 새롭게 체계화시킴으로써 외래사상과 문화에 대해 대응하고 새로운 가치 체계를 형성했다는 점이다. 둘째는 민중 해방과 민족국가 재건이라는 현실의 문제를 외면하지 않았다는 점이다. 그런 점에서 민족종교는 근대 한국 사회에서 민중의 자각을 이끈 중요한 철학적 자산이었다.

2) 민족종교 형성 당시의 종교·사상적 배경

근대 한국의 민은 왜 종교를 통해 자각을 도모했을까? 또 그 역사적·사상적 배경은 무엇인가? 이런 고민은 민족종교를 이해하는 중요한 물음으로 다음과 같이 정리해 보았다.

첫째, 유교의 해체가 가장 큰 요인으로 보인다. 조선의 개국 이래 유교는 조선 정부의 이념과 제도를 지탱하는 핵심이자, 사대부 양반의 기득권을 보장하는 보루였다. 서구식으로 보자면 정치와 종교 권력이 통합되어 있었고, 국왕이 사제의 역할을 대표했다. 만약 왕이 그 역할을 못하거나 결함이 있으면 사제 집단(사대부 사회)에 의하여 축출된다. 적어도 맹자의 논리에 따른 명분상으로는 그렇다. 유교가 국교였기 때문이다. 해서 조선 후기 천주교가 크게 박해를 받았던 것도 국교와 그 제도와 이념에 대한 도전과 위협의 대상이었고, 다른 한편 공동의 적으로 몰아 정적을 제거하는 수단이었기도 하다.

그런데 조선 말기에 이르면 조선 정부의 힘이 약해지면서 유교도 그 힘을 잃게 되었다. 유교의 해체는 조선 정부의 힘이 약한 탓도 있지만, 외래 문물의 영향 탓도 크다. 아무튼 초기 개신교 전파는 천주교의 전철을 피하기 위해 직접 선교보다는 의료와 교육 봉사를 통해 조선에 진출하였다. 그래도 그때는 조선 정부의 힘이 남아 있었기 때문이다. 그러다가 조선 정부가 외래 종교를 통제할 힘을 상실한 시기 곧 20세기 초에 와서야 그 세력을 확장할 수 있었다. 사실 이것은 개신교만이 아니라 민족종교 성립 또한 예외가 아니다. 반면 동학 교주 최제우가 혹세무민한다는 명목으로 처형당한 것은 아직도 유교가 건재했기 때문이다. 이렇게 조선 민중은 유교가 해체되어가는 빈자리에 민족종교나 외래 종교로 대체하면서 안식처를 찾았다.

둘째, 종교는 민이 이해하기 쉬운 직설적인 교리를 제시하였다. 문장을 통해 고원한 경지에 이르지 않더라도, 민의 입장을 대변하는 교리는 자각을 도모하는 민에게 매우 긍정적이었다. 즉 간이직절簡易直截한 교리는 교육의 기회를 얻기 어려웠던 보통 이하의 민에게 쉽게 다가갔고 주체적 자각과 실천의 배경이 되었다.

하지만 이 교리는 두 가지의 문제점도 안고 있었다. 하나는 간단한 교리라도 필연적으로 중의적이었다. 교리나 교지의 자의적 해석은 이후 교단의 분열로 이어지는 원인이 되었다. 다른 하나는 혹세무민惑世誣民적 요소이다. 동학혁명을 이끈 이들 중 일부는 "비바람을 일으키고 분신술의 도술을 부리고 심지어 총알도 튕겨 나가는 불사의 내공을 가지고 있다."고 선전하였다. 이런 내용은 지식인들에게 혹세무민이라는 비판을 받았다. 또 이후 민족종교를 신비주의로 보는 부정적 관점을 제공하기도 했다.

셋째, 그리스도교의 주재적 신앙관은 원형사상과 연결되어 민족종교 발흥의 배경이 되었다. 단군신화·풍류도·소도 및 무속 등의 전통 종교와 문화는 고려 이후로 불교와 유교(성리학)에 의해 비판받았다. 성리학은 리와 기로써 세계를 해석하는 합리성을 가지고 있었다. 이

때 리는 도덕성의 근본으로 서구의 자연신과 유사하고 인간 사회를 직접 주재하는 존재는 아니었다. 더 나아가 당시 전통 유학자들은 상제의 주재신적 요소까지 부정하였다. 조선 말 대유학자인 이항로李恒老(1792~1868)는 그의 『벽사록변闢邪錄辨』에서 다음과 같이 유교의 상제上帝를 규정하였다.

> 우리가 말하는 상제는 태극의 도를 가리킨다. 태극의 도란 무엇인가? 지성으로 끊임없이 생육하게 하는 것이 상제의 마음이고, 인의예지는 상제의 본성이며, 사랑하고 공경하며 의로움을 아는 것이 상제의 정이고, 부자유친·군신유의·부부유별·장유유서·붕우유신이 상제의 윤리이며, 덕이 있으면 상을 주되 상에는 후함과 박함이 있고 죄를 지으면 벌을 받되 벌에는 경중이 있는 것이 모두 상제의 명이다.55)

이항로는 유교의 상제를 인간에 직접 개입하는 그리스도교의 천주와는 달리 도덕의 근원 또는 자연신으로 보아, 결과적으로 유교와 그리스도교의 종교성이 다르다고 보아, 그에 대응하는 성격이 짙다. 하지만 근대전환기 그리스도교의 등장은 신이 직접 세상을 주관한다는 강한 종교성으로 이어져 민족종교 또는 신종교에 영향을 미치거나 또는 그것에 대응해서 새로운 방식의 종교를 모색하는 계기를 만들었다. 다시 말해 당시 발생한 민족종교가 그리스도교의 영향으로

---

55) 吾所謂上帝者, 指太極之道也, 太極之道, 何也. 至誠生生, 上帝之心也. 仁義禮智, 上帝之性也. 愛敬宜知, 上帝之情也. 父子有親, 君臣有義, 夫婦有別, 長幼有序, 朋友有信, 上帝之倫也, 有德則賞, 賞有厚薄, 有罪則罰, 罰有輕重, 是皆上帝之命也(『闢邪錄辨』,「上帝與天主相反辨」).

천주나 인격적 상제라는 신적 요소를 이전의 성리학보다 더욱 강조하였고, 또 대응한 것에는 비록 세계의 본성으로서 영적인 존재를 인정해도 그것이 당시 그리스도교의 신처럼 비물질적 존재가 아니라 기적氣的인 존재라는 점이 그 가운데 하나이다. 물론 도교나 민간신앙에 이런 요소가 없었던 것은 아니지만, 다만 그리스도교의 전파가 그런 요소를 하나의 종교적 집단으로 형성하는 것을 일깨웠다는 점은 확실하다.

넷째, 당시 개신교 복음주의 운동의 한국 내 정착이다. 18세기 이후 서구 개신교는 이신주의와 복음주의로 양분되었다. 복음주의는 이성을 통해 신을 해석하는 이신주의에 반해 '인간이 죄인'이라는 사고 아래에서 회개를 통한 신으로의 귀의를 강조하였다. 이 운동은 19세기말부터 20세기 초에 영국과 미국·인도·중국 등을 거쳐 한국에서도 전개되었으며, 특히 1903년부터 1907년까지 북삼도를 중심으로 일명 '평양대부흥'이라고 하는 개신교 운동의 배경이었다. 같은 동아시아지만 일본과 중국과는 달리 한국에서만 이 같은 대규모의 복음주의 운동이 가능했던 배경에는 복음주의와 전통적 수양론의 유사성이 있다. 개인의 종교적 타락과 회개를 통한 구원을 강조하는 복음주의 신학은 역시 개인의 타락과 도덕적 수양을 통한 인성의 회복을 주장하는 성리학과 융합이 가능하였다. 특히 그리스도교를 일정 정도 긍정하는 박은식·장지연 등의 개혁적 유교계 인사들은 그리스도교에 귀의한 사람들의 도덕적 변화를 높이 평가하였다. 이런 그리스도교 운동의 성공과 확산은 그리스도교적 교리의 확산을 가져왔고, 민족종교 융성 역시 이러한 종교사회학적 배경과 관련이 깊은데, 그리스도교의 이러한 교세 확장에 따른 간접적 파급력과 영향력을 배제할 수 없다.

이처럼 외래 종교로서 그리스도교의 영향을 무시할 수 없지만, 그 외에 근대전환기 당시 전파된 서구사상도 있다. 또 무엇보다 앞서 설명한 원형사상과 그리고 전통적인 유불도 사상과 민간신앙 등을 배제할 수 없다. 전통사상에 대해서는 방대하기 때문에 해당되는 각 장에서 필요할 때마다 다룰 것이다.

정리하면 민족종교 형성의 사상적 배경에는 원형사상과 전통사상을 축으로 하여 근대전환기 당시 전파된 그리스도교와 서양 근대 문명도 있다. 이런 민족종교가 이런 사상들을 어떻게 계승·극복하거나 발전시키거나 또는 수용·변용하며 대응하는지의 문제는 결국 근대전환기형 우리철학을 만들어가는 방법에 속한다. 각 장에서 구체적으로 논의 될 것이다.

3) 민족종교 현황

동학 이후 일제강점기까지 신종교는 동학·대종교·증산교·원불교의 민족종교를 제외하고도 상당하게 있었다. 단군을 중심으로 한 원형사상에 뿌리를 둔 종교는 물론이고, 기성 종교인 유교·불교·도교·개신교계의 신종교 교단도 등장하였다. 다음은 조선 말기에서 일제강점기까지 출현한 중요 신종교이다.

일제강점기까지의 신종교 현황

순번	계열	교단명	창립 연도	창립 대표	특기사항
1	동학계	동학東學	1860	최제우	최제우의 종교 체험으로 창립
2	단군계	천존교	1878	모순	천존을 신앙 대상을 정립한 교단
3	증산계	증산교甑山敎	1901	강일순	천지공사 상생해원의 증산교 창립
4	동학계	시천교	1906	이용구	이용구가 세운 동학계 친일 교단
5	유교계	대동학회大東學會	1907	申箕善	1909년 10월 孔子敎로 변경
6	유교계	대종교大宗敎	1907	河相益	원래 1879년 경 金在一이 창시
7	유교계	태극교太極敎	1907	宋炳華	처음 명칭은 關東敎
8	유교계	대동교大同敎	1909	李容稙	제2대 총장은 金允植(1909. 11)
9	단군계	대종교大倧敎	1909	나철	항일운동의 정신적 기반 마련
10	증산계	선도교	1911	고판례	고판례가 설립한 증산교 교단
11	유교계	한인공교회 韓人孔敎會	1913	李承熙	東北三省에 설치
12	증산계	선도	1914	안내성	안내성이 세운 증산교 교단
13	동학계	동학본부	1915	김주희	김주희가 세운 동학계 교단
14	불교계	원불교圓佛敎	1916	박중빈	일원상의 진리 각성으로 창교
15	개신교계	정도교	1917	이순화	이순화가 세운 개신교계 교단
16	유교계	대동사문회 大東斯文會	1919	鄭萬朝	『大東斯文會報』 간행(1920.4~)
17	통합계	삼덕교	1920	허욱	허욱이 유불도 통합으로 세운 교단
18	증산계	순천도	1920	장기준	장기준이 세운 증산계 교단
19	유교계	유교진흥회 儒道振興會	1920	金榮漢	『儒道』 간행(1921.2~)
20	동학계	천진교	1920	김연국	김연국이 세운 동학계 교단
21	증산계	법상종 미륵불신봉회	1921	김형렬	김형렬이 세운 증산교계 교단
22	증산계	보천교	1921	차경석	차경석이 세운 증산계 교단

순번	계열	교단명	창립 연도	창립 대표	특기사항
23	유교계	유도천명회 儒道闡明會	1921	金鶴圭	『儒道闡明會報』 간행(1922.4~)
24	증산계	태극도	1921	조철제	조철제가 세운 증산계 교단
25	유교계	공교회孔教會	1923	李炳憲	경남 山淸에 培山書堂 창건
26	불교계	금강대도	1923	이승여	이승여가 세운 불교계 교단
27	유교계	대성교회大成教會	1923	趙衡夏	總部는 京城에 둠
28	도교계	명부전	1923	함승국	함승국이 세운 도교계 교단
29	증산계	수운교	1923	이상용	이상용이 세운 동학계 교단
30	증산계	인도교	1923	채경대	채경대가 세운 증산교계 교단
31	도교계	각세도관	1924	이선평	이선평이 세운 도교계 교단
32	도교계	각세도남관	1924	이선평	이선평이 세운 도교계 교단
33	증산계	동도법종금강도	1924	강승태	강승태가 세운 증산계 교단
34	통합계	갱정유도	1928	강대성	유불선 도서학 합일의 교단
35	증산계	증산교본부	1928	이상호	이상호가 세운 증산계 교단
36	유교계	성도회性道教	1929	李民濟	水雲教에 儒道 가미
37	유교계	대성원大聖院	1930	金彰漢	京城과 端川 등지에 支院을 둠
38	유교계	공자교孔子教	1931		총부는 평북 寧邊에 둠
39	유교계	조선유도회 朝鮮儒教會	1932	安淳煥	鹿洞書院 운영. 『日月時報』 간행
40	불교계	미륵불교	1934	정인표	정인표가 대도진리 정각으로 세운 교단
41	도교계	영주교	1937	임춘생	임춘생이 세운 도교계 교단
42	증산계	증산법종교	1937	강순임	강순임이 세운 증산계 교단
43	유교계	조선유도연합회 朝鮮儒道聯合會	1939	尹德榮	『儒道』 간행(日文, 1942.4~)
44	유교계	모성존도원 慕聖尊道院	1929 (?)	李範錫	吉州에 있던 太極教의 分派

한편, 일제는 일본 본토와 식민지의 종교 정책을 일원화한다는 취지의 조선총독부령을 1915년에 공포하였다. 일본 본토의 종교는 불교, 그리스도교 그리고 신도이므로 이와 다른 종교 즉 신종교들은 종교로 인정받지 못하고 종교유사단체 또는 유사종교로 인식되었다.[56] 이 규정은 이후 민족종교의 탄압 정책으로 악용되기도 하였다.

이러한 민족종교는 광복 후에도 계속 새로운 교단의 설립으로 이어졌다. 하지만 이들 교단은 대부분 불교, 그리스도교 등 기성 종교에 밀려 일제강점기처럼 급격한 교세 확산을 이루지는 못하였다. 이런 과정에서 1985년에 11월에 한국민족종교협의회 창립 대회를 열고, 1991년에는 사단법인으로 발족하였다. 창립 때에는 대종교·천도교·수운교·증산법종교·태극도·증산교본부·미륵불교·원불교·갱정유도 외 40여개 교단이 참여하였으나 현재는 12개 교단만으로 운영되고 있다. 이들은 구국제민과 인류평화를 공동의 가치로 하여 단군을 위시한 원형사상을 기반으로 민족 전통문화의 창달 그리고 민족 자존주의 등 민족 운동을 도모하였다. 현재 주요 교단과 현황은 다음과 같다.[57]

---

56) 「조선총독부령」 82호·83호.
57) 아래 현황은 문화체육관광부의 2018, 『2018년 한국의 종교현황』(120~121쪽)을 위주로 하고, 사단법인 한국민족종교협의회의 1992, 『한국민족종교총람』(한누리)을 참조하여 작성하였다.

2018년 한국민족종교협의회 참여 교단과 교단 현황

순번	종단	교당/기관	교직자	신도	비고
1	원불교	818	2,015	1,231,052	
2	천도교	101	1,709	300,000	
3	대종교	70	100	15,000	
4	청우일신회	45	150	200,000	
5	증산법종교	18	25	5,000	
6	태극도	5	230	102,000	
7	증산도	200	1,200	600,000	안운산이 1974년 세운 증산계 교단
8	순천도	4	8	170	
9	수운교	32	61	70,000	
10	선도	66	149	52,000	
11	갱정유도	36	96	12,550	
12	대순진리회	1,000	30,000	8,000,000	박한경이 1969년 세운 증산계 교단
계			2,395	35,743	10,587,772	

제**2**장
동학과 주체의식

1 시대적 배경

동학사상이 등장한 19세기의 조선은 이전 시대에 비해 변화의 폭이 광범위하게 펼쳐졌고 충격이 깊었다. 이용후생과 실사구시의 정신으로 조선 사회를 새롭게 변혁시키고자 했던 정조가 사망하자, 조선의 정계는 새로운 시대에 부응하는 비전을 제시하지 못하고 혼란의 수렁으로 빠져들었다.

특히 안동 김씨와 풍양 조씨 등 일부 가문에 의한 세도정치가 장기간 펼쳐지자, 그 폐해 역시 증가하였다. 관리들의 부패에 따른 전정·군정·환정의 삼정三政 문란이 전국적으로 확대되면서 민중의 삶은 더욱 피폐해지고, 나라의 질서는 흔들렸다.

또한 이 시기는 주체적인 시민의식의 확립, 민족 국가의 성립, 과학·기술의 발전을 통한 산업 사회 구축 등을 이룬 서양의 강대국이 제국주의의 모습을 띠며 아시아로 향하였다. 특히 영국은 1840년 아편전쟁에 승리한 후, 1860년 프랑스와 연합하여 중국의 수도인 북경北京을 함락하였다. 그동안 세계의 중심으로 여겼던 중국이 서양 세력에 속수

제2장 동학과 주체의식 **77**

무책으로 당했다는 소식을 접한 조선 사람들의 충격은 매우 컸다.

이 무렵 조선에도 서양의 여러 나라가 문호 개방의 요구와 침략을 자행하였다. 예컨대 1832년 영국의 로드 암허스트Lord Amherst호 통상 요구, 1864년 러시아의 통상 요구, 1866년 미국의 제너럴셔먼호 침략 사건, 1866년 프랑스와 전쟁한 병인양요, 1868년 독일 오페르트 Oppert, E.J의 남연군(흥선 대원군의 아버지) 묘 도굴 사건, 1871년 미국과 전쟁한 신미양요 등이다. 그러나 조선 정부는 서양 세력의 개방 요구에 응하지 않고 쇄국 정책을 고수했다. 많은 조선의 관리들은 서양 세력이 우호적인 자세가 아니라, 강압적이고 약탈적인 모습으로 접근한 것이라고 여겼기 때문이다.

이처럼 19세기의 조선은 안으로 지배층의 권력 싸움과 부패한 관리들의 만행으로 인해 사회적 혼란이 증가하였고, 밖으로 과학·기술로 무장한 외세의 식민 정책에 의한 무차별적 침입이 잦아졌다. 정부의 무능으로 인한 민중의 고통은 빠르게 확산되었다.

이러한 시대 상황에서 민중들은 여러 갈래의 길을 선택했다. 학정을 피해 유랑을 선택한 사람들도 있고, 부패한 권력에 맞서 항거에 동참한 사람들도 있으며, 영혼의 안식처를 찾아 종교에 귀의하는 사람들도 있었다.

직면한 상황을 감당하기 어려운 상태에서 도피 생활에 익숙한 사람들은 무기력과 자아 상실감으로 인해 희망과 거리가 있는 삶의 태도를 보였다. 그들에게 삶은 고통의 무게로 작용하여 즐길 수 있는 대상이 아니라, 비관의 상징으로 여겨졌다. 따라서 그들은 세상에 대해 냉소적인 자세를 유지하는 경향을 자주 보였다.

19세기 전반기에 부정부패를 일삼는 관리들과 그들을 제대로 감독하지 못한 정부에 대해 항거한 대표적인 사례는 홍경래를 중심으로 하는 평안도 농민들의 봉기이고, 1862년 임술년의 농민 봉기는 제주도부터 함경도까지 전국적으로 72개 군현에서 발생하였다. 이 항쟁에 참여한 농민들은 수많은 차별의 불합리성과 불평등의 문제를 침묵이 아닌 사회적 실천을 통해 해결하고자 했다.

또한 이 무렵의 많은 민중들은 현실의 문제를 해결하기 위한 방편으로 조선의 국가 이념인 성리학의 정신으로 돌아가지 않고, 새로운 이념의 도래를 염원했다. 그들 가운데 일부는 전통적으로 전해오던 미륵사상과 정감록 등의 예언서와 무교의 논리를 신봉하였다. 그리고 다른 사람들은 서양으로부터 전래된 천주교와 자생적으로 형성된 신흥 종교 등에 귀의하여 영혼의 쉼을 얻고자 하였다.

동학은 이러한 시대 상황에서 형성되었다. 동학은 국가로부터 도움을 받지 못하는 민중들과 함께 했는데, 민중들의 아픔을 치유하기 위해 많은 노력을 기울였고, 현실을 도피하지 않으면서 민중들이 직면한 문제를 해결하기 위해 노력했다. 또 현실의 모순을 해결하기 위해 사상적 대안을 제시했을 뿐만 아니라, 사회적 실천을 중시했다.

동학은 1861년에 최제우崔濟愚(1824~1864)가 창시하였다. 그 후 2대 교주 최시형崔時亨(1827~1898)과 3대 교주 손병희孫秉熙(1861~1922) 등의 지도자와 많은 사람들이 이론을 심화시켰을 뿐만 아니라 확대하였다.

최제우는 젊어서부터 나라가 어렵고 민중이 곤궁에 처한 현실을 목도하며 세상을 구하고자 하는 의지를 다졌다. 그는 구도의 과정을 성실하게 밟아가던 가운데, 1860년 봄에 독특한 종교적 체험을 한 후, 세상 구제에 관한 자신의 관점을 정립하였다. 그는 1861년부터 포교를 시작하고, 이론의 체계를 정립하였다. 최제우가 정립한 동학사상은 많은 민중들로부터 적극적인 지지를 받았다.

2대 교주 최시형은 교조 최제우의 정신을 철저히 계승하면서 『동경대전東經大全』과 『용담유사龍潭遺詞』의 편찬을 통해 동학사상의 이론 체계를 세웠다. 이 『동경대전』과 『용담유사』의 내용은 많은 민중들에게 영향을 미쳤다. 특히 이것은 불평등 문제와 외세 침략의 모순이 혼재한 당시 사회의 문제를 실질적으로 해결하고자 하는 사람들에게 영향을 미쳤다. 시대 문제 해결의 과정에서 발생한 1894년의 갑오농민전쟁은 이러한 사상의 영향을 받은 많은 동학도들이 광범위하게 참여한 민중 항쟁이었다.

3대 교주 손병희는 동학을 천도교天道敎로 개명하고, 직면한 시대 문제를 해결하기 위해 사회적 실천을 적극적으로 수행했다. 특히 손병희는 경술국치 이후의 일제강점기에 독립운동에 적극적인 자세를 보였을 뿐만 아니라, 민중의 계몽과 나라의 독립을 위해 교육 활동에 심혈을 기울였다. 손병희를 비롯한 많은 천도교인들이 1919년의 3·1운동에 적극적으로 참여한 것은 이러한 천도교의 정신을 현실 사회에 구체적으로 투영한 일이다.

이처럼 동학은 직면한 현실 문제를 해결하는 과정에 다양한 사상과 사조에 대해 열린 시각으로 대했다. 어느 하나의 사상이나 이념을 무비판적으로 받아들이거나 교조적으로 지속시키지 않았다. 곧 기존의 사상에 대해 맹목적인 자세를 지양하고, 그 이론의 본질과 특징에 대한 심층적인 분석과 비판적인 성찰을 통해 필요한 부분을 주체적으로 수용하고 변용하였다.

이처럼 동학은 국내·외의 모순을 해결하기 위해 전통의 유가철학과 불교와 도교사상은 물론 서양으로부터 전래된 천주교사상을 비판적으로 재구성하여 새로운 이론 체계를 구축하였다. 이것은 동학이 전통철학에 대한 비판적 성찰과 외래철학에 대한 주체적 대응을 통해 당시의 시대 문제 해결에 필요한 이론을 새롭게 구성하고자 하는 의지의 표현이다. 이러한 과정을 통해 정립된 동학사상은 우리철학을 추구하고자 하는 이후의 사상가들에게 귀감의 역할을 하고 있다.

2 우주관

우주관은 세계의 존재 근거와 역할을 규명하는 관점으로 철학자나 그 학파의 정체성과 깊게 관련된다. 우주관을 어떻게 설정하는지에 따라 그 철학의 본질적 특징이 드러나기 때문이다. 이 부분에서 동학은 전통철학의 영향을 받는다. 동학은 세계의 근거를 고요한 리가 아니라 움직이는 기로 여긴다. 이것은 동학의 세계관이 전통철학 가운데, 성리학이 아니라 기철학의 내용과 맥을 같이 하고 있음을 의미한다.

1) 지기

동학은 우주의 존재 근거와 운행의 주체를 지극한 기인 '지기至氣'로 여긴다. 동학에 의하면 우주에 가득 채워져 있는 것은 기이다. 그 기는 고요한 상태로 있지 않고 항상 움직인다. 움직이기 때문에 변화를 가져오고, 변화하기 때문에 발전한다.

지기는 텅 비어 신령스럽고 무성하여, 관여하지 않거나 명령하지 않는 일이 없다. 그러나 형태가 있는 것 같으나 모양을 말하기 어렵고, 들음이 있는 것 같으나 보기가 어렵다. 이 또한 혼원渾元한 하나의 기이다.[1]

이처럼 동학은 지기를 우주의 존재 근거일 뿐만 아니라, 우주에 가득 채워져 있는 신령스러운 것으로 여긴다. 동학은 이 신령스러운 지기가 현상계는 물론 감각 기관에 저촉되지 않는 세계에까지 광범위하게 펼쳐져 있는 것으로 생각한다. 이는 지기가 감각 기관의 대상일 때와 그 대상 범위를 넘어설 때를 막론하고 항상 존재하는 '하나의 기(一氣)'라는 것이다.

그런데 지기에 관한 그의 이러한 관점은 그가 처음으로 제시한 독창적인 아이디어가 아니다. 그것은 많은 사람들이 기철학의 기틀을 다진 것으로 여기고 있는 북송 시대의 장재張載(1020~1077)와 전통의 기철학을 체계적으로 종합하고 집대성한 것으로 평가받는 명말청초의 왕부지王夫之(1619~1692)철학 속에 풍부하게 담겨져 있다.

태화[2]란 도를 말하는 것이니, 그 속에 뜸과 가라앉음, 오름과 내림, 움직임과 고요함 등의 서로 감感하는 성질을 포함하여, 부빔[3],

---

1) 至氣者, 虛靈蒼蒼, 無事不涉不命. 然而如形而難狀, 如聞而難見. 是亦渾元之一氣也(『東學文書』, 「論學文」, 1985, 『韓國民衆運動史資料大系－1894年의 農民戰爭篇 附 東學關係資料1』, 驪江出版社, 175~176쪽). 이후에 본서를 인용할 경우에, 『韓國民衆運動史資料大系－1894年의 農民戰爭篇 附東學關係資料1』 등의 서지 사항을 생략하고, 『東學文書』와 같은 서명과 편명 및 쪽수만 밝히고자 한다.
2) 保合大和(『周易』, 「乾卦·象傳」) 참조.

서로 굴림4), 이김과 짐, '굽힘과 펼침'5) 등의 시작을 생기게 한다. … 흩어지고 달라져 형상화할 수 있는 것은 기가 되고, 맑고 통하여 형상화할 수 없는 것은 신이 된다. … 태허6)는 형체가 없는 것으로 기의 본래 모습이다. 그것이 모이고 흩어지는 것은 변화의 잠시 모습일 뿐이다. … 하늘과 땅의 기는 비록 모임과 흩어짐과 물리침과 취함의 작용이 여러 모습으로 나타나지만, 그것의 이치가 되는 것은 순하여 제멋대로 하지 않는다. 기라는 것은 흩어져서 모양이 없는 상태에 들어가 상황에 맞게 자신의 본체를 얻고, 모여서 모습을 갖게 되어 자신의 일정함을 잃지 않는다. 태허에는 기가 없을 수 없으며, 기는 모여서 만물이 되지 않을 수 없고, 만물은 흩어져서 태허가 되지 않을 수 없다. … 기는 태허에 충만하여, 오르고 내리며 날려 그치거나 쉰 적이 없다. … 이것이 비움과 채움 및 움직임과 고요함의 낌새이고, 음과 양 및 굳셈과 부드러움의 시작이다. '떠서 위에 있는 것은 양의 맑음이고, 내려와 아래에 있는 것은 음의 흐림이다.'7) 그것이 감하고 만나 모이고 흩어져 바람과 비가 되고, 눈과 서리가 되니, 온갖 것들이 흘러 형체를 이룬 것, 산과 내가 융합한 것, 술지게미와 타고 남은 것까지 '이치가 아닌 것이 없다.'8) … 기가 태허에서 모이고 흩어지는 것은 얼음이 물에서 얼고 녹는 것과 같다. 태허가 바로 기라는 것을 알면 없음이란 없으므로 성인이 성과 천도의 지극함을 말한 것은 뒤섞여 나가는 신의 변역을 다했을 뿐이다. 많은 학자들이 낮고 망령되어 있음과 없음의 구분을 둔 것은 리理를 궁구하는 학문이 아니다. … 태허로부터 하늘이라는 이름이

---

3) 天地絪縕(『周易』,「繫辭下」) 참조.

4) 是故剛柔相摩, 八卦相盪(『周易』,「繫辭上」) 참조.

5) 往者屈也, 來者信也, 屈信相感而利生焉(『周易』,「繫辭下」) 참조.

6) 是以不過乎崐崙, 不遊乎太虛(『莊子』,「知北遊」) 참조.

7) 淸陽者薄靡而爲天, 重濁者凝滯而爲地(『淮南子』,「天文訓」) 참조.

8) 天有四時, 春秋冬夏, 風雨霜露, 無非敎也. 地載神氣, 神氣風霆, 風霆流形, 庶物露生, 無非敎也(『禮記』,「孔子閒居」) 참조.

있고, 기화로부터 도라는 이름이 있다. 허와 기를 합하여 성이란 이름이 있고, 성과 지각을 합하여 심이란 이름이 있다.[9]

세상에는 오직 기器일 뿐이다.[10]

하늘과 땅 사이를 채우고 있는 것은 오직 음양일 뿐이다.[11]

태허는 본래 움직이는 것이다.[12]

음과 양의 두 기는 태허에 충만하다. 이 밖에 다시 다른 것이 없으니 또한 틈도 없다.[13]

태허는 바로 기이고, 부빔의 본체이다.[14]

기는 공空 속에 있고, 공은 기 아님이 없으니, 하나에 통하면서 둘이 없는 것이다.[15]

허공은 바로 기이고, 기는 움직이는 것이다.[16]

---

9) 太和所謂道, 中涵浮沉升降動靜相感之性, 是生絪縕相盪勝負屈伸之始. … 散殊而可象爲氣, 淸通而不可象爲神. … 太虛無形, 氣之本體. 其聚其散, 變化之客形爾. … 天地之氣, 雖聚散攻取百塗, 然其爲理也順而不妄. 氣之爲物, 散入無形, 適得吾體; 聚爲有象, 不失吾常. 太虛不能無氣, 氣不能不聚而爲萬物, 萬物不能不散而爲太虛. … 氣塊然太虛, 升降飛揚, 未嘗止息 … 此虛實·動靜之機, 陰陽·剛柔之始. 浮而上者陽之淸, 降而下者陰之濁. 其感遇聚散, 爲風雨, 爲雪霜, 萬品之流形, 山川之融結, 糟粕煨燼, 無非敎也. … 氣之聚散於太虛, 猶冰凝釋於水. 知太虛卽氣則無無, 故聖人語性與天道之極, 盡於參伍之神變易而已. 諸子淺妄, 有有無之分, 非窮理之學也. … 由太虛有天之名, 由氣化有道之名. 合虛與氣有性之名, 合性與知覺有心之名(張載, 『正蒙』, 「太和篇」).

10) 天下唯器而已矣(王夫之, 『周易外傳』 卷5, 「繫辭上」).

11) 盈天地之間 唯陰陽而已矣(王夫之, 『周易內傳』 卷5).

12) 太虛者本動者也(王夫之, 『周易外傳』 卷6, 「繫辭下」).

13) 陰陽二氣, 充滿太虛. 此外更無他物, 亦無間隙(王夫之, 『張子正蒙注』, 「太和篇」).

14) 太虛卽氣 絪縕之本體(같은 책).

15) 氣在空中 空無非氣 通一無二者也(같은 책)

84

도道는 기의 도이고, 기를 도의 기라고 말해서는 안 된다.17)

기에 기대면 도가 보존되고, 기를 떠나면 도가 훼손된다.18)

이처럼 장재와 왕부지는 기를 통해 세계의 존재 근거와 운행의 논리를 설명한다. 그들에 의하면 하늘과 땅 사이를 가득 채우고 있는 것은 기이고, 이 기는 항상 움직이고 있으며, 형체가 없는 태허와 형체가 있는 사물들로 구성되어 있다. 곧 기가 모여 응결하면 사람과 사물을 이루고, 흩어지면 형체가 없는 태허로 돌아간다.

그들은 삶과 죽음도 기의 모임과 흩어짐으로 설명한다. 그들에 의하면 삶이란 기가 모여 응결된 상태로서 호흡을 통해 생명을 유지하는 상태이고, 죽음이란 기가 흩어지고 응결이 해체된 상태이다. 따라서 삶과 죽음이란 기의 드러남과 숨음의 상태이지, 기의 있음과 없음의 상태가 아니다. 이는 우주를 있음과 없음의 문제로 보지 않고, 있음의 드러남과 숨김으로 여기는 것이다.

그들은 법칙이나 규칙 역시 기를 초월해 있는 것이 아니라, 기의 운행 과정에서 형성되는 일시적인 조리로 생각한다. 이는 이치인 리理를 기를 초월하여 존재하는 것으로 여기는 성리학적 관점과 차이가 있다. 그들에 의하면 리는 시간과 공간을 초월하여 영원히 변치 않는 절대 보편의 원리가 아니라, 항상 움직이고 변화하는 기의 운행 과정에 나타나는 상대적인 규칙일 뿐이다. 이러한 리는 절대 보편의 형이상학적인 원리가 아니라, 특수성과 특수성의 유기적인 교류 과정에

---

16) 虛空卽氣 氣卽動者也(王夫之, 『張子正蒙注』, 「參兩篇」).

17) 道者器之道, 器者不可謂之道之氣也(王夫之, 『周易外傳』 卷5, 「繫辭上」).

18) 据器而道存, 離器而道毀(王夫之, 『周易外傳』 卷5, 「大有」).

형성되는 일시적이며 제한적인 보편성이다. 따라서 이러한 원리는 새로운 상황에 다시 특수성으로 전락할 수 있고, 새로운 특수성과 특수성의 유기적인 소통 속에 또 다른 새로운 보편성이 형성될 수 있다.

동학은 우주론에 대해 선행 기철학자들의 관점과 맥을 같이 하여, 지기인 '하나의 기'에 의해 만물이 구성되는 것으로 여긴다. 동학은 "한결같이 만물이 변화하고 생겨나는 것은 모두 하나의 기에 달려 있다. 어린 아이는 맑은 기를 배양한 이후에야 도道의 맛을 알 수 있다. 날마다 쓰고 행하는 일은 도가 아님이 없다. 하늘은 한결같이 물(水)을 생겨나게 하는데, 물은 만물의 근원이다. 혼원한 기가 물이 아님이 없다. 물은 기를 생겨나게 하고, 기는 물을 생겨나게 한다. '하나의 기'가 형상을 이루며, 하늘과 땅의 법칙(數)을 이루고, 만물의 이치를 구성한다."[19]고 지적한다.

이처럼 동학사상은 우주를 기로 가득 채워져 있을 뿐만 아니라, 일정한 질서가 있기 때문에 우주에 존재하는 인간이 이 우주의 법칙을 잘 파악해야 가치 있는 삶을 살 수 있을 것으로 생각한다. 곧 동학사상에 의하면 우주에는 지기인 하나의 기에 의해 만물이 형성되고, 인간 역시 이러한 기에 의해 형성된다. 따라서 인간은 기로 가득 채워져 있는 우주의 질서를 유지하게 하는 일정한 법칙, 곧 '하늘의 길(天道)'에 해당하는 우주의 이치를 잘 파악해야 인간다운 삶을 추구할 수 있다.

그런데 동학의 창시자인 최제우는 기로 가득 채워져 있는 하늘을 마음과 같은 것으로 여긴다.

---

19) 一萬物化生, 都在一氣. 兒養淑氣然后, 能知道味. 日用行事, 莫非道也. 天一生水, 水者萬物之根源也. 混元之氣莫非水也. 水生氣, 氣生水也. 一氣成形成天地之數化萬物之理(『東學文書』, 「理氣章」, 111쪽).

마음은 바로 하늘이고, 하늘은 바로 마음이다. 마음 밖에 하늘이 없고, 하늘 밖에 마음이 없다. 마음은 본래 비어서 사물에 응하더라도 흔적이 없으니, 하늘과 땅의 길이며, 하나의 기일 뿐이다.[20]

이처럼 최제우는 마음과 하늘을 서로 다른 것이 아니라, 동일한 것으로 여긴다. 최제우에 의하면 하나의 기로 가득 채워져 있는 하늘은 안과 밖을 구분할 것 없이 모두 마음일 뿐이다. 최제우에 의하면 하늘, 땅, 하늘과 땅의 길, 마음 등은 모두 하나의 기로 구성되어 있는 동일한 범주에 속한다.

최제우의 이러한 관점은 전통의 다양한 이론을 주체적으로 수용하여 자기화한 것이다. 그는 마음을 하늘과 같은 것으로 생각한 면에서, 마음이 비록 기로 구성되어 있을지라도 마음 그 자체를 곧바로 하늘의 길이라고 생각하지 않는 상당수 기철학자들의 관점과 차이를 드러낸다. 이는 그가 한편으로 마음을 리가 아니라 기로 여기는 주희 등 적지 않은 성리학자들[21]과 장재 등 일부 기철학자들의 견해를 수용하면서도, 다른 한편으로 마음의 일부인 본성(性)을 하늘의 길과 긴밀하게 연계시키는 성리학자들의 관점과 차이를 드러내는 것이다. 그의 이러한 관점은 한편으로 마음(心)을 기로 여긴 측면에서 일부 성리학

---

20) 心卽天, 天卽心. 心外無天, 天外無心. 心兮本虛應物無跡, 天地之道, 一氣而已(같은 책, 111쪽).

21) 心者, 氣之精爽. … 性便是心之所有之理, 心便是理之所會之地. … 做餡子模樣. 蓋心之所以具是理者, 以有性故也. 心有善惡, 性無不善. 若論氣質之性, 亦有不善. … 性者, 心之理, 情者, 性之動, 心者, 性情之主. … 蓋主宰運用底便是心, 性便是會恁地做底理. 性則一定在這裏, 到主宰運用卻在心. 情只是幾箇路子, 隨這路子恁地做去底, 卻又是心(『朱子語類』卷5,「性理二, 性情心意等名義」).

자들 및 기철학자들의 견해와 공통점을 보이고, 다른 한편으로 마음을 하늘의 길(天道)로 여긴 측면에서 마음을 우주의 본원으로 여기는 왕수인 등의 심학적인 견해와 공통점이 있지만, 마음을 리로 여기는 심학적인 시각과 또 차이가 있다.[22]

이처럼 그는 성리학과 심학 등에서 중시하는 리가 아니라, 기철학에서 중시하는 기를 최고의 존재 근거이자 우주 운행의 중추로 여겼다. 그에게 리는 기를 초월하여 존재하는 절대보편의 형이상학적인 존재가 아니라, 항상 운동하고 변화하는 '기의 조리'이다.

2) 자연스러움

전통철학에서 자연스러움을 중시하는 사상은 도가가 대표적이다. 노자는 『도덕경』에서 세상의 원리에 대해 인위가 아니라, 인위가 개입되지 않는 본래 그러한 자연스러움으로 여긴다. 그는 "사람은 땅을 본받고, 땅은 하늘을 본받으며, 하늘은 도를 본받고, 도는 저절로 그러함을 본받는다."[23]고 하였다. 이는 그가 자연스러움을 최고의 경지, 곧 최고류의 개념으로 여기는 것이다.

노자는 이 자연스러움의 상태에 대해 『도덕경』에서 "인위적으로 하지 않더라도, 하지 않음이 없다."[24]고 지적한 것처럼 외적인 요인에 의해서가 아니라, 그 자체의 내적인 요인에 의해서 유지되는 것으로

---

22) 이철승, 2009, 「동학사상에 나타난 자아관의 성립 근거와 의의」, 『철학연구』 제87집, 철학연구회, 9~10쪽 참조.
23) 人法地, 地法天, 天法道, 道法自然(『道德經』 제25장).
24) 無爲而無不爲(같은 책).

생각한다.

그런데 이 저절로 그러함, 곧 자연스러움의 논리가 항상 도가의 전유물인 것은 아니다. 이 의미는 유가에서도 중시하는 개념이다. 공자가 "인위적으로 하지 않더라도, 다스린 사람은 그 순舜인가? 어떻게 그렇게 했는가? 자기를 공손하게 하여 남면南面을 바르게 했을 뿐이다."[25]고 지적한 내용은 순이 자연스러움의 상태에서 다스리는 고도의 정치 행위임을 말한다.

동학은 지기인 '하나의 기'의 운행을 자연스러움의 경지로 여긴다. 이러한 관점은 유가와 도가는 물론 불교의 영향을 받아 형성되었다. 동학에 의하면 유가는 오직 정밀하고 한결 같을 뿐만 아니라, 수행을 잘 할 경우에 하루아침에 도를 깨달을 수 있다. 또한 불교는 한 마음으로 꾸준히 정진할 경우에 깨달음을 얻을 수 있다. 도가 역시 기화氣化의 도로 수련하고 학습하여 참됨을 구현할 수 있다. 이 셋을 합하여 하나로 삼아 장점을 취할 수 있다.[26]

최제우는 지기인 하늘의 길의 자연스러움에 대해 다음과 같이 지적한다.

---

25) 無爲而治者其舜也與. 夫何爲哉. 恭己正南面而已矣(『論語』,「衛靈公」). 또한 이러한 의미는 『中庸』제26장의 "如此者, 不見而章, 不動而變, 無爲而成." 에서도 보인다.

26) 『東學文書』,「恐」, 62쪽 참조. 동학과 다른 학문과의 관련성에 대한 자세한 자료는 박경환의 2004,「동학과 유학사상」(『동학과 전통사상』, 모시는 사람들), 정혜정의 2004,「동학과 유학사상」(『동학과 전통사상』, 모시는 사람들), 박소정의 2004,「동학과 도가사상 – 불연기연의 논리를 중심으로 – 」(『동학과 전통사상』, 모시는 사람들) 등을 참조하기 바란다.

"그렇다면 무슨 길이라고 합니까?" 그것을 하늘의 길이라고 합니다." 묻기를 "서양의 길과 다름이 없는 것입니까?" 대답하기를 "서양의 학문은 이와 같지만 다름이 있고, 비는 듯하지만 실질이 없습니다. 그러나 운수는 곧 하나입니다. 길은 같으나, 이치는 다릅니다." 묻기를 "왜 그렇습니까?" 대답하기를 "나의 길은 인위적인 함이 없지만 저절로 이루어집니다. 그 마음을 지키고, 그 기를 바르게 하며, 그 본성을 따르고, 그 가르침을 지켜 저절로 그러함 속에서 교화되어 나옵니다. 서양 사람은 말에 순서가 없고, 글에 옳음과 그름이 없으며, 결코 천주天主를 위하는 단서가 없이 단지 자신을 위해 빌 뿐입니다. 몸에는 기화氣化의 신神이 없고, 배움에는 천주의 가르침이 없으며, 형태는 있으나 흔적이 없고, 생각은 하되 간절히 기도함이 없는 것 같습니다. 길은 허무함에 가깝고 배움의 대상은 천주가 아니니, 어떻게 다름이 없다고 이를 수 있겠습니까?" 묻기를 "길이 같다고 말씀하시니, 그것은 서학입니까?" 대답하기를 "그렇지 않습니다. 나 또한 동방에서 태어나 동방에서 받았으니, 길은 비록 하늘의 길일지라도 배움은 동학입니다. 하물며 땅이 동쪽과 서쪽으로 나뉘었는데, 서쪽을 어떻게 동쪽이라 하고 동쪽을 어떻게 서쪽이라고 합니까? 공자는 노라에서 태어났지만 추나라에서 교화를 펼쳤기에 추나라와 노나라의 풍속이 이 세상에 전해졌습니다. 나의 길은 여기에서 받아서 여기에서 펼치니, 어떻게 그것을 서학이라고 명명할 수 있겠습니까?"27)

---

27) 然則何道也. 以名之曰天道也. 曰與洋道無異者乎. 曰洋學如斯, 而有異, 如呪而無實. 然而運則一. 道則同也, 理則非也. 曰何爲其然也. 曰吾道無爲而化矣. 守其心正其氣, 率其性, 守其敎, 化出於自然之中也. 西人言無次第, 書無阜白, 而頓無爲天主之端, 只祝自爲身之謀. 身無氣化之神, 學無天主之敎. 有形無跡, 如思無呪. 道近虛無, 學非天主, 豈可謂無異者乎. 曰同道言之則名其西學也. 曰不然. 吾亦生於東, 受於東, 道雖天道, 學則東學. 況地分東西, 西何爲東, 東何爲西. 孔子生於魯, 風於鄒, 鄒魯之風傳遺於斯也. 吾道受於斯, 布於斯, 豈可謂以西名之者乎(『東學文書』, 「論學文」, 132~133쪽).

이처럼 최제우는 최고의 경지인 하늘의 길에 대해 천주교를 중심으로 하는 서학의 관점과 자신의 견해 사이에 공통점도 있지만, 차이가 적지 않음을 밝히고 있다. 그에 의하면 하늘의 순조로운 운행은 인간의 개입이 없이 저절로 그렇게 된다. 이것은 현상적으로 창조주인 천주의 섭리에 의해 세상의 질서가 자연스럽게 운행된다는 천주교의 논리와 유사하다. 그러나 세상의 순조로운 운행이 천주를 통해야 한다는 천주교의 논리와 천주의 섭리가 없이 저절로 그렇게 된다는 동학의 논리 사이에는 본질적인 차이가 있다.

최제우에 의하면 인간의 자아 안에 이미 하늘의 길의 원리가 내재되어 있기 때문에 전지전능의 신과 같은 존재가 관여하지 않을지라도, 인간은 누구나 하늘의 운행 질서에 능동적으로 참여할 수 있다. 이처럼 한 개인을 저급한 기복 신앙의 자의식에서 벗어나 우주적 존재의 근원으로까지 성숙시켜 나가는 주체로 인식[28]하고 있는 부분이 하늘 길에 대한 동학과 서학(천주교) 사이에 나타나는 본질적인 관점 차이이다. 곧 동학에서는 나에게 본래 함유되어 있는 하늘의 마음을 잃어버리지 않고 지키며, 내 삶의 존재 근거이자 주체인 지극한 기를 바르게 정립하고, 기에 의해 내 몸속에 함유된 본성대로 삶을 영위할 경우에 하늘의 길이 저절로 이루어지듯이, 나의 삶 또한 인위적인 노력을 하지 않더라도 저절로 교화되어 하늘의 길에 동참할 수 있을 것으로 여긴다. 왜냐하면 나의 마음이 곧 하늘의 마음이고, 하늘의 마음이 곧 '하나의 기'인 '지기至氣'이기 때문이다.[29]

---

28) 이명남, 2001,「동학의 인간관」,『동학과 동학경전의 재인식』, 신서원, 198쪽 참조.

제2장 동학과 주체의식 **91**

이처럼 궁극적 이상인 하늘의 길에 대한 동학의 관점은 인간 이외의 신과 같은 다른 존재의 매개를 통해 동참할 수 있다는 일부 종교의 논리와 구분된다. 동학은 누구든지 자신의 내면에 본래적으로 갖추어진 자연스러움의 원리를 스스로 깨달을 경우, 외부 존재의 간섭 없이 주체적으로 세계의 궁극적인 지점에 도달할 수 있음을 강조한다. 동학의 이러한 관점은 권위주의적인 신분 질서의 폐해가 여전히 남아 있던 당시의 민중들에게 해방사상의 역할을 하였을 뿐만 아니라, 21세기가 진행되고 있는 현재에도 여전히 사라지지 않고 있는 불평등한 상황을 주체적으로 극복할 수 있는 사상적 근거가 될 수 있다.

또한 살아 있는 자의식과 이상 세계의 동일성을 중시하는 동학의 이러한 주체의식은 절대자의 은총을 입어야 비로소 궁극적인 이상 세계에 도달할 수 있다는 타율적인 의식으로부터 자유로울 수 있는 이론적 근거가 될 수 있다.

③ 인간관

동학은 인간을 본질적으로 하늘과 다른 존재라고 생각하지 않는다. 동학에 의하면 인간은 바로 하늘이고, 하늘은 바로 인간이다. 이는 인간의 고귀함이 하늘의 고귀함과 같음을 전제한다. 동학은 인간과 하늘의 관계에 대한 이러한 관점을 인간과 인간의 관계에 적용한다. 이는 모든 인간이 동일한 존엄성을 갖고 있음을 의미한다. 따라서 동

---

29) 이철승, 앞의 글, 12쪽 참조.

학은 인간과 인간의 관계를 권위주의적인 질서의식에 의한 차등의 관계가 아니라, 수평적인 질서의식에 의한 평등의 관계로 여긴다.

1) 인간과 하늘의 관계

동학은 인간을 만물 가운데 가장 뛰어난 존재로 여기는 전통적인 유가철학의 관점을 계승한다.[30] 동학에 의하면 인간은 만물 가운데 가장 뛰어난 존재일 뿐만 아니라, 오행 가운데 가장 빼어난 기이다.[31]

동학에 의하면 모든 인간은 각각 그 부모에 의해 태어난다. 이는 현상적인 측면에서 각자의 존재 근거가 그 부모임을 부인할 수 없다. 그러나 좀 더 근원적인 측면에서 각자의 존재 근거는 하늘과 긴밀히 관계한다. 이는 인간의 탄생에 각각 오행의 중심 역할과 벼리 역할을 하고 있는 하늘과 땅의 조화를 가능케 하는 '하나의 기'가 깊게 관여하고 있음을 의미한다.[32]

동학에 의하면 인간의 몸과 장기와 털은 모두 하늘과 땅 및 아버지와 어머니(天地父母)가 물려주었으므로 하늘의 뜻을 잘 알아야 한다. 인간이 그 부모의 은혜를 알되, 하늘과 땅의 조화造化의 기와 그 이치가 이루고 부여한 근원을 잘 알지 못하는 것으로 생각한다. 인간에 대해 현상적으로 부모가 낳고 기르지만, 본질적인 측면에서 그 인간

---

30) 通是一氣, 初無間隔. 民吾同胞, 物吾與也, 萬物雖皆天地所生, 而人獨得天地之正氣, 故人爲最靈(『朱子語類』 卷98, 79조목) 참조. ; 陰陽五行之氣化生萬物, 其秀而最靈者爲人(王夫之, 『四書訓義(上)』 卷2, 「中庸一」) 참조.

31) 雖百千萬物化出於其中, 獨惟人最靈者也(『東學文書』, 「論學文」, 130쪽) 참조. ; 人是五行之秀氣也(『東學文書』, 「通諭」, 47쪽) 참조.

32) 『東學文書』, 「論學文」, 130쪽 참조. ; 『東學文書』, 「通諭」, 46~47쪽 참조.

을 자연스럽게 성장하게 하는 것은 하늘과 땅의 조화라고 생각한다. 하늘과 땅은 인간을 교화하고 성장시킨다. 그러나 천명을 받아 잘 양육하는 것은 부모이다. 곧 하늘과 땅이 없으면 인간을 교화시키지 못하고, 부모의 은덕이 없으면 인간은 양육되기 어렵다. 따라서 하늘과 땅에는 이미 부모의 이름과 은덕이 있으니, 부모에게 효도하는 태도로 하늘과 땅의 조화의 기를 대해야 한다.[33]

이는 하늘(天)과 땅(地)과 아버지(父)와 어머니(母)라는 글자가 각각 다르지만, 실질이 하늘에 있으므로 하늘과 땅이 바로 아버지와 어머니이고, 아버지와 어머니가 바로 하늘과 땅이며, 애초부터 하늘과 땅과 아버지와 어머니 사이에 틈이 없음을 의미한다. 동학사상에 의하면 명命은 하늘에 있고 하늘이 모든 인민을 낳는다고 한 것은 이전의 성인이고, 건乾은 아버지를 일컫고 곤坤은 어머니를 일컫는다고 한 것은 이전의 현자이지만, 하늘과 땅을 섬기기를 아버지와 어머니를 섬기는 것과 같이 하라고 한 것은 최제우뿐이다.[34]

실제로 장재는 「서명西銘」에서 "건乾을 아버지라고 일컫고, 곤坤을 어머니라고 일컫는다. 나의 이 작은 몸은 혼연히 그 속에 있다."[35]고 지적하였다. 주희는 이러한 장재의 글에 대해 『서명해西銘解』에서 "하늘은 양이다. 지극한 굳셈으로 위에 자리하니, 아버지의 도이다. 땅은 음이다. 지극한 순함으로 아래에 자리하니, 어머니의 도이다. 사람은 하늘에서 기를 받고, 땅에서 형체를 받으며, 작은 몸으로 혼연히 하나

---

33) 『東學文書』,「通諭」, 46~47쪽 참조.
34) 같은 책, 44~45쪽 참조.
35) 乾稱父, 坤稱母. 予玆藐焉, 乃混然中處(張載,「西銘」).

가 되어 틈이 없이 가운데에 자리하니, 자식의 도이다. 그러나 하늘과 땅이라고 하지 않고 건과 곤이라고 말하는 것은 하늘과 땅은 그것의 형체이고, 건곤은 그것의 성정性情이기 때문이다. 건은 굳세어 쉼이 없음을 말하니, 만물이 취하여 시작하는 것이다. 곤은 순하여 항상성이 있음을 말하니, 만물이 취하여 생겨나는 것이다. 이것이 바로 천지가 천지 되고, 만물의 부모가 되는 까닭이다. 그러므로 그것을 가리키어 말했다."36)고 지적하였다.

이러한 선배 학자들의 사상에 영향을 받은 동학은 하늘과 땅을 아버지와 어머니 같은 존재로 생각한다. 동학은 인간과 하늘을 별개의 서로 다른 것이 아니라, 하나의 몸으로 여긴다. 동학은 "나는 하늘이고, 하늘은 나다. 나와 하늘은 모두 하나의 몸이다."37)고 하여, 인간에 대해 태어날 때부터 하늘과 함께 하므로 하늘의 뜻에 어긋나는 행동을 해서는 안 될 것으로 생각한다. 그러나 동학은 인간과 하늘이 본래 하나이지만, 기가 바르지 않고 마음이 한결같은 방향으로 흐르지 않을 경우에 하늘의 명령을 어기는 현상이 일어날 것으로 생각한다.

　　기氣가 바르지 않고 마음에 옮겨감이 있으므로 '그 명령을 어긴다'고 말한다. 기에는 바름이 있고 마음에는 정함이 있으므로 '그 덕에 합한다'고 말한다. 도의 이룸과 이루지 않음은 모두 기와 마음의

---

36) 天, 陽也. 以至健而位乎上, 父道也. 地, 陰也. 以至順而位乎下, 母道也. 人稟氣於天, 賦形於地, 以藐然之身, 混合無間而位乎中, 子道也. 然不曰天地而曰乾坤者, 天地其形體也, 乾坤其性情也. 乾者, 健而無息之謂, 萬物之所資以始者也. 坤者, 順而有常之謂, 萬物之所資以生者也. 是乃天地之所以爲天地, 而父母乎萬物者. 故指而言之(朱熹, 『西銘解』).
37) 我是天也, 天是我也. 我與天都是一體也(『東學文書』, 「辨論八節韻」, 52쪽).

바름과 바르지 않음에 달려있으니, 어떻게 할 것인가? 명덕명도明德
命道의 네 글자는 하늘과 인간이 형체를 이루는 근본이고, 성경외심
誠敬畏心의 네 글자는 형체를 이룬 후에 아이의 마음을 회복할 수
있는 이정표의 순서다. ……내 마음의 밝음을 살피는 것은 나를 밝
히는 것이다. 내 몸의 변화와 생성을 헤아리는 것은 나다. 내 믿음을
헤아리는 것도 한결같이 나다. 그곳에서 내 마음을 보내는 것도 나
다. 나는 나이지 다른 나가 아니다. 내 마음이 자나 깨나 한결같은
것은 나일 것이다. 나 밖에 어찌 다른 하늘이 있겠는가? 그러므로
'인간은 하늘 인간이다'고 말한다. 그렇다면 나와 하늘은 모두 하나
의 몸이고 하나의 기이다.38)

이처럼 인간과 하늘이 본래 하나이지만, 인간과 하늘의 존재 근거
인 지기가 내 마음에서 바르지 않게 흐를 때 하늘의 뜻에 어긋나는
행위를 할 수 있다. 그러나 그 기가 내 마음에서 바르게 흐를 때 하늘
길에 동참할 수 있다. 이는 내 마음에서 기의 바른 흐름과 바르지 않
은 흐름에 따라 나의 삶이 하늘 길에 동참할 수 있는지의 여부가 결정
될 수 있음을 의미한다. 따라서 이것은 인간이 삶을 영위할 때, 자유를
빙자한 방임의 태도나 몰가치적인 자세가 중요하지 않고, 생명력 있
는 우주적 존재로서의 자의식을 주체적으로 자각하여 하늘 길과 함께
하는 삶의 중요성을 지적하는 말이다.39)

---

38) 氣不正而心有移, 故曰違其命. 氣有正而心有定, 故曰合其德. 道之成不成, 都
在於氣心之正不正, 如何耳. 明德命道四字, 天人成形之根本, 誠敬畏心四字,
成形後克復赤子心之路程節次也. … 顧吾心之明, 明我也. 料吾身之化生我
也. 度吾信之一如我也. 送余心於其地我也. 我爲我而非他我也. 恐吾心之窹
寐我也. 我外豈有他天乎. 故曰人是天人也. 然則我與天都是一體一氣也(같
은 책, 52~53쪽).
39) 이철승, 앞의 글, 15쪽 참조.

최제우는 인간의 마음이 바로 하늘의 마음이라면 선善과 악惡이 어떻게 존재할 수 있는지에 대해 다음과 같이 말한다.

> 그 사람의 귀하고 천함의 다름을 명령하고, 그 사람의 괴로움과 즐거움의 이치를 정했으나, 군자의 덕은 기氣에 바름이 있고 마음에 정함이 있으므로 하늘과 땅과 더불어 그 덕에 합치하고, 소인의 덕은 기가 바르지 않고 마음에 옮김이 있으므로 하늘과 땅과 더불어 그 명령을 어긴다. 이것이 왕성함과 쇠락함의 이치가 아니겠는가?[40]

이처럼 최제우는 인간에 대해, 누구나 태어날 때부터 지기를 받지만, 성장하면서 바른 기를 지속적으로 유지하는 경우도 있고, 특별한 사정에 의해 바르지 않은 기의 영향을 받을 수도 있을 것으로 생각한다. 이 때문에 그는 역동적으로 변화하고 있는 구체적인 현실 사회에서 괴로움과 즐거움 등의 다양한 감정의 차이가 발생할 수 있을 것으로 생각한다.

그의 이러한 관점은 본성론에서 맹자의 성선설, 순자의 성악설, 양웅의 성유선유악설性有善有惡說, 동중서의 성삼층설性三層說 등과 구별되는 고자의 성무선무악설性無善無惡說과 유사하다. 그는 "묻기를 '그렇다면 어떻게 신령스러움이 내려옵니까?' 대답하기를 '선과 악을 가리지 않는다.'"[41]고 지적하였다. 이는 그가 신비로운 하늘의 마음을

---

[40] 命其人貴賤之殊, 定其人苦樂之理, 然而君子之德, 氣有正而心有定, 故與天地合其德, 小人之德, 氣不正而心有移, 故與天地違其命. 此非盛衰之理耶 (『東學文書』, 「論學文」, 134쪽).

[41] 曰然則何以降靈也. 曰不擇善惡也(같은 책, 135쪽).

받은 모든 인간의 마음에는 선과 악의 구별이 본래 없을 뿐만 아니라, 인간이 궁극적으로 지향하는 삶의 길 역시 선과 악의 대립적 구별과 같은 극단적인 분류방식을 지양하는 것이다. 최제우의 관점에 의하면 선과 악은 선험적으로 정해지지 않았다. 그것은 태어난 이후의 삶의 과정에서 외적 환경에 의해 형성되는 상대적인 가치이다. 우리가 추구할 궁극적인 가치는 이러한 이분법적인 분류 방식을 초월하여 본래적으로 순수한 '하나의 기'를 회복하는 것이다.

최제우는 본성론에서 비록 맹자나 순자 등 전통 시대의 여러 학자들과 견해 차이를 보일지라도, 현실의 불평등한 구조를 해결하기 위해 유가철학에서 중시하는 도덕적인 군자와 이기적인 소인이라는 분류 방법을 활용한다. 그에 의하면 공공의 의로움을 중요한 가치로 여기는 군자는 항상 그 순수한 기를 잘 지킬 수 있지만, 사적 이로움을 중요한 가치로 여기는 소인은 순수한 기가 제대로 소통되지 않아 마음속에 자주 이기적인 욕망이 형성되기 때문에 평화로운 공동체 문화를 형성하기 어렵다.[42]

이 때문에 동학에서는 자기중심주의적인 이기심을 추구하는 소인과 같은 삶의 태도를 지양하고, 성실하고 공경하며 삼가는 태도를 갖추어 어린아이와 같은 수순한 마음을 회복해야 할 것으로 생각한다. 이러한 순수한 마음을 회복하고 지키는 주체 역시 다른 사람이 아니라 바로 자신이다. 왜냐하면 나는 하늘이고 하늘은 나이므로, 인위적인 자세로 노력하지 않아도 저절로 이루어지는 지기의 멋진 운행 대열에 동참하는 신령스러운 존재이기 때문이다.[43]

---

42) 이철승, 앞의 글, 16~17쪽 참조.

모든 사람에게 하늘의 길이 동일하게 주어졌다는 이러한 동학의 인간의 길에 관한 관점은 천명의 대행자 역할을 자임하며 민중의 삶과 인격을 존중하지 않고 민중의 어려움을 간과했던 무능하고 부패한 관료들의 권위주의적인 통치 방식에 이의를 제기하고 문제를 해결할 수 있는 이론적 근거가 되었다. 동학의 이러한 사상은 오늘날에도 여전히 기득권을 형성하며 어려운 처지에서 생활하는 많은 민중의 삶을 외면하는 사람들의 비민주적인 태도를 비판하는 생산적인 이론의 역할을 할 수 있다.44)

2) 인간과 인간의 관계

동학은 인간에 대해 태어날 때부터 '하나의 기' 혹은 하늘로 상징되는 지기를 받는 존재로 생각한다. 그런데 하늘은 본래 맑고 순수하다. 이 맑은 하늘이 인간의 존재 근거이자 인간다움을 실현하는 가치의 근거이다. 이것이 인간의 마음과 하늘의 마음 사이에 틈이 없는 이유이다. 틈이 발생하는 것은 환경을 비롯한 여러 외적 요인 때문이다. 이러한 외적인 이유로 형성되는 기의 바르지 않음으로 인해 인간의 마음은 불안하게 된다. 이러한 불안감이 상존하는 사회는 서로에 대한 불신과 불편함으로 인해 여러 문제가 발생한다. 문제가 있음에도 본질적으로 그 문제를 해결하지 않을 경우, 사회는 불안정해진다. 동학은 이러한 불합리한 사회의 문제를 해결하기 위해 본래적으로 순수한 마음을 회복할 것을 주장한다. 성실함과 공경함의 자세는 이를 해

---

43) 같은 글, 17쪽 참조.
44) 같은 글 참조.

결하기 위한 방법이다.

그런데 이러한 사회의 불합리한 문제를 해결하기 위해 초월적인 방법을 제시하지 않고, 구체적인 역사에서 생활하는 인간과 인간의 바른 관계의 회복 방안을 제시한다. 인간과 하늘의 관계가 직접적이 듯이 인간과 인간의 관계 역시 직접적인 것으로 생각한다. 동학에서 "나의 마음이 곧 너의 마음이다"[45]고 한 것은 나의 마음과 하늘의 마음이 동일하듯이, 너의 마음 또한 하늘의 마음과 동일하다는 의미이다. 이는 현실 세계에서 나와 타인이 현상적으로 구별될 수밖에 없음을 이유로 나와 타인을 전혀 다른 존재로 생각하는 관점과 차이가 있다. 곧 이는 나와 타인의 다름을 강조하며 타인을 배제시키고자 하는 자기중심주의적인 관점을 중시하는 사람들에게 하늘의 마음이라는 공통의 마음이 있음을 강조하는 것이다. 이러한 공통의 마음이 인간과 인간의 관계를 평등하게 여기는 사상적 근거이다.

이는 "백성은 나의 동포이고, 만물은 나의 무리이다."[46]고 한 〈서명〉의 내용과 맥을 같이 한다. 장재는 인간과 하늘의 관계를 인간과 인간의 관계 및 인간과 만물의 관계로 확장한다. 주희는 장재의 이러한 관점에 대해, "인간과 만물은 함께 하늘과 땅 사이에서 생겨났다. 인간과 만물이 취하여 몸으로 삼은 것은 모두 하늘과 땅을 채우고 있는 것이고, 인간과 만물이 얻어서 성性으로 삼은 것은 모두 하늘과 땅을 거느리는 것이다. 그러나 몸에는 치우치거나 바른 차이가 있으므로 그 성 또한 밝고 어두운 차이가 없지 않다. 오직 인간만 바른

---

45) 吾心卽汝心(『東學文書』, 「論學文」, 131쪽).
46) 民吾同胞, 物吾與也(張載, 「西銘」).

100

형기形氣를 얻는다. 이 때문에 그 마음은 가장 신령스러워서 온전한 성과 명命에 통함이 있고, 몸은 함께 생겨나는 것들 속에서 또 같은 부류가 되면서도 가장 귀하다. 그러므로 '동포'라고 하니, 그들을 보기를 다 자기의 형제처럼 여긴다. 만물은 치우친 형기를 얻어서 온전한 성과 명에 통할 수 없기 때문에 나와 같은 부류가 아니며, 인간만큼 귀하지 않다. 그러나 그 몸과 성이 유래한 근원을 추구하면 이 또한 하늘과 땅을 근본으로 하여 같지 않은 적이 없으므로 '나의 무리'라고 하니, 그것을 보기를 또한 자기와 같은 무리로 여긴다. 오직 '동포'이기 때문에 세상 사람들을 한 집안으로 여기고, 나라 안의 사람들을 한 사람으로 여기니 다음 글에서 말한 것과 같다. 오직 '나의 무리'이기 때문에 하늘과 땅 사이에 형체가 있는 것이 마치 동물이건 식물이건 감정이 있는 것이건 감정이 없는 것이건 그 본성대로 마땅함을 이루지 않음이 없다. 이것이 유가의 도가 반드시 '하늘과 땅과 셋이 되어 화육을 돕는 데에'47) 이른 후에 공용功用이 온전해지는 것이지 밖에 강요하는 것이 있지 않은 까닭이다."48)고 하여, 인간과 인간 및

---

47) 唯天下至誠, 爲能盡其性, 能盡其性, 則能盡人之性, 能盡人之性, 則能盡物之性, 能盡物之性, 則可以贊天地之化育, 可以贊天地之化育, 則可以與天地參矣. ; 같은 책, 32장 : 唯天下至誠, 爲能經綸天下之大經, 立天下之大本, 知天地之化育, 夫焉有所倚(『中庸』 22장) 참조.

48) 人物竝生於天地之間. 其所資以爲體者, 皆天地之塞, 其所得以爲性者, 皆天地之帥也. 然體有偏正之殊, 故其於性也不無明暗之異. 惟人也得其形氣之正. 是以其心最靈而有以通乎性命之全, 體於竝生之中, 又爲同類而最貴焉. 故曰同胞, 則其視之也, 皆如己之兄弟矣. 物則得夫形氣之偏, 而不能通乎性命之全, 故與我不同類, 而不若人之貴. 然原其體性之所自, 是亦本之天地, 而未嘗不同也, 故曰吾與, 則其視之也, 亦如己之儕輩矣. 惟同胞也, 故以天下爲一家, 中國爲一人, 如下文所云. 惟吾與也, 故凡有形於天地之間者, 若動若

인간과 만물의 관계에 대한 장재의 관점을 분석하였다.

동학은 인간과 인간, 곧 나와 타인 사이의 균등 관계에 대한 장재의 이론적 관점을 적극적으로 수용하여 "사해의 안이 동포가 된다."[49]는 평등관을 정립하였다. 그런데 동학은 이러한 평등관을 현실에서 구현하기 위해 공자의 군자관을 적극적으로 활용한다.

동학에서는 "군자는 두루두루 하고 편당을 짓지 않지만, 소인은 편당을 짓고 두루두루 하지 않는다."[50]고 지적한 공자의 관점을 적극적으로 수용한다.[51] 동학에서는 나와 다른 사람이 모두 이기심에 의해 서로를 배려하지 않는 소인의 품성보다 공공의 의로움을 중시하며 다른 사람의 인격을 나의 인격과 동등하게 존중하는 군자의 풍모를 선호한다. 곧 동학에서는 "군자는 공경하지 않음이 없다."[52]고 하여 공경함의 중요성을 언급한다. "나의 마음이 공경하지 않으면 하늘과 땅이 공경하지 않고, 나의 마음이 편안하지 않으면 하늘과 땅이 편안하지 않으며, 나의 마음이 공경하지 않고 편안하지 않으면 하늘과 땅 및 아버지와 어머니가 자라게 할 때 따르지 않는다. 이는 불효의 일과 다르지 않다."[53] 이와 같이 동학은 삶의 태도 가운데 공경함의 태도를 매우 중시한다. 왜냐하면 공경함은 나의 존재 근거인 하늘의 마음으

植, 有情無情, 莫不有以若其性, 遂其宜焉. 此儒者之道所以必至於參天地贊化育, 然後爲功用之全, 而非有所强於外也(朱熹, 『西銘解』).

49) 四海之內爲同胞(『東學文書』, 「敬通」, 121쪽).

50) 子曰君子周而不比, 小人比而不周(『論語』, 「爲政」).

51) 『東學文書』, 「修德行道法文」, 112쪽 참조.

52) 君子無不敬也(『東學文書』, 「警心法」, 114쪽).

53) 我心不敬, 天地不敬; 我心不安, 天地不安, 我心不敬不安, 天地父母長時不順. 此則無異於以不孝之事(같은 책, 113쪽).

로부터 주어지기 때문이다. 하늘의 마음은 본래 공경함으로 이루어졌기 때문에 그 하늘의 마음을 이어받은 나와 다른 사람 등 모든 사람들은 서로 공경함의 태도를 가져야 한다. 우리가 서로 공경하는 태도를 가질 때, 우리가 속한 사회는 시기와 미움과 비방과 다툼 등으로 인해 발생하는 갈등이 사라지고, 서로가 서로를 위하고 배려하며 평화를 정착시킬 수 있다.[54]

이처럼 인간과 인간의 관계는 자기중심주의적인 이기심에 근거한 배타적 경쟁의 관계가 아니라, 공공의 의로움을 토대로 하는 평화로운 어울림의 관계이다. 동학은 "하늘은 항상 감응하기 때문에 마음이 어울리면 기가 어울리고, 기가 어울리면 가정이 어울리며, 가정이 어울리면 세상의 모든 일이 자연히 어울리게 되어 그 중도를 이룬다. 천자로부터 서민에 이르기까지 한결같이 모두 자신을 닦는 것을 근본으로 한다는 것은 이것을 하는 것이다."[55]라고 지적한다.

이러한 사회는 우주적 주체의식을 자각한 자아의 완성과 공동체의 완성이 함께 이루어지는 이상적인 경지라고 할 수 있다.[56] 결국 동학은 모두 각자의 존재 근거이자 가치 근거인 하늘이 함유하고 있는 공경의 모습을 본받아 나는 물론 다른 사람에게 공경하는 태도로 삶을 영위할 때, 자신이 속한 사회의 평화가 지속될 수 있을 것으로 생

---

54) 이철승, 앞의 글, 18~19쪽 참조.

55) 天常感應, 故曰心和則氣和, 氣和則家和, 家和則天下萬事自然和, 成其中也. 自天子以至於庶人, 一是皆以修身爲本, 此之爲也(『東學文書』, 「警心法」, 114쪽).

56) 오문환, 2001, 「동학의 도덕적 평등주의」, 『동학과 동학경전의 재인식』, 신서원, 218쪽 참조.

각한다. 이것은 전통적인 유가의 충서忠恕사상, 혈구지도絜矩之道사상, 대동사상大同思想 등의 영향을 받은 것으로, 인간이 인간을 수단이 아닌 목적으로 대하는 것이다. 이것은 평등을 중시하는 오늘날의 민주주의 사상과 본질적으로 다르지 않다.57)

4 가치관

가치관은 인간이 인간다움을 실현하는데 필요한 기본적인 관점이다. 이 가치관의 정립은 인간의 정체성과 깊게 관련된다. 동학은 이 가치관의 정립 문제에서 전통의 유가철학의 영향을 받는다. 도덕의식을 가치관의 중요한 내용으로 생각하여 인의예지를 도덕의식의 핵심으로 여기는 유가철학을 계승함과 아울러 수심정기守心正氣의 방법론을 구축하였다.

1) 도덕의식의 기원

동학을 창시한 최제우는 도덕의식을 인간의 정체성과 깊게 관련시킨다. 그는 도덕의식의 기원의 문제에서 전통적인 유가철학의 관점을 계승한다. 유가철학에서는 하늘의 운행 원리인 원형이정元亨利貞을 하늘의 길인 천도로 여기고, 이를 자각적으로 본받은 인의예지仁義禮智를 인간의 길인 인도로 여긴다.

『주역』은 천도에 대해 자세하게 언급한다. 『주역』에 의하면 "건은

---

57) 이철승, 앞의 글, 19쪽 참조.

원·형·이·정이다."58) 이에 대해, 「건괘·단전」에서는 "크도다, 건원이여! 만물이 그것을 바탕으로 하여 시작하니, 하늘을 거느린다. 구름이 운행하고 비가 내리니, 온갖 것들이 유행하여 형체를 이룬다. 처음과 끝을 환히 밝히면 여섯 자리가 때에 맞게 이루어지니, 때에 맞게 여섯 마리의 용을 타서 하늘을 부린다. 건도가 변화하여 각기 성性과 명命을 바르게 하고, 큰 조화를 보전하고 합치하니, 이롭고 곧다. 뭇 사물의 우두머리로 나오니, 모든 나라가 다 평안하다."59)라고 말하고, 「건괘·문언전」에서는 "원은 선의 기름이고, 형은 아름다움의 모음이며, 이는 의로움의 어울림이고, 정은 일의 줄기이다. 군자는 인을 체득해야 충분히 사람을 기를 수 있고, 모음을 아름답게 해야 충분히 예에 합치할 수 있으며, 물건을 이롭게 해야 충분히 의로움에 어울릴 수 있고, 견고함을 바르게 해야 충분히 일의 근간이 될 수 있다. 군자는 이 네 덕을 행하는 사람이다. 그러므로 '건은 원·형·이·정이다'고 말한다."60)

그런데 주돈이周惇頤(1017~1073)는 이 원형이정의 논리를 성誠의 논리로 환원한다. 주돈이는 "'건도가 변화하여 각기 성과 명을 바르게 한다.'고 했으니, 성誠이 여기에서 정립된다."61)고 하고, "원과 형은

---

58) 乾, 元亨利貞(『周易』, 「乾卦」).

59) 大哉, 乾元. 萬物資始, 乃統天. 雲行雨施, 品物流形. 大明終始, 六位時成, 時乘六龍以御天. 乾道變化, 各正性命, 保合太和, 乃利貞. 首出庶物, 萬國咸寧(『周易』, 「乾卦, 象傳」).

60) 元者, 善之長也, 亨者, 嘉之會也, 利者, 義之和也, 貞者, 事之幹也. 君子體仁足以長人, 嘉會足以合禮, 利物足以和義, 貞固足以幹事. 君子行此四德者. 故曰, 乾, 元亨利貞(『周易』, 「乾卦, 文言傳」).

61) 乾道變化, 各正性命. 誠斯立焉(『通書』, 「誠上」).

성의 통함이고, 이와 정은 성의 돌아옴이다."62)고 지적한다. 이것은 그가 원과 형을 생명이 약동하는 양의 영역에 해당시키고, 이와 정을 결실의 상징인 음의 영역에 해당시키며 사계절의 운행 원리를 성실함의 상징으로 설정하는 것이다.

이에 대해 주희는 "원은 시작이고, 형은 통함이며, 이는 이룸이고, 정은 바름이니, 하늘의 네 덕이다. 통함은 막 나와서 사물에 부여함이니, 선의 이어감이다. 돌아옴은 각기 얻어서 자기에게 저장함이니, 성의 이룸이다."63)고 지적하고, 이어서 "원·형·이·정'은 끊어진 곳이 없으니, 정이 다하면 또 원이다. 오늘의 자시子時 이전은 바로 어제의 해시亥時이다."64)고 지적하며 주돈이의 관점을 옹호한다.

원·형·이·정에 대한 이러한 관점은 남송의 진순陳淳(1159~1223)과 원나라의 오징吳澄(1249~1333)에게도 영향을 미친다. 진순은 "만약 조화의 측면에서 논한다면 천명의 큰 조목은 단지 원·형·이·정일뿐이다. 이 네 가지는 기의 방면에서 논해도 되고, 리의 방면에서 논해도 된다. 기의 측면에서 논하면 만물이 처음 생겨나는 것이 원이 되고, 때는 봄이 된다. 만물이 발달하는 것이 형이 되고, 때는 여름이 된다. 만물이 이루어진 것이 이가 되고, 때는 가을이 된다. 만물이 수렴되어 저장되는 것이 정이 되고, 때는 겨울이 된다. 정貞은 바르면서 견고하다. 그 생의生意가 이미 정해진 것으로부터 말했기 때문에 바름이라고

---

62) 元亨, 誠之通, 利貞, 誠之復(같은 책).
63) 元始, 亨通, 利遂, 貞正, 乾之四德也. 通者, 方出而賦於物, 善之繼也. 復者, 各得而藏於己, 性之成也(朱熹, 『通書解』, 「誠上」).
64) 元亨利貞無間斷處, 貞了又元. 今日子時前, 便是昨日亥時(『朱子語類』卷68, 33條目).

하고, 그 수렴하여 저장하는 것으로부터 말했기 때문에 견고함이라고 한다. 리의 측면에서 논하면 원은 생리生理의 시작이고, 형은 생리의 통함이며, 이는 생리의 이룸이고, 정은 생리의 견고함이다."65)고 지적한다. 또한 오징은 "'원·형은 성의 통함이다.'라는 것은 봄에 생겨나고 여름에 자라는 때에 양이 움직이는 것이다. 여기에서 태극의 용用을 본다. '이·정은 성의 돌아옴이다.'라는 것은 가을에 거두고 겨울에 저장하는 때에 음이 고요한 것이다. 여기에서 태극의 체體를 본다. 이 것이 조화의 체와 용 및 움직임과 고요함이다."66)고 지적한다.

이처럼 선행 유학자들은 하늘의 길인 원형이정을 내부에서 자각적으로 본받은 것을 도덕성의 핵심인 인의예지로 생각한다. 주돈이에 의하면 하늘의 길이며 참된 이치인 성誠은 인간에게 인의예지신의 도덕적 근거로 작용한다.67) 곧 성이 아니면 오상五常을 비롯한 모든 행위의 근거가 사라지므로 『중용』에서는 "성이 아니면 만물도 없다."68)고 했고, 주돈이는 "오상과 모든 행위는 성誠이 아니면 그릇되니, 사

---

65) 若就造化上論, 則天命之大目只是元亨利貞. 此四者就氣上論也得, 就理上論也得. 就氣上論, 則物之初生處爲元, 於時爲春. 物之發達處爲亨, 於時爲夏. 物之成遂處爲利, 於時爲秋. 物之斂藏處爲貞, 於時爲冬. 貞者, 正而固也. 自其生意之已定而言, 故謂之正, 自其斂藏者而言, 故謂之固. 就理上論, 則元者生理之始, 亨者生理之通, 利者生理之遂, 貞者生理之固(陳淳, 『北溪字義』卷上, 「命」).

66) 元亨誠之通者, 春生夏長之時, 陽之動也. 於此而見太極之用焉. 利貞誠之復者, 秋收冬藏之時, 陰之靜也. 於此而見太極之體焉. 此造化之體用動靜也(吳澄, 『吳文正集』卷2, 「三, 答王參政儀伯問」).

67) 誠, 五常之本, 百行之源也. ; 德, 愛曰仁, 宜曰義, 理曰禮 , 通曰智 , 守曰信(『通書』, 「誠·幾·德」) 참조.

68) 不誠無物(『中庸』第25章).

특하고 어둡고 막힌다."[69]고 했다. 이는 원형이정으로 상징되는 하늘의 길이 인간의 내부에서 자각적으로 본받아 형성된 인의예지의 도덕성으로 전화되어 사람이 갖추어야 할 가치 규범으로 여기는 공맹을 중심으로 하는 초기 유가의 관점을 계승하는 것이다.[70]

이와 관련된 공자와 맹자를 중심으로 하는 초기 유학자들의 자료는 풍부하다. 공자는 『논어』에서 나이 50이 되어 천명을 알 수 있을 정도로 천명의 중요성과 극기복례로서의 인을 강조했고[71], 『중용』은 천명을 따르는 것을 본성이라고 할 정도로 천명과 본성을 긴밀하게 관련시켰으며[72], 맹자는 인간에 대해 하늘의 법칙을 본받는 도덕적 존재로서 하늘의 길과 인간의 길을 통일시켜야 할 것으로 생각했다.[73] 이는 도덕성의 기원을 현상적인 측면에서 인간 외부의 하늘에 있는 것

---

69) 五常百行, 非誠, 非也, 邪暗塞也(『通書』, 「誠下」).

70) 이철승, 2013, 「『통서』에 나타난 '성(誠)'관의 논리 구조와 의의」, 『철학』 제115집, 한국철학회, 11~13쪽 참조.

71) 五十而知天命(『論語』, 「爲政」).; 君子有三畏. 畏天命, 畏大人, 畏聖人之言. 小人不知天命而不畏也, 狎大人, 侮聖人之言(『論語』, 「季氏」).; 克己復禮爲仁. 一日克己復禮, 天下歸仁焉. 爲仁由己, 而由人乎哉. … 非禮勿視, 非禮勿聽, 非禮勿言, 非禮勿動(『論語』, 「顏淵」).

72) 天命之謂性, 率性之謂道, 修道之謂敎(『中庸』第一章).; 誠者, 天之道也, 誠之者, 人之道也. 誠者不勉而中, 不思而得, 從容中道, 聖人也. 誠之者, 擇善而固執之者也(『中庸』第二十章).; 唯天下至誠, 爲能盡其性; 能盡其性, 則能盡人之性, 能盡人之性, 則能盡物之性, 能盡物之性, 則可以贊天地之化育, 可以贊天地之化育, 則可以與天地參矣(『中庸』第二十二章).

73) 以大事小者, 樂天者也, 以小事大者, 畏天者也. 樂天者保天下, 畏天者保其國(『孟子』, 「梁惠王下」).; 順天者存, 逆天者亡(『孟子』, 「離婁上」).; 誠者, 天之道也, 思誠者, 人之道也(『孟子』, 「離婁上」).; 盡其心者, 知其性也. 知其性, 則知天矣(『孟子』, 「盡心下」).

처럼 여길 수 있으나, 본질적으로 그 하늘의 길을 인간이 내부에서 자각적으로 본받아 형성된 인의예지로 여기는 것이다.

동학은 도덕의식의 기원 문제에서 이러한 유가철학의 영향을 받았다.[74] 최제우는 "원형이정은 천도의 일정함이고, 오직 한결같이 중도를 잡는 것은 인사의 살핌이다. 그러므로 태어나면서부터 아는 것은 공자의 성스러운 자질이고, 배워서 아는 것은 선배 유학자들이 서로 전하는 것이다. 비록 수고롭게 하여 얻은 것이 천박한 견해와 얕은 식견일지라도, 모두 우리 선생님의 성스러운 덕으로 말미암았으니, 선왕의 옛 예를 잃지 않았다."[75]고 지적한다. 이는 봄과 여름과 가을

---

74) 최제우는 실제로 『용담유사』의 「道德歌」에서 이와 직간접적으로 관련된 『주역』·『대학』·『중용』 등의 내용을 다음과 같이 언급했다. "하늘과 땅, 음과 양이 비로소 처음 나누어지고, 이 우주가 열리게 된 이후, 우주의 萬象萬有가 변화하여 생겨났다. 이 중 가장 어리석은 것이 금수요, 가장 신령한 존재가 사람이다. 예로부터 전해오는 세상의 말이 하늘의 뜻과 사람의 마음이 같다고 하였고, 大定數 『주역』의 괘에서 '헤아리기 어려운 것이 귀신'이라고 말했다. 또한 『대학』에서 도란 '밝은 덕을 밝게 하고, 지극한 善에 머무르는 것'이라고 하였다. 그리고 『중용』에서 '하늘의 명을 성이라고 하고, 성을 따르는 것을 도라고 하며, 도를 닦는 것을 교라고 한다.'라고 하여, 誠과 敬 두 글자를 밝혔다. 무지한 사람은 한울님에 대해 경외하는 마음이 없다. 그리고 그들은 천지 역시 귀신이요, 귀신 역시 음양의 작용임을 몰랐기 때문에 진정한 도와 덕을 모르고 현인이 되고 군자가 되는 것을 몰랐다(윤석산, 1999, 『龍潭遺詞』, 「道德歌」, 동학사, 207~211쪽 참조)." 그는 또 성현은 『周易』「乾卦, 文言」의 "夫大人者, 與天地合其德, 與日月合其明, 與四時合其序, 與鬼神合其吉凶. 先天而天弗違, 後天而奉天時. 天且弗違, 而況於人乎. 況於鬼神乎."라는 내용을 체득하고 있지만, 몰지각한 사람들이 이를 깨닫지 못한 것으로 여긴다(같은 책, 212~214쪽 참조).

75) 元亨利貞, 天道之常, 惟一執中, 人事之察. 故生而知之, 夫子之聖質, 學而知之, 先儒之相傳. 雖有困而得之, 淺見薄識, 皆由於吾師之聖德, 不失於先王之

과 겨울 등 사계절이 번갈아가며 일정하게 흐르는 자연의 운행 질서를 관찰하며, 자연과 함께 평화롭게 어울리고자 하는 마음을 우리가 추구할 바람직한 도리로 생각하는 것이다. 그는 공자를 비롯한 전통의 유가철학자들이 이러한 하늘의 길과 인간의 길의 유기적인 통일을 지향한 것으로 여기고, 그들의 관점을 적극적으로 수용한다.[76]

그는 "먼 옛날부터 봄과 가을이 번갈아 이어지고, 네 계절의 왕성함과 쇠퇴함이 옮겨지지 않고 바뀌지 않으니, 이 또한 한울님 조화의 흔적이 세상에 밝게 나타나는 것이다. … 오제 이후로 성인이 나와 해와 달과 별과 별자리와 하늘과 땅의 도수를 측정하여 책으로 만들고, 이것으로 하늘 길의 일정함을 정하여 한 번 움직이고 한 번 고요하며 한 번 왕성하고 한 번 쇠퇴한 것을 천명에 부치니, 이는 천명을 공경하고 천리를 따르는 것이다. 그러므로 인간은 군자가 되고 배움은 도덕을 이루니, 도는 천도이고 덕은 천덕이다. 그 도를 밝히고 그 덕을 닦으므로 군자가 되고 지극한 성인에 이른다."[77]고 지적한다. 이처럼 그는 천명·천도·천덕 등 전통의 유가철학에서 중시하는 최고류의 범주에 해당하는 개념을 도덕의식의 기원과 관련시킨다.

이처럼 동학에서는 "도덕이란 하늘과 땅의 떳떳한 도리이고, 고금

古禮(『東學文書, 東學聖經大全二』,「修德文」, 179쪽).

76) 이철승, 2017,「동학사상에 나타난 도덕의식」,『인문학연구』54집, 조선대 인문학연구원, 113쪽 참조.

77) 蓋上古以來, 春秋迭代, 四時盛衰, 不遷不易, 是亦天主造化之迹, 昭然于天下也. … 自五帝之後, 聖人以生, 日月星辰, 天地度數, 成出文券, 而以定天道之常然, 一動一靜一盛一敗, 付之於天命, 是敬天命而順天理者也. 故人成君子, 學成道德, 道則天道, 德則天德. 明其道而修其德, 故乃成君子, 至於至聖(『東學文書, 東學聖經大全二』.「布德文」, 169쪽).

의 보편적인 의로움이다."[78]고 지적하며, 도덕에 대해 인간이 추구해야 할 고귀한 가치로 여긴다. 동학사상에 의하면 요임금과 순임금과 우임금과 탕왕 등은 하늘의 뜻을 계승하여 이러한 숭고한 도덕의 기준을 세움으로써 세상을 다스리고 모든 백성들을 교화하였다. 그리고 공자와 안연과 증자와 맹자 등은 사람들에게 귀감이 될 법도를 세워 후세에 전했지만, 중간에 그것이 끊겼다가 송대의 학자들에 의해 그 도통이 회복되었다.[79]

그러나 최제우는 송대에 정립된 이론 가운데 주희를 중심으로 하는 리철학적 관점보다 장재가 주장하는 기철학적 관점을 적극적으로 수용하였다. 그는 "인의예지는 이전 성인이 가르친 것이고, 수심정기는 오직 내가 다시 정한 것이다."[80]고 하였다. 이것은 그가 도덕의식에 대해 이전 성현들의 관점을 계승하고, 도덕의식과 관련된 자신의 새로운 관점을 제시한 것이다. 이는 그가 한편으로 '인의예지'를 도덕성의 본질로 여기는 유가철학의 보편적 관점을 수용하고, 다른 한편으로 선험적인 리철학 계열이 아니라 기철학적인 내용을 자신의 고유한 관점으로 여기는 것이다.[81]

최제우는 도덕의식의 기원과 관련된 자신의 관점이 큰 틀에서 전통적인 유학의 핵심 가치와 같지만, 작은 부분에서 차이가 있는 것으로

---

78) 道德者天地之常經, 古今之通義也(『東學文書, 大先生文集』, 「通章, 各道東學儒生議送單子」, 60쪽).

79) 같은 책, 60~61쪽 참조.

80) 仁義禮智, 先聖之所敎, 守心正氣, 惟我之更定(『東學文書, 東學聖經大全二』, 「修德文」, 182쪽).

81) 이철승, 앞의 글, 115쪽 참조.

생각한다. 그는 도덕의식의 근거를 전통 유학에서 중시하는 하늘의 운행 원리에 두면서도, 하늘의 운행 원리에 대해 고요한 리 중심의 주자학적 관점을 지양하고 기를 세계의 근거로 생각하는 기철학적 관점을 지향한다. 곧 동학에서는 "하늘은 음양오행으로 만민을 변화하여 생겨나게 하고 오곡을 자라 기르게 하니, 사람은 오행의 빼어난 기이고, 곡식 또한 오행의 원기이다. 오행의 원기로 먹이고 기르며, 오행의 빼어난 기로 변화하여 생겨나게 하고 자라 이루게 한 것은 하늘이 아니고 이것을 누가 할 수 있으며, 은혜가 아니고 무엇이라고 말할 수 있겠는가?"[82]고 지적한다.

이는 동학이 기를 초월하는 고요한 리의 명령에 의해 우주만물이 형성되는 것으로 생각하는 리철학적 관점이 아니라, 움직이는 기에 의해 우주만물이 형성되고 리를 그 기의 조리로 생각하는 기철학적 관점을 반영하는 것이다.[83]

따라서 최제우가 "하늘과 땅의 도는 하나의 기일 뿐이다. 한결같이 만물이 변화하여 생겨나는 것은 모두 하나의 기에 달려있다."[84]고 지적한 것은 그가 우주를 기에 의해 구성된 것으로 여기고, 도덕의식의 근거를 선험적인 리가 아니라 항상 지기가 유행하는 가운데 형성되는 일정한 질서 의식으로 여기고 있음을 의미한다.[85]

---

82) 天以陰陽五行, 化生萬民, 長養五穀, 則人是五行之秀氣也, 穀亦五行之元氣也. 以五行之元氣飼養, 五行之秀氣化而生之, 長而成之者, 非天伊誰, 非恩曰何(『東學文書, 大先生文集』, 「通章, 通諭」, 47~48쪽).

83) 이철승, 앞의 글, 같은 쪽 참조.

84) 天地之道, 一氣而已. 一萬物化生, 都在一氣(『東學文書, 大先生文集』, 「通章, 理氣章」, 111쪽).

85) 이철승, 앞의 글, 115~116쪽 참조.

2) 도덕의식의 발현86)

동학은 지기의 운행 질서를 도덕의식의 기원으로 여기지만, 도덕의식의 발현을 자연이 아니라 인간의 문제로 설정한다. 이는 도덕의식의 발현을 인간의 고유한 특징으로 여기는 것이다.

동학은 경건한 자세로 깊게 궁구하여 하늘의 운행 원리를 체득해야 할 것으로 생각한다. 동학은 하늘의 이치를 깊게 연구하여 덕에 합치하도록 체득하며, 체득된 하늘의 도리를 수행하여 하늘과 땅의 조화造化가 내 몸에 영원히 임하게 하는 것을 중시한다.87) 이는 자연의 운행 원리인 무극으로서의 지기가 인간의 삶과 무관하게 운행하지 않고, 인간의 삶속에 깊게 투영되어 인간의 정체성을 확보하는 역할을 수행함을 말한다. 도덕의식의 발현이란 바로 이러한 지기가 인간의 몸속에 가득 채워져 삶의 바람직한 방향을 설정하는 상태이다. 곧 "나의 스승이 5만 년 동안 무극의 운수를 받아 세상 사람들에게 덕을 베풀었으니, 이 사람들로 하여금 이 덕을 알게 하고 이 도를 행하게 한 것은 다만 이 하나일 뿐이다."88)고 말하고 있다.

이처럼 최제우는 이전과 질적으로 구분되는 새로운 시대의 열림을 선포하고89), 후천개벽의 새로운 시대에 맞는 삶의 양식으로서의 지기

---

86) 이 부분은 이철승의 2017, 「동학사상에 나타난 도덕의식」(『인문학연구』 54집, 조선대 인문학연구원) 가운데, 3장(도덕의식의 발현)의 내용을 주로 발췌했음을 밝힌다.

87) 『東學文書, 大先生文集』, 「通章, 敬通曉明道心」, 39~40쪽 참조.

88) 吾師受五萬年無極之運, 布德於天下, 使斯人知斯德, 行斯道者, 只此一款也 (『東學文書, 大先生文集』, 「通章, 通諭」, 48쪽).

89) 실제로 최제우는 『龍潭遺詞』의 「夢中老少問答歌」에서 이 세상은 요임금과 순임금의 다스림으로도 부족하고, 공자와 맹자의 덕으로도 충분하게 말할 수

가 인간의 내면에서 작동하는 원리에 대한 자각과 그것의 의의를 구현해야 할 것으로 생각한다.

곧 동학은 지기인 '한울님을 모시는(侍天主)' 삶을 통해 도덕의식이 발현되는 것으로 여긴다. 동학에 의하면 "모심이란 안으로 신령이 있고 밖으로 기화가 있다. … 마음은 본래 비어서 사물에 응하더라도 흔적이 없고, 하늘 또한 비고 신령스러워 모습이 없는 것 같으면서도 흔적이 있으니, 마음과 하늘은 본래 둘이 아니다. 마음은 곧 하늘이고, 하늘은 곧 마음이다. 그 마음을 지키고 그 기를 바르게 한다면 통하지 않는 것이 없을 것이다. … 하늘의 덕에 합치하고 하늘의 마음을 정해야 비로소 사람의 형체를 이룬다. 그러므로 '그 덕에 합치하고 그 마음을 정한다.'고 말한다."[90]

이는 한울님을 모시는 사람의 마음은 지극히 순수하며 그 자체가 바로 하늘이므로, 그 마음을 잘 지키고 그 기를 바르게 정립할 때에야

가 없다고 지적하고, "태평성대를 다시 정해서 국태민안할 것이니, 분개하고 탄식하는 마음을 두지 말고, 차차차차 지내가도록 하라. 下元甲 지나가거든 上元甲 좋은 시절에, 萬古에 없는 무극대도가 이 세상에 나올 것이니, 너도 또한 나이가 아직 어려서 億兆蒼生 많은 백성, 太平曲 擊壤歌를 머지않아 볼 것이니, 이 세상 무극대도 끝없이 전해질 것이 아니겠는가. 한울님의 뜻과 사람의 마음이 부합하는 시운을 너는 아직 잘 모르겠지만, 한울님께서 뜻을 두게 되면, 禽獸 같은 세상 사람들도 얼풋이나마 알아낼 것이다. 나도 또한 신선이라 이제 보고 언제 볼꼬. 너도 또한 仙分이 있어, 아니 잊고 찾아올까."라고 지적하며, 새롭게 열리는 후천개벽의 시대에 대한 희망을 품고 있다(윤석산, 1999, 『龍潭遺詞』, 「몽중노소문답가」, 동학사, 138~144쪽) 참조.

90) 侍者內有神靈, 外有氣化. … 心兮本虛應物無跡, 天亦虛靈如無形而有跡, 則心與天本非二物. 心卽天, 天卽心也. 守其心, 定其氣, 則無所不通也. … 合天德, 定天心, 始成人之形體. 故曰合其德, 定其心也(『東學文書, 大先生文集』, 「通章, 踐實勸學文」, 50~51쪽).

비로소 모든 이치가 자연스럽게 통하여 인간과 하늘이 통일하는 경지에 이를 수 있음을 지적하는 것이다.

동학에서는 이러한 상태를 지기가 내 몸속에서 충만하게 운행하고, 인류가 추구할 보편적인 도덕의식으로 전화하여 의미 있게 발현되는 것이라고 생각한다. 그런데 이러한 관점은 맹자의 호연지기 사상과 맥을 같이 한다고 할 수 있다. 맹자는 "감히 묻습니다. '선생님께서는 무엇이 장점입니까?' 대답했다. '나는 말을 알고, 나는 나의 호연지기를 잘 기른다.' 감히 묻습니다. '무엇을 호연지기라고 합니까?' 대답했다. '말하기가 어렵다. 그 기가 지극히 크고 지극히 굳세니, 곧음으로 기르고 해침이 없으면 하늘과 땅 사이에 가득 채워진다. 그 기는 의로움(義)과 도道에 짝하니, 이것이 없으면 굶주리게 된다. 이는 의로움을 축적하여 생기는 것이지, 의로움이 엄습하여 취해지는 것이 아니다. 행할 때에 마음에 흡족함이 없으면 굶주리게 된다.'"[91]

곧 맹자는 '호연지기'의 생성에 대해, 도덕성을 상징하는 의로움과 무관하거나 어느 날 갑자기 의로움이 엄습하여 형성되는 것이 아니라, 의로움이 차곡차곡 축적되었을 때 형성되는 것으로 생각한다. 이는 맹자가 말하는 '호연지기'란 단순히 물리적인 내용에 국한되는 것이 아니라, 인간의 정체성과 깊은 도와 의로움으로 상징되는 도덕적인 내용과 긴밀하게 관련되는 지극히 크고 굳센 바른 기상氣像이라고 할 수 있다.[92]

---

91) 敢問, 夫子惡乎長. 曰, 我知言, 我善養吾浩然之氣. 敢問, 何謂浩然之氣. 曰, 難言也. 其爲氣也, 至大至剛, 以直養而無害, 則塞于天地之間. 其爲氣也, 配義與道, 無是, 餒也. 是集義所生者, 非義襲而取之也. 行有不慊於心, 則餒矣 (『孟子』, 「公孫丑上」).

동학은 맹자의 이러한 '호연지기'사상을 지기의 관점에서 새롭게 구성했다. 따라서 "나는 하늘이고, 하늘은 나다. 나와 하늘은 모두 한 몸이다. 그러나 기氣가 바르지 않고 마음에 옮겨감이 있으므로 '그 명령을 어긴다'고 말한다. 기에는 바름이 있고 마음에는 정함이 있으므로 '그 덕에 합치한다'고 말한다. 도의 이룸과 이루지 않음은 모두 기에 달려 있으니, 마음의 바름과 바르지 않음은 어떻게 할 것인가? 명덕명도明德命道의 네 글자는 하늘과 인간이 형체를 이루는 근본이고, 성경외심誠敬畏心의 네 글자는 형체를 이룬 후에 갓난아이의 마음을 회복할 수 있는 이정표의 순서다."[93]고 지적한다.

이는 우선 내가 곧 하늘이고 하늘이 곧 나라는 차원에서 서로 평등한 관계가 형성될 수 있음을 인정한다. 그러나 기는 바르지 않고 마음은 한결같음을 유지하지 못할 수 있다. 이러한 바르지 않은 기와 한결같음을 유지하지 못하는 마음이 다른 곳으로 옮겨간다면 자연스럽게 천명을 어길 수 있다. 하지만 그 순수한 마음을 지키고 그 기를 바르게 한다면 하늘의 덕에 합치될 수 있다. 이 때문에 항상 성誠과 경敬 및 외심畏心의 자세를 유지하여 순수한 도덕의식을 발휘해야 한다.

이처럼 동학에 의하면 인간은 도덕성을 추구하며 도덕의식을 발휘할 수 있는 탁월한 존재이다. 그러나 그 인간은 조금이라도 방심하면

---

92) 이철승, 2014, 「맹자의 '浩然之氣' 사상에 대한 주희와 왕부지의 관점 비교」, 『유교사상문화연구』 57집, 118쪽 참조.

93) 我是天也, 天是我也. 我與天都是一體也. 然而氣不正而心有移, 故曰違其命. 氣有正而心有定, 故曰合其德. 道之成不成, 都在於氣, 心之正不正, 如何耳. 明德命道四字, 天人成形之根本, 誠敬畏心四字, 成形後克復赤子心之路程節次也(『東學文書, 大先生文集』, 「通章, 辨論八節韵」, 52~53쪽).

언제든지 비인간적인 모습으로 추락할 수 있다.

따라서 최제우는 요임금과 순임금이 다스리던 태평성대에도 도척 盜跖이라는 도적이 있었고, 공자의 시대에도 환퇴桓魋와 같은 사람이 있었음을 지적하고, 어느 시대든 악인들의 음해가 있을 수 있음을 상 기시킨다. 그는 이러한 악을 피하기 위해 성誠과 경敬의 태도로 마음 을 닦고 기를 바르게 하여 인의예지를 지켜야 할 것으로 생각한다. 그는 오륜에 대해, 사람이 지켜야 할 중요한 가치이기 때문에 경건한 자세로 지킬 때 비로소 도성입덕道成立德할 수 있을 것으로 생각한 다.[94]

곧 최제우에 의하면 나의 마음이 공경하지 않으면 하늘과 땅이 공 경하지 않고, 나의 마음이 편안하지 않으면 하늘과 땅이 편안하지 않 으며, 나의 마음이 공경하지도 않고 편안하지도 않으면 하늘과 땅 및 어머니와 아버지의 뜻을 거스르는 불효를 저지르게 된다. 따라서 군 자는 항상 성실함과 공경함의 자세를 유지해야 한다.[95]

그에 의하면 마음을 공경히 하는 것, 마음을 기르는 것, 하늘을 즐 기는 것 등은 큰 도(大道)를 이루는 경지이기 때문에 항상 감응하는 하늘은 마음이 조화로우면 기가 조화롭고, 기가 조화로우면 가정이 평화로우며, 가정이 평화로우면 세상의 모든 일이 저절로 평화로워진 다. 이는 그가 그 사회의 구성원 모두 각자의 인격을 성실하게 닦는 것을 도덕의식의 발현에 가장 기본이 되는 태도로 생각하는 것이 다.[96]

----

94) 윤석산, 1999, 『龍潭遺詞』, 「도덕가(道德歌)」, 동학사, 218~222쪽 참조.
95) 『東學文書, 大先生文集』, 「通章, 警心法」, 113~114쪽 참조.

5 실천관

실천이란 실제로 수행하는 어떤 행위이고, 유가철학에서는 앎(知)과 대비되는 행함(行)을 의미한다.[97] 이 행行은 『갑골문』에서 "㐱"[98]로 표시하여 사거리의 의미를 내포하고 있다. 『설문해자』에서는 이것을 "인간의 걸음걸이이며, 彳과 亍으로 구성되었다."[99]고 하고, 『설문해자주』에서는 "보步는 행行이고, 추趨는 주走이다. 둘 가운데 하나는 천천히 가는 것이고, 하나는 빨리 가는 것이니, 모두 가는 것을 말한다."[100]고 하여, 걸어갈 때 빠름과 느림의 차이는 있을지라도 멈추지 않고 계속 가는 것을 의미한다. 이는 행함이란 인간이 직접 몸을 활용하는 것으로 오늘날의 실천의 의미와 크게 다르지 않다. 유가철학에서는 이 행行 이외에도 함(爲), 익힘(習), 밟음(履) 등의 개념을 통해 실천의 의미를 드러낸다.[101]

특히 유가철학에서는 실천에 대해 생물학적인 본능과 과학적인 실험과 경제적인 생산 활동 등을 의미하지 않고, 주로 인간의 정체성에 해당하는 도덕성을 현실 사회에 구현하는 것을 의미한다. 공자가 "아

---

96) 같은 책, 114쪽 참조.
97) 전통의 유가철학에서는 이 知와 行의 관계에 대해, 知行先後, 知行輕重, 知行難易, 知行竝進 등의 논의가 있다.
98) 1993, 『甲骨金文字典』, "㐱", 巴蜀書社, 155쪽.
99) 人之步趨也, 從彳亍(許愼 撰, 段玉裁 注, 中華民國 76年, 『說文解字注』, 天工書局印行, 78쪽).
100) 步, 行也, 趨, 步也. 二者一徐一疾, 皆謂之之行(같은 책).
101) 이철승, 2015, 「현대 사회에서 인仁은 어떻게 실천되어야 할까?」, 『유교사상문화연구』 61집, 229~230쪽 참조.

우와 자식은 들어오면 효도하고, 나가면 공손하며, 삼가며 진실하고, 널리 백성을 사랑하되, 인仁한 인간과 친해야 하니, 행하고도 남은 힘이 있거든 글을 배워야 한다."102)고 지적한 것이 여기에 해당하는 대표적인 내용이다. 공자에 의하면 인간은 가정에서는 반드시 부모의 뜻을 살펴 부모에게 자식의 도리를 다해야 하고, 집밖의 세상에서는 공손한 태도로 대하여 예의를 다해야 하며, 항상 진실한 마음으로 신중하게 임하고, 나의 가족뿐만 아니라 이웃과 민족의 구성원들을 조건 없이 사랑하며, 도덕성을 갖춘 품격이 높은 현명한 인간들과 친하게 지내야 한다. 이러한 삶이 실천의 진정한 의미이다. 이러한 지성인의 삶을 실천하고도 남은 힘이 있을 경우에 이론 공부를 해야 한다. 그래야 실천과 이론이 괴리되지 않고 통일되어 사회의 모범이 된다.103)

이는 공자가 실천을 인간의 정체성과 깊게 관련시키면서 인간을 사회적 관계를 떠나 독립적인 삶을 추구하는 대상으로 설정하지 않고, 관계 윤리를 정립해야 하는 사회적 존재로 규정하는 것이다. 공자에 의하면 인간은 어느 날 갑자기 자신의 뜻에 의해 세상에 태어난 존재가 아니라, 자신의 의지와 무관하게 부모에 의해 세상에 태어났다. 이는 자신이 부모를 선택한 것이 아니라, 부모에 의해 자신이 선택되었음을 의미한다. 그리고 단지 생물학적인 관계에 국한하지 않고, 공경하는 마음이라는 도덕적 가치를 반영한 부모에 대한 봉양을 자식

---

102) 弟子入則孝, 出則弟, 謹而信, 汎愛衆, 而親仁, 行有餘力, 則以學文(『論語』, 「學而」).

103) 이철승, 앞의 글, 230쪽.

의 도리로 여긴다.[104] 공자는 부모에 대한 자식의 이러한 관점을 가정 안에 제한시키지 말고, 사회로 확대하여 이웃에게 실천하기를 요구한다. 유가철학에 의하면 부모에 대한 효도와 그것의 사회적 실천인 공손한 삶이야말로 인간이 인간일 수밖에 없는 인간의 정체성에 해당하는 '인을 행하는 근본'[105]이다.[106]

동학은 이러한 유가철학의 실천관을 적극적으로 계승한다. 동학은 사회를 구성하고 있는 살아 있는 주체들이 각자의 내면에 갖추어진 도덕의식의 발현을 통해 바람직한 공동체 사회가 구현될 것으로 생각한다. 동학은 이러한 도덕의식을 기반으로 하는 평등 사회를 건설하는 주체에 대해, 특정한 계층으로 제한시키지 않는다. 동학은 실천 주체의 범주를 경제적인 여유, 지식의 풍부, 높은 지위 등과 같은 외적 조건으로 제한시키지 않고, 그 사회를 구성하고 있는 모든 인민들로 확장한다.[107]

동학의 이러한 시각은 개인의 자유·평등·박애를 천부인권으로 생각하는 민주적인 관점에 부합한다. 따라서 이러한 관점은 수직적인 신분 질서와 남녀 차별이 상존하던 당시의 사회에 큰 파장을 불러일으키며 민중들에게 많은 영향을 미쳤다. 1894년에 발생한 갑오농민전쟁은 이러한 평등의식을 현실 사회에 투영하고자 하는 많은 동학도들의 참여에 의해 진행되었다. 이 전쟁에 참여한 동학도들은 이러한 평

---

104) 今之孝者, 是謂能養. 至於犬馬, 皆能有養, 不敬, 何以別乎(『論語』,「爲政」) 참조.
105) 君子務本, 本立而道生. 孝弟也者, 其爲仁之本與(『論語』,「學而」) 참조.
106) 이철승, 앞의 글, 230~231쪽.
107) 이철승, 2017,「동학사상에 나타난 도덕의식」,『인문학연구』 54집, 120쪽 참조.

등의식을 기반으로 하는 도덕의식을 현실 사회에 구현시키기 위해 노력하였다.108)

그런데 동학에서는 도덕의식을 토대로 하는 평등 사회를 구현하는 주체의 기준 문제에서 비도덕적인 사람을 옹호하지 않는다. 비도덕적인 인간은 이미 도덕의식에 근거한 평등 사회의 건설과 모순 관계에 있기 때문이다. 곧 모든 인간에 대해 도덕성을 발휘할 수 있는 대상으로 생각하기 때문에 도덕의식을 토대로 하는 평등 사회 건설의 주체가 될 수 있을 것으로 생각한다. 그러나 그러한 인간들 가운데 비도덕적인 행위를 하고 있는 인간을 도덕 사회 구현의 주체에서 제외한다.109)

이는 도덕의식이 인간에게 풍부하게 내재되어 있을지라도, 그것이 발현되지 않으면 도덕 사회를 토대로 하는 평등 사회는 이루어질 수 없음을 지적하는 것이다. 곧 도덕 사회의 구현은 관념적인 상태로 관조해서 성취될 수 있는 것이 아니다. 그것은 역동적으로 변화하고 있는 구체적인 현실에서 능동적으로 실천할 때에야 비로소 이루어질 수 있다.110)

동학에서 이러한 도덕의식에 근거한 평등 사회 구현의 핵심적인 내용은 '21자'111)의 도법道法에 갖추어져 있다. 이 '21자'의 핵심적인 내용은 다음과 같다.

---

108) 같은 글 참조.
109) 같은 글, 121쪽 참조.
110) 같은 글 참조.
111) 至氣今至, 願爲大降, 侍天主, 造化定, 永世不忘, 萬事知.

지至란 지극하게 하는 것이다. 지기至氣란 비어 있으며 신령스럽고 무성하여 관여하지 않는 일이 없고 명하지 않는 일이 없지만, 형용하는 것 같으면서도 모습을 보기가 어렵고, 듣는 것 같으면서도 보기가 어려우니, 이 또한 혼원한 하나의 기이다. 금지今至란 이에 도에 들어가 그 기가 접한 것을 아는 것이다. 원위顧爲란 청하여 기원하는 뜻이고, 대강大降이란 기화氣化의 바람이다. 시侍란 안으로 신령이 있고, 밖으로 기화가 있어 당대의 사람들이 각각 옮기지 않음을 아는 것이다. 주主란 존경하여 부모와 똑같이 섬기는 것을 일컫는다. 조화造化란 인위적으로 하지 않아도 이루어진 것이다. 정定이란 그 덕에 합치하고 그 마음을 정한 것이다. 영세永世란 사람의 평생이고, 불망不忘이란 생각함을 보존한다는 뜻이며, 만사萬事란 수의 많음이고, 지知란 그 도를 알고 그 앎을 받는 것이다.[112]

이처럼 동학의 21자 주문은 도덕의식을 토대로 하는 이상 사회의 구현에 관해 중요한 사상적 근거 역할을 한다. 이 21자 주문은 다음과 같이 해석할 수 있다. '지기금지 원위대강至氣今至, 顧爲大降'이란 지극히 신령스러우며 맑고 밝은 혼원한 '하나의 기(一氣)'의 어울림이 우리에게 내려지기를 간절히 바란다는 뜻이다. 그런데 이 지기의 어울림은 눈으로 볼 수도 없고 말로 표현할 수도 없지만, 언제 어느 곳에서나 맑고 밝게 있으면서 인간들에게 큰 도움을 준다. 인간들은 이 '지극한 기'의 어울림을 마음속에 간직하기 때문에 살아갈 때에 절실하

---

[112] 至者極焉之爲. 至氣者虛靈蒼蒼, 無事不涉, 無事不命, 然而如形而難狀, 如聞而難見, 是亦渾元之一氣也. 今至者於斯入道, 知其氣接者也. 顧爲者請祝之意也, 大降者氣化之願也. 侍者內有神靈, 外有氣化, 一世之人, 各知不移者也. 主者, 稱其尊而與父母同事者也. 造化者, 無爲而化也. 定者合其德, 定其心也. 永世者人之平生也, 不忘者存想之意也, 萬事者數之多也, 知者知其道而受其知也(『東學文書, 東學聖經大全一』, 「論學文」, 133쪽).

게 필요로 하는 중요하고도 근본적인 것을 얻을 수 있다. 그러므로 지기의 조화를 만나기를 바라는 마음은 자연스럽다. '시천주侍天主'란 '한울님'을 모신다는 뜻이다. 그런데 그것은 아무 생각 없이 모신다거나 모시기 싫어도 남의 눈을 의식하여 억지로 모신다는 것이 아니다. 그것은 깊이 깨달았기 때문에 감동하여 내 마음속에 깊이 간직한다는 뜻이다. 또한 '조화정造化定'은 조화의 덕에 제대로 합치하여 그 마음을 정한다는 뜻이다. 조화는 바로 한울님의 조화로서 지기이다. 따라서 그것은 인위적으로 하지 않아도 저절로 이룬다는 의미를 담고 있기 때문에 인간들도 이러한 원리와 흐름에 자연스럽게 합류할 수 있다. '영세불망永世不忘 만사지萬事知'는 한울님의 조화를 깨달아 평생토록 잊지 않고 마음에 보존하면 지기의 조화를 깨달을 수 있다는 뜻이다. 이것은 피조물과 조물주가 둘이 아니라 바로 하나라는 사실을 깨닫게 하는 것으로, 지기가 구분되어 나온 것이 인간이기 때문에 인간의 몸속에 한울님인 지기가 들어 있다는 것이다. 그 덕을 밝히고 잊지 않으면 하늘의 마음과 인간의 마음이 같고, 나의 마음과 타인의 마음이 같다. 곧 이 세상에 있는 모든 것 속에는 다 한울님의 속성이 있기 때문에 우리 인간 역시 한울님과 다르지 않으므로, 인간을 바로 한울님이라고 할 수 있다. 이것이 바로 동학에서 말하는 한울님 사상의 주요한 특징이다.[113]

동학은 이러한 21자 주문의 이상적인 꿈을 내세가 아닌 현실 사회에서 실현하고자 한다. 동학은 비록 종교적인 성향을 띠고 있을지라

[113) 이철승, 2009, 「동학사상에 나타난 자아관의 성립 근거와 의의」, 『철학연구』 제87집, 20~21쪽 참조.

도, 궁극적인 지향점을 현실 도피적인 피안의 세계에 두지 않는다. 동학도들은 그들의 이상이 희노애락의 온갖 감정이 발산되고 있을 뿐만 아니라, 도구적 이성에 의해 인간의 수단화가 증가되고 있는 구체적인 역사의 현장에서 구현되기를 바란다.114)

이러한 사상적 배경 때문에 동학도들과 천도교도들은 근대전환기의 한국 사회에 광범위하게 팽배해 있는 모순을 외면하지 않았다. 그들은 한편으로 양반과 평민의 차별, 적자와 서자의 차별, 관리와 민간인의 차별, 남자와 여자의 차별 등 전근대적인 신분 질서가 여전히 위력을 잃지 않고 있던 당시의 계급 모순을 해결하기 위해 투쟁의 대열에 앞장섰고, 다른 한편으로 제국주의의 확장에 따라 외세의 부당한 개입이 증가하던 당시의 민족 모순을 극복하기 위해 적극적으로 노력하였다.115)

인간을 하늘로 여기고(人乃天), 하늘 섬기듯이 인간 섬기기를 중시하는 동학의 이러한 현세 중심적이며 인간중심주의적인 도덕관은 성誠과 경敬과 신信의 태도로 마음을 닦고(修心) 기를 바르게 하는(正氣) 가운데, 효도하고 공손하며(孝悌), 나라를 보호하고 민중을 편안하게 하며(輔國安民), 널리 민중을 구제하고(廣濟蒼生), 세상에 덕을 베푸는(布德天下) 것과 같은 정치의식으로 무장하여 후천개벽의 유토피아 사회를 이루고자 했다.116)

이는 동학이 당시의 한국 사회에 팽배한 모순을 해결하기 위해 전

---

114) 이철승, 2017, 「동학사상에 나타난 도덕의식」, 『인문학연구』 54집, 123~124쪽 참조.
115) 같은 글, 124쪽 참조.
116) 이철승, 1995, 「민중사상과 종교」, 『강좌한국철학』, 예문서원, 248쪽 참조.

통사상을 맹목적으로 따르거나 외래사상을 무비판적으로 소개하는 태도로 접근하지 않고, 구체적인 현실에 대해 주체적인 문제의식으로 접근했음을 의미한다.

제3장
대종교와 민족정체성

1 근대전환기 단군신앙의 출현

단군은 우리 민족 원형사상의 근간으로 민족의 시원이자 여러 원형적 종교 행위의 뿌리였다. 근대전환기에 들면서 성리학 영향력의 쇠퇴와 그리스도교의 영향으로 인해 우리 사회에도 원형 사상을 뿌리로 하는 새로운 민족적 종교운동이 확산하였는데, 이런 과정의 중요한 키워드 중 하나가 단군이었다. 즉 단군은 유교적 봉건체제에서 벗어나 새로운 근대국가체제를 구축하고자 한 대한제국에 종교를 통한 민족 정체성을 정립하는 가치체계였다.

이러한 목적을 의해 당시 단군 운동은 두 가지의 방향으로 진행하였다. 첫째는 단군의 객관화였다. 이 작업은 주로 개혁적인 유교지식인층을 중심의 근대국가 구현이라는 목적으로 이루어졌으며, 단군은 실재로 있었던 군주이고 고조선도 역시 실재로 있었던 국가라는 점이 강조되었다. 이 과정에서 단군 신화도 허구가 아니라 단군에 대한 신화적 묘사로 평가되었다. 이런 사고의 전환은 1880년 이후 근대 역사 교과서에서 자주 등장하였는데, 여기서 단군은 신화 속 허구의 인물이 아니라 국가 시원始原의 실재 인물이자 나아가 국가와 민족의 정체성을 확립하는 중심이었다.

둘째는 이와는 대조적으로 원형적 단군신앙의 종교화였다. 종교화 역시 유교지식인층이 주도하였으나 일반 국민과 더불어 한민족의 '상상 공동체'를 추구했다는 점에서 첫 번째 방향과는 달랐다. 특히 이 과정에서 그동안 은둔적 단군 신앙이 당대 사회에 등장하여 근대적 종교로 변모하였는데 대표적인 것이 대종교이다.

그런데 근대전환기 단군 사상이 미친 영향은 후자의 역할이 컸다. 전자는 지식인을 중심으로 일어났기 때문에 일제강점기 근대 학술에 의해 객관적 근거 부족이 지적되면서 사라지거나 오히려 근대 이행의 장애로까지 인식되었다. 반면 후자는 근대전환기이후 현재까지 한국 사회에 미친 영향이 지대하였다. 이러한 경향은 동아시아의 근대성과도 연결되는데, 서구의 근대성이 종교라는 비합리성에 대한 비판에서 비롯되었다면 동아시아 특히 중국과 한국의 근대성은 유학儒學이라는 합리성에 대한 종교적 저항과 긴밀한 관련이 있기 때문이다. 그래서 당시 종교운동이었던 한국의 대종교, 동학이나 중국의 의화단, 태평천국 운동 등은 일반 민중이 봉건 유학의 합리적 통제를 극복하고 자신에 대한 자각을 통해 근대로 이행하는 전기를 마련한 마중물이었다.[1]

이 같은 시대상황 속에서 대종교는 전통적 단군 신앙을 직접 이어 단군을 주신으로 섬겼다. 대종교 형성에는 대대로 단군 신앙을 이어

---

1) 서구 역시 종교와 근대에 대한 다른 시각들이 존재하는데, 즉 기독교와 근대국가형성의 관련성도 계속 연구되었다. 박종일, 「종교와 근대민족주의의 형성: 새로운 연구 동향과 한국적 맥락에 대한 검토」, 『동양사회사상』17, 동양사회사상사학회, 2008 참조 바람.

온 일종의 선교仙敎 단체도 있었다. 조선 말, 대종교가 설립되기 전에도 단군을 신으로 섬긴 종교·결사단체들이 있었는데, 김염백金廉白의 신교神敎와 백봉白峰의 단군교 등이 대표적이다. 신교는 김염백이 1890년경 평남 맹산에서 설립되었다. 신교는 단군을 주체신主體神으로 정립하고 천황씨天皇氏·인황씨人皇氏·지황씨地皇氏와 더불어 섬겼다. 신교는 대체로 선교仙敎의 모습을 지닌 전통적 종교 조직이었지만, 천황씨·인황씨·지황씨를 섬겼다 하여 종종 도교로 오해 받았다. 도교는 중국에서 기원하여 다중종교의 형식을 띠는 복합적 민중종교로 한국에는 이미 고구려 때에 유입되어 원형 신앙과 충돌하였다는 기록이 있다. 반면, 선교는 한민족의 원형 신앙을 출발점으로 하여 하늘숭배, 제천의식, 풍수지리, 무속 등과 관련이 있다. 단군교는 1904년에는 백두산에서 백봉과 33인이 주도하여 설립되었다. 이들도 신교와 같이 선교적 종교단체였으며, 33인중 백전白詮·두일백杜一白이 대종교 창립자들인 나철, 오기호, 정훈모 등과 만나 자신들의 경전을 전하였다는 점에서 대종교 창설에 중요한 역할을 하였다. 이 두 종교단체는 전통의 단군 신앙을 계승하여 근대전환기 단군 신앙 및 단군 교단 형성에 배경을 제시했다는 점에서 중요하다.

대종교 형성의 중심에는 원형적 단군 신앙이 있지만, 동시에 당시 기독교와 서구 문명도 있었다. 즉 대종교는 근대적 민족국가 형성을 위하여, 겉으로는 서구 문명과 대립하였으나 안으로는 일정 정도 수용하였다. 이같이 형성된 대종교는 근대적 민족 정체성을 확립하는데 지대한 공을 세웠다. 대표적인 것이 개천절, 단기, 고조선 등이며, 일본 제국주의에 대승을 거둔 청산리전투도 여기에 해당한다.

대종교는 원형적 단군 신앙을 계승한 가장 한국적인 민족종교로

서세동점과 일제강점기라는 민족적 위기 앞에서 민족을 단결시키는 역할을 하였다. 그리고 그 출발은 이전 유교적 체제에 의해 뺏긴 민족의 재발견, 즉 단군을 회복하는 것이었다.

2 대종교와 항일투쟁

1) 초기 대종교의 항일투쟁

근대전환기의 대종교大倧教는 나철羅喆(1863~1916)·오기호吳基鎬(1863~?)·정훈모鄭勳謨(1909~1978) 등이 1909년 세운 단군교로 시작되었다. 이후 초기 창립을 주도한 정훈모가 친일 인사와 협력하고, 단군에 대한 일본 통감부의 탄압이 심해지자 1910년 7월 30일에 대종교로 개칭하였다. 이 과정에서 정훈모는 단군교를 고수하여 단군을 추종하는 근대적 교단은 초기부터 대종교와 단군교로 나누어졌다.

나철은 실질적인 대종교 창시자로서 교단에서는 홍암대종사弘巖大宗師로 불린다. 나철의 본명은 나인영羅寅永으로 1863년 전라남도 보성에서 출생했다. 29세 때 문과에 급제하여 승정원가주서承政院假注書와 승정원권지부정자承文院權知副正字를 지냈다. 33세 때 징세서장徵稅署長으로 발령받았으나 응하지 않다가, 1905년 오기호, 이기李沂(1848~1909), 김인식金寅植(1879~1926), 정훈모 등 호남 출신 우국지사들과 자신회自新會를 조직하면서 근대적 계몽운동에 참여하였다.[2]

---

2) 허태근, 2015, 『弘巖 羅喆의 大倧教 重光과 朝天 硏究』, 부경대학교 박사논문, 13쪽 참조.

러일전쟁 이후 국권이 급격히 일본으로 넘어가는 1905년 6월, 나철은 오기호 등과 함께 일본의 국권 침탈을 저지하고 그 부당성을 전하고자 대한해협을 건넜다. 그는 총 3회에 걸쳐 일본으로 갔는데, 1905년 방문이 첫 번째였다. 그들은 이런 사실을 국민에게 알기고 동의를 구하기 위하여 『황성신문』에 자신들의 주장과 활동을 기고하였다.

　　금일 우리의 일본행은 바로 우리 한국 이천만 국민의 동정이요 의무이다. 이 강화 결과에 감히 마냥 좌시하지 못하여 도쿄에 들어온 지 벌써 며칠이 지났으나 감히 뵙기를 청하지 않고 격식에 맞지 않으나 감히 충정을 펼쳐 또한 아래 6개조를 덧붙이니 삼가 각하께서는 행여나 우리 세 사람의 고함을 배척하지 마시고 특별히 받아주시기 바란다.3)

여기서 말하는 6개조란, 먼저 서구 열강에 맞서 한중일 동아시아 삼국의 공조를 보존하고, 둘째 한국의 독립과 주권을 유지하고, 셋째 주한 일본공사와 직원들의 문책, 넷째 한국의 정치쇄신을 위한 일본정부차원의 권고, 다섯째 한일 간 사적 교류의 중단, 여섯째 주한 일본인의 영업 제한 등으로 일본에 대한 이들의 요구사항이었다. 이를 보면 나철은 대한제국의 독립과 국민의 실리를 주장했지만, 동시에 동아시아에서 일본의 패권적 지위도 인정하였다.

나철이 온건주의적 입장에서 일본에 간 배경에는 김윤식金允植,

---

3) 僕等今日之行이 卽我韓二千萬國民之同情也오 義務也 而迨玆媾和結果之日에 不敢偃然坐視 故로 跋涉入貴京이 已有日 而不敢請謁하고 不拘公格하고 敢陳愚衷而又敢附達六條하니 伏惟閣下는 幸勿以三個人所告로 斥之하고 特加採納焉하소서, 오기호, 『황성신문』, 1905년 9월 2일, 「奇書」

(1835~1922)이 있다. 나철은 22세인 1883년 남산에서 열린 대신들의 모임인 화견회花見會에 참석한 후 김윤식의 문인이 되었다.[4] 그 후 나철은 김윤식을 스승으로 모셨으며, 김윤식이 제주도에 유배당하였을 때도 함께 있었다. 김윤식은 온건 개화파로 일본 우익들과 폭넓게 교유하였다. 그러므로 개혁초기 나철은 김윤식의 '내수자강론內修自强論'과 '군세외교론軍勢外交論' 등에 영향을 받아 항일무장투쟁보다는 일본과의 외교나 부패한 한국 인사의 처단 등을 주장하였다.

나철이 일본에 있던 1905년 11월 17일에 을사늑약이 체결되어 한국은 일본의 속국이 되었다. 또 후속조치로 12월 21일 통감부와 이사청 관제가 공포되고, 초대 통감으로 이토 히로부미[伊藤博文]가 임명되었다. 이후 1906년 1월 31일 주한일본공사관을 비롯한 각국의 영사관을 철수하고, 전국 13개소에 이사청을 설치하였다.

나철은 이 소식을 듣고 1906년 1월 24일(음력 1905년 12월 30일)에 급히 귀국하였다. 그는 당일 오전 9시에 부산에 이르렀고, 다시 기차를 타고 오후 11시에 서대문역에 도착하였다. 그런데 여기서 한 노인을 만나게 되었는데 그가 바로 백전이었다. 백전은 자신이 90세라고 설명하고 나철에게 『삼일신고三一神誥』, 『신사기神事記』 두 책을 전하였다.[5]

대종교에서 이 이야기는 "나철은 단군에게 선택받은 사람"이라는 종교적·역사적 사실이다. 하지만 당시 나철은 백전이나 그가 전한

---

4) 김윤식, 『續陰晴史(上)』 권8, 국사편찬위원회, 1960, 419쪽
5) 나철, 1909, 「중광원유」, 『宗報』 1호. 조춘희 등 편, 2018, 『백봉전집』, 역사공간, 473쪽에서 재인용.

단군 신앙에는 크게 관심이 없었다. 대신 그는 을사늑약을 체결한 일본, 그리고 이를 추진한 정부 대신들에 대한 배신감에 사로잡혔고, 그의 분노는 일본보다는 이를 묵인하고 방조한 을사오적을 향했다. 1907년, 나철은 자신회自新會 회원들과 함께 박제순朴齊純·이지용李址鎔·이근택李根澤·이완용李完用·권중현權重顯 등 일명 을사오적乙巳五賊을 처단하기로 결심하고 을사오적암살단을 조직하였다. 또 자금을 모아 권총을 구하고 결사대원들도 모았다.

1907년 3월 5일에 나철, 오기호 등은 을사오적 권중현의 집이 있는 사동寺洞 입구에서 그가 문을 나서기를 기다렸다. 이때 이홍래가 권중현이 탄 인력거를 가로막고 권중현의 어깨를 잡고서 "역적은 네 죄를 알렸다"라고 꾸짖고 권총을 꺼내려고 하였으나 제 때에 나오지 않아 이홍래가 붙잡혔다. 이를 본 강원상康元相이 권중현에게 권총을 쏘았으나 실패하였고 강원상 역시 순검들에게 붙잡혔다. 또 이지용을 처단하러 갔을 때는 권중현 암살 미수사건이 보고되어서 병정 60여 명 호위하고 있으므로 역시 처단하지 못하였다. 이후 이 사건에 연루된 결사대원들이 체포되자 대원들의 형량 경감을 위해 나철은 자수하여 10년 형을 선고받았지만, 고종의 사면으로 다시 독립운동에 매진하였다.

나철은 오기호, 정훈모 등과 함께 1908년 11월도 을사늑약의 부당성을 알리고자 다시 대한해협을 건넜다. 그런데 일본 체류기인 12월 5일에 동경에서 그는 두일백杜一白과 만났다. 두일백은 먼저 나철이 일전에 서울에서 만난 백전을 언급하고, 그가 백전 등 33인으로 백봉白峯에게서 도를 받았다고 말하였다. 그는 검푸른 여윈 얼굴에 푸른 눈동자, 수려한 눈썹, 흰 머리를 한 신선이었다. 그는 "나는 본시 태백산 사람이며, 성은 두, 이름은 일백이라, 태백산 백봉신형의 법지를 이어 단군교 전교를 나의 임무로 삼가 사해를 두루 유람하고 있노라" 라고 말하였다.[6]

두일백 역시 백전과 마찬가지로 나철 등에게 『단군교포명서檀君敎佈明書』, 『고본신가집古本神歌集』, 『입교절차入敎節次』 등의 책을 주었다. 두일백은 12월 9일에도 나철 일행을 찾아와 "국운이 이미 다하였는데 어찌 이 바쁜 시기에 쓸데없는 일로 다니시오. 곧 귀국하여 단군대황조의 교화를 펴시오."라고 말하고 동석했던 정훈모에게 영계靈戒를 주는 종교의식을 행하였다.[7]

귀국 후 1909년 음력 정월 보름에 나철은 오기호 · 정훈모 · 이기 등과 함께 서울 재동에서 '단군대황조지신위檀君大皇祖之神位'를 모시고 제천대례祭天大禮를 행하고 단군교포명서檀君敎布明書를 공포하여 대종교의 전신인 단군교를 창교하였다. 대종교에서는 이를 중광이라고 하는데, 몽골침략이후 약 칠백년간 단절된 단군교를 부활시켰다는 의미이다.

이때 교주로 추대된 나철은 교리를 정비하고 교세를 넓혀 1910년에는 서울과 지방에 2만여 명 신도를 지닌 교단으로 성장시켰다. 여기서 중요한 것은 단군을 대황조라고 표현한 것으로 이는 당시 일본에서 일어난 국조론國祖論과도 일부 연결된다. 조선시대에는 단군을 민족의 출발 즉 시원始原으로 표현하였고 국조國祖는 당대의 왕을 지칭하

---

6) 정훈모, 1937, 「서언」, 『檀君敎復興經略』, 계신당, 4쪽 ; 조준희 등 편, 2018, 『백봉전집』, 역사공간. 29~30쪽에서 재인용.

7) 1971, 『대종교중광60년사』, 44~45쪽 참조.

였다. 그러므로 단군을 대황조나 국조로 보는 것은 한국 전통의 개념이 아니었다.

그런데 단군을 국조로 섬기는 행위는 친일파에게서 보다 두드러졌다. 1909년 여름에 단군을 국조로 섬기는 친일단체인 신궁봉경회神宮奉敬會가 결성되었다. 이들은 당시 일본에서 회자되던 단군 - 스사노오미코토[素盞嗚尊](이하 스사노오) 동일설을 통해 사상적으로는 일선동조론日鮮同祖論을, 종교적으로는 단군과 아마테라스오미카미[天照大神](이하 아마테라스)의 합사를 주장하였다.

이 단군 - 스사노오 동일설은 일본의 에도[江戸]시대인 1799년에 발간한 『閑田筆耕』에서 대마도의 고래 전설을 근거로 처음 언급되었다. 이 설은 에도 말기에는 일본 국학자들에게까지 알려졌고, 명치 초기에는 교토 야사카신사[八坂神社]에서 1890년 간행한 『야사카사구기집록八坂社舊記集錄』을 통해 일본도 신도계에 전파되었다. 1880년대부터 일본 사학계에서는 한국 역사를 활발히 연구하였는데, 일선동조론日鮮同祖論의 입장을 지닌 사학자들에게서 이 단군 - 스사노오 동일설이 자주 언급되었다. 좀 다른 주장으로 하야시[林泰輔]는 『조선사』(1892)에서 단군신화를 설명하면서 환인은 이자나기[伊弉諾], 환웅은 스사노오[須佐之男], 단군은 이소타케루노카미[五十猛神]라고 하는 설도 있었다. 이들이 단군 - 스사오노 동일설을 언급한 이유는 이 설의 학술적 근거가 없음을 밝히는 것이었으나, 의도와는 달리 이 설은 일선동조론의 근거로 퍼져나갔다.[8]

---

8) 삿사 미츠야키, 『한말·일제 강점기 단군신앙운동의 전개』, 서울대학교 종교학과 박사학위 논문, 2003, 42쪽 참조.

그런데 이 동일설은 일본을 한국보다 높은 지위에 상정하는 것이었다. 왜냐하면 스사노오는 일본 국조인 아마테라스의 동생이기 때문이다. 즉 단군은 아마테라스의 동생이 되었고, 궁극적으로 한국은 일본의 동생이자 아래라는 근거가 되었다. 그러므로 이 주장은 당시 한국 국민들로부터 비난을 받았는데『대한매일신보』에서는 단군과 아마테라스가 형제이므로 동생 한국은 형인 일본의 보호를 받는 것이 타당하다는 친일단체의 주장을 "신궁신도는 국사國史를 속이고 국조國祖를 욕하며 심지어 자기 시조를 他國에 의지하는 神의 지위에 세우고자 하니 이것은 종교로 매국하는 자"라고 강하게 비판하였다.9)

이런 상황 속에서 단군국조론 등 단군을 통해 민족의 정체성을 세우려는 인식은 점차 확산되었다. 여기에는 일본의 근대화 과정을 모방하려는 의도도 있었다. 1906년 5월 17일『황성신문』에는『일본유신삼십년사日本維新三十年史』일부가 번역되었는데, 여기서 '일본주의는 국조를 숭상하여 상하동심으로 대내적으로는 국가 안정되고 대외적으로는 국위가 선양되었다'고 기술하였다. 이는 일본의 국조론을 통해 한국 역시 동일한 효과를 이룰 수 있다는 가정이기도 하였다.

1890년 이후 일본에서는 계몽주의가 쇠퇴하고 일본주의라는 국가주의가 확산되었다. 일본주의는 일본의 고유전통을 바탕으로 근대국가형성에 필요한 국민통합을 도모하는 운동으로 기조에는 국조론과 국체론이 있다. 국조론은 이노우에[井上哲次郎], 기무라[木村鷹太郎], 유모토[湯本武比古] 등이 설립한 대일본협회大日本協會를 중심으로 확산

---

9)『대한매일신보』, 1909년 7월 30일자,〈논설〉『喝醒賣國者』.

되었다. 그들은 "국조는 굉원宏遠한 지려志慮를 가지고 이 나라(일본)를 조조肇造하고 국경민복國慶民福이 영원무궁히 발달할 기초를 만들었다. … 우리(일본)는 국조를 숭배崇拜해야 한다."고 주창하였다.[10] 한편 이들의 배경에는 서구의 칸트철학도 있었다. 이노우에는 독일에서 칸트를 연구한 철학자로 귀국 후 칸트철학의 초월 개념을 일본에 적용하여 천황을 일본의 정체성으로 재구성하였다.

국체론은 아이자와 세이시사이[會澤正志齋]가 1825년경에 작성한 『신론新論』에서 처음 언급되었다. 이 책은 당시에는 책으로 발행하지 못하고 지인들에 의해 필사하여 전해졌으며 1857년에서야 비로소 발간되었다. 이 책에서 국체란 일본의 신화적 역사관을 토대로 아마테라스부터 당대 천황까지 이어지는 일본 국가체제의 정체성이었다. 1890년대 후반, 국체론은 호즈미[穗積八束]에 의해 심화되었다. 호즈미는 천황을 일본의 가장으로 삼는 가족국가론을 제창하고, 천조天祖, 즉 천황의 조상들을 일본국민의 시조로 삼았다. 그는 "일본민족은 우리 천조의 자손"이라고 하여 일본민족의 단결을 호소하였다. 하지만 국조론과 국체론 모두 일본 국민의 자유를 억압하는 사상으로 작용하였다. 즉, 이들 사상은 일본국민은 역대 천황의 은혜에 보답하기 위해 국가에 대한 자발적인 복종과 천황에의 무한한 충성심을 갖추어야 한다는 신정적 국가주의로의 변질되었다.

단군교가 단군을 전통적인 표현인 민족의 시원始原으로 쓰지 않고 대황조大皇祖라 언급하고 한국인을 단군대황조의 자손이라고 한 점을 볼 때, 일본과의 투쟁에서 승리하고 한국의 근대적 정체성을 확립하

---

10) 삿사 미츠야키(2003), 47쪽 참조.

기 위해 도리어 일본의 국조론과 국체론을 일부 수용한 것이다.

한편 단군교는 1910년 8월에 대종교로 개칭하였다. 이렇게 개칭한 원인은 크게 세 가지로 볼 수 있다. 우선 교단 내에 친일파를 축출하기 위함이다. 당시에는 단군을 신으로 모시는 신궁봉경회 등의 친일 종교단체가 등장하였고 한일강제합병이후 교단 내에서도 일제의 공인을 이유로 친일인사를 유입하려는 움직임이 있었다. 이렇듯 일본의 침략성을 깨달은 나철은 새로운 창교를 하지 않을 수 없었다. 둘째로 더욱 심해지는 일제의 탄압을 피하기 위해서였다. 일제는 내선일체를 내세워 한민족의 정체성을 훼손시키려 하였다. 이런 과정에서 단군이라는 명칭은 더욱 탄압받기 쉬웠으므로 대종교로 개칭하였다. 마지막으로 교리가 심화되었다. 단군교라는 명칭은 단군만을 모신다는 의미가 컸다. 그런데 『삼일신고』의 사상이 정착되면서 환인, 환웅, 단군이라는 삼신의 교리를 보다 강조할 필요성이 있었다. 때문에 단군을 지칭하는 동일용어지만 단군보다 종교의례적 명칭인 대종大倧을 교단명으로 사용하였다.

이미 앞에서 언급한대로, 1910년에 대종교는 그만의 신도를 갖춘 근대종교로 발돋움 하였다. 동시에 지방으로도 교세가 확산시켜 10월 25일에는 만주 북간도 삼도구에 지사도 설치하였다. 하지만 일제는 대종교를 '국조 단군을 숭봉하는 항일 교단'이라 정의하고 탄압하였다. 그 강도가 거세지자 1911년에는 대종교는 본거지를 백두산으로 옮겼으며 이후 자연스럽게 만주 지역 독립군 집합소의 역할을 하였다. 1915년 조선총독부가 조선총독부령(82호·83호)으로 포교 규칙을 발표하고 이에 나철이 죽음으로 항거하자, 대종교는 김교헌金敎獻(1868~1923), 서일徐一(1881~1921), 윤세복尹世復(1881~1960) 등을 중심으로 한 간도시대를 맞이하였다.

한편, 단군교의 창교 때부터 적극 참여했으며 북부지사교北部支司 敎를 맡았던 정훈모는 1910년 음력 9월 10일 단군교 명칭으로 대종교 에서 분립하였다. 단군교는 새로 입교한 박영효朴泳孝·정두화鄭斗和 ·민병한閔丙漢 등을 통해 조선총독부의 공인을 얻었다. 포교를 위한 정훈모의 행보는 나철과는 다른 길이었다. 이후 단군교는 시흥에 단 군전을 세우고 단군교경檀君敎經을 간행하기도 했지만, 사업 기금의 운영 문제로 교단 내부 분규가 일어났고 일제 탄압으로 일제 말에는 유명무실한 교단으로 전락하였다.

2) 청산리전투에서 임오교변까지

대종교를 창교하였던 나철은 일제의 종교 통제에 대한 항의 표시로 1916년 음력 8월 15일에 황해도 구월산 삼성사에서 유서인 순명삼조 殉命三條를 남기고 자결하였다. 나철 이후 대종교는 김교헌·서일·윤 세복의 지도로 민족 정체성 회복을 위해 일제와 투쟁하였다.

나철의 저항 이후 2대 도사교都司敎로 추대된 김교헌金敎獻(1868~ 1923)은 1917년 총본사를 간도 삼도구로 옮겨 항일독립투쟁의 기틀을 마련하였다. 한편 항일무장투쟁을 위해 김교헌으로부터 교통敎統 계 승을 5년 뒤로 미룬 서일은 1911년 이후 중광단이란 비밀결사 단체를 조직하였다. 중광단은 이후 정의단으로 개편 하였는데, 서일은 이 단 체를 기반으로 북로군정서北路軍政署를 편성하고 항일무장투쟁을 준 비하였다.

1920년 9월 10일, 북로군정서 총재 서일은 총사령관에 김좌진金佐鎭

(1889~1930), 참조장의 나중소羅仲昭(1866~1925), 연성대장에 이범석李範
奭(1900~1972)을 임명하고 1천 8백명의 독립군 병력으로 일본군 3개 여
단을 상대하여 3천 3백 명의 사상자를 내는 전과를 올렸다. 이는 대종
교가 종교 기능에 한정되지 않고 실제 항일투쟁에도 적극적으로 임했
던 것을 보여준다. 하지만 이후 일본군이 일으킨 훈춘·연길·화룡·
왕정 등 4개현 조선인에 대한 학살 즉 간도참변이 일어나면서 대종교
의 독립운동은 큰 타격을 입었다.[11]

일본군을 보복을 피한 북로군정서는 대한독립군단大韓獨立軍團으
로 확대되었다. 그러나 일본군을 피해 1921년 소련으로 들어간 군단
은 항일무장독립군은 무장해제를 요구하는 소련군에게 공격을 당해
청년장병 다수가 희생당하는 자유시참변을 겪었다. 여기에 비적대의
습격까지 당한 서일은 8월 27일 "나라 땅은 유리쪽으로 부서지고
티끌모래는 바람비에 날렸도다. 날이 저물고 길이 궁한데 인간이 어
디메뇨."라는 글귀를 남기고 자결하였다. 간도참변과 자유시참변으
로 수많은 신도를 잃게 되자 김교헌은 1922년 총본사를 북만주의 영
안寧安으로 옮기고 1923년에는 밀산密山으로 후퇴하다 같은 해 병사
하였다.

1924년 3대 교주에 오른 윤세복은 1934년에 총본사를 발해의 도읍
지인 동경성東京城으로 옮기고 포교 활동에 전력하였다. 윤세복은

---

11) 김동화에 의하면 당시 일본군의 토벌 작전에 의한 훈춘·연길·화룡·황정 등
4개현 69개 부락의 피해는 인명 3,600여명, 가옥 3500여 채, 학교 59개, 교회당
19개 양곡 59,300여 석 등 대규모였다(김동화, 1991, 『중국조선독립운동사』, 느
티나무, 82쪽. 한국민족종교협의회, 2003, 『한국민족종교운동사』, 윤일문화,
162쪽에서 재인용).

1911년 박은식과 함께 북간도에서 교육 사업에 힘쓴 종교지도자이자 독립운동가로 1937년부터는 발해고궁유지渤海古宮遺址에 천진전天眞殿(檀君殿) 건립을 추진하고 대종학원大倧學園을 설립하여 교육을 통한 교세확장과 민족정체성 확립을 도모하였다. 또 흥업단이라는 비밀 결사 단체를 조직하여 항일 운동의 맥락을 이어갔다.

한편, 일제는 1931년 만주사변을 일으킨 후 중국 침략의 전초전으로 한국 민족 운동을 압박하였다. 1942년 10월부터 일제는 조선어학회 회원과 연관 인물을 검거하는 사건을 벌였다. 이 과정에서 많은 인사들이 투옥되었으며 그중에는 대종교와 연관된 인물들이 있었다. 이 사건은 만주의 임오교변壬午敎變으로 연결되었다.

임오교변은 1942년 11월 19일, 만주 동경성에서 일본 경찰이 대종교를 탄압하기 위하여 날조한 사건으로, 이로 인해 윤세복을 비롯한 대종교 주요 인사들이 검거되었다. 이 사건은 조선어학회의 이극로李克魯(1893~1978)가 천진전 건립 관계로 윤세복에게 보낸 「널리 펴는 말」이라는 편지를 일제가 악의적으로 날조하면서 발생하였다. 첩자를 통해 이 글을 입수한 일본 경찰은 제목을 "조선독립선언서"로 바꾸고 내용 중에 "일어나라, 움직이라."를 "봉기하자, 폭동하자."로 일본어로 옮겨 항일 운동의 증거로 삼았다. 그리고 "대종교는 조선 고유의 신도神道를 중심으로 단군 문화를 다시 발전시킨다는 기치 아래, 조선 민중에게 조선 정신을 배양하고 민족자결의식을 선전하는 교화 단체 이니만큼 조선 독립이 그 최후 목적이다."라는 판결하고 윤세복 이후 25명을 검거하였다.

이때 권상익權相益·이정李楨·안희제安熙濟·나정련羅正練·김서종金書鍾·강철구姜銕求·오근태吳根泰·나정문羅正紋·이창언李昌彦·이

재유李在囿 등 10명이 고문으로 옥사하였는데, 대종교에서는 이들을 순교십현殉敎十賢 또는 임오십현壬午十賢이라고 기억하고 있다. 윤세복을 비롯한 다른 인사들은 무기형을 비롯하여 15년에서 7년까지의 형을 선고받았으나 1945년 8.15 해방을 맞이하여 출옥하였다. 윤세복은 1946년에 귀국하였으며, 이후 그와 교단은 홍익대학, 신흥대학(경희대 전신), 국학대학, 단국대학 등의 대학 설립에 관여하여 민족정체성 확립에 힘을 쏟았다.

3 대종교의 삼신일체설과 민족주의

1) 삼신일체설

당대 나철·오기호·정훈모 등 초기대종교인들은 종교라는 새로운 개념을 접했다. 종교는 일본 근대사상가들의 번역어로써 서구 'religion'이다. 이 개념은 좁게는 그리스도교를 의미했고, 넓게는 절대자의 이상 세계를 지향하는 조직적 신앙 단체나 체계의 뜻이었다. 하지만 유교적 전통이 강했던 조선에서는 다른 의미로 이해되었다. 즉 번역어 'religion'이라는 원래 의미보다는 한자 번역어 '宗敎'를 글자 그대로 해석하여 '으뜸이 되는 교지'로 이해하는 경향이 강했다. 특히 두 글자 중 '敎'를 강조하였는데 이때 교는 전통적으로 『중용中庸』의 '수도지위교修道之謂敎'[12]의 교로 해석하였다. 때문에 종

---

12) 天命之謂性, 率性之謂道, 修道之謂敎(『中庸』 第一章).; 聖人因人物之所當行者, 而品節之, 以爲法於天下, 則謂之敎, 若禮樂刑政之屬是也(『中庸章句』, 第1章).

교宗教를 수용하였어도 당시 종교운동은 사회의 바람직한 윤리관이나 대동단결로 국난을 극복하자는 정치적 의미로 이해하는 경향이 강했다. 나철도 현실을 초월하거나 부정하는 피안의 세계에 관심들 두기보다는 현실에 나타난 반국가 반민족적 문제를 근원적으로 해결하기 위한 진정한 교敎 즉 한자 뜻 그대로 종교宗敎의 정립을 목표로 하였다.

1910년 한일 합병에 다다를수록 개혁적 유교 지식인들은 종교 운동에 참여하였다. 그 이유로는 두 가지를 들 수 있다. 첫째, 메이지유신을 단행한 일본과 같이 서구 문명을 적극적으로 수용해서 근대 국가로 만들 수 있다는 문명 지향의 사고가 근본적인 한계에 봉착하였기 때문이다. 그들은 독립협회 이후 일본을 모델로 한 서구 문명 수용과 부국강병을 추진해 왔다. 하지만 내적 변화 없이 수입된 서구 문명은 제대로 작동하지 않았다. 동시에 한반도를 둘러싼 국제 정치도 조선이 독립을 유지하는 데 큰 도움이 되지 않았다. 일본의 러일전쟁 승리와 이어진 을사늑약은 조선을 재정과 외교권이 없는 일본의 보호국으로 전락시켰다. 나아가 핵심적 주권이 일본으로 넘어간 보호국 체제의 조선에서는 그나마 남은 권리들도 일본에 넘어가는 상황이었다. 이에 대한 해결책으로 서구 문명을 계속 수입한다는 주장과 민족 정체성을 강화해야한다는 주장이 충돌하였다. 이런 와중에 나철·오기호·정훈모 등 초기 대종교인들은 원래 서구 문명의 수입을 통한 부국강병을 외쳤던 개혁적 유교 지식인들로 이후 대종교를 통한 종교 운동으로 민족정체성을 찾으려는 전환을 하였다.

둘째, 인민의 참여와 동의를 모으는 데 있어서 종교보다 효과적인 대안이 없었기 때문이다. 당시 지식인들은 국가 자존과 독립을 위해 인민의 참여와 동의를 구하였지만 계몽적 방법으로는 이들을 이끌 수가 없었다. 당시에 경쟁적으로 등장한 각종 계몽 운동은 여전히 인민을 계몽 받는 존재로 여겼다. 즉 평등적 인간관보다는 계몽하는 자와 계몽 받는 자의 이중 구조를 만들었는데, 이는 전근대적 유교체제의 잔재였다. 그러므로 그들의 주장은 인민들의 동의를 받기 어려웠다.

하지만 종교는 그렇지 않았다. 초기 개신교계 그리스도교, 동학의 천도교 등의 교세 확장은 종교를 통한 인민의 참여와 사회 개혁의 모델을 제시하였다. 1904년부터 1907년까지 개신교는 일반 인민을 대상으로 선교하여 북삼도를 중심으로 급속한 교세 확장을 이루었다. 동학혁명의 주체였던 동학도 일본으로부터 손병희의 귀국과 천도교로 개칭한 후 일반 인민들을 대상으로 교세의 확장을 이루었다. 이러한 현실은 기성 유교계도 일정한 변화를 일으켰다. 박은식과 대동교인들 중에는 신유학 일파인 양명학을 제창하며 국민을 근대의 주체로 삼고자 하였다.

나철을 비롯한 개혁적 유교 지식인들은 전통적 유교 질서의 보수성이 인민의 정치적 성장을 막고 이로 인해 당대 국가 발전과 독립도 막고 있다고 여겼다. 때문에 이들은 당시에도 사회적 영향력이 여전한 성리학 중심의 구교를 새로운 종교로 변화시키고자 하였다.[13] 대종교도 인식을 같이 하였다.

---

13) 그중에는 박은식도 있다. 그는 인간에 보편적으로 내재한 종교성 즉 영혼靈魂·성령聖靈·양지良知·영성靈性 등의 내재신內在神적 사고를 강조하였다.

종교의 범위는 어떤 교단을 막론하고 전 인류의 화생한 초기에 하늘이 부여한 영각성靈覺性을 순수順修하여 사람마다 선을 행하고 악을 피하여 하늘이 내린 복을 함께 보존하게 한다. 정치와 법률의 범위는 민생의 지식과 욕구가 자라 길러지는 대로 모든 행동을 제한하여 각자의 권리를 서로 침해하지 않게 하는 것이다. 그러므로 어떤 종교든지 종교가의 사상 범위는 정치가보다 위에 있어야 결코 인류의 사욕 경쟁에는 간섭함이 없다고 단언할 것이다.[14]

이들은 종교에 대한 정의와 역할을 말하면서 조선의 유교(성리학)처럼 현실의 정치와 법률에 관여 하는 것이 아님을 주장하였다. 종교가 '인류의 사욕 경쟁에는 간섭함이 없다'라는 말은 종교가 현실 정치나 법적인 판단에 간여하지 않는다는 정교분리의 표현이다. 유교를 서양식 종교라고 말할 수는 없지만, 이런 표현은 아마도 당시 인사들이 과거의 유교에 이런 정교분리가 없었다는 점을 의식하고 개혁이 필요하다고 인식했다는 반증이기도 하다. 한편 이 정교분리의 관점은 국교를 전제로 하는 전통적인 교敎 개념을 벗어나는 특징 가운데 하나이다.

이러한 사회적·종교적 배경은 대종교 탄생을 촉진하였다. 하지만 이 시기 탄생한 단군교는 이전 단군신앙체와는 다른 특징이 있었다. 근대전환기 대종교 이전의 단군 교단인 김염백의 신교와 백봉의 단군

---

14) 宗敎의 範圍ᄂ 何敎를 勿問ᄒ고 一切人類의 化生ᄒᆫ 厥初에 天賦ᄒ신 靈覺性을 順修ᄒ야 人人마다 善을 作ᄒ고 惡을 避ᄒ야 天予ᄒ신 福利를 共同保守케홈이오 政治와 法律의 範圍ᄂ 民生의 智慾이 長養되ᄂ듸로 一切行動을 制限ᄒ야 各其權利을 無相侵害케홈이니 所以로 何敎이던지 宗敎家의 思想範圍ᄂ 政治家의 以上에 存在ᄒ야 決코 人類의 私慾競爭에ᄂ 叅涉이 無ᄒ다 斷言홀지며(『皇城新聞』, 1910년 5월 25일, 「檀君敎說筆記」)

교는 비밀결사, 선교 등 원형적 성격이 강했다. 하지만 1911년 발행한 『대종교의전大倧敎儀典』 이후부터는 이전 단군 대황조에서 군대황신 檀君大皇神으로 바뀌면서 근대적 종교성이 강조되었다.[15]

그 중심에는 삼신일체설三神一體說이 있다. 대종교의 삼신일체설 (삼신각개설三神各個說이라고도 함)은 환인은 천신, 환웅을 지신, 환검 즉 단군을 인신이라고 구분하고, 이 세 신이 다 같은 한얼님이라는 교리로 각각 조화·교화·치화의 세 가지 신성을 지닌다는 교리이다. 김재완은 대종교의 삼신일체설이 그리스도교의 삼위일체설과 유사하다고 평가하였다.[16]

삼신일체설은 크게 삼신과 일체라는 두 가지 교리로 구성되어 있다. 삼신은 원형적 사유에 근접한 사상이고, 일체는 근대 서구 종교관 특히 그리스도교와 연관된 부분이다. 삼신의 삼(3)은 우리 민족의 종교 문화와 깊은 관련이 있다. 삼신할머니, 불교 사찰의 삼성각三聖閣, 고구려의 삼족오三足烏 등은 우리 민족의 전통 신앙에서 숫자 삼이 중요한 개념이었다는 것을 보여준다. 단군신화에서도 삼이란 숫자는 친숙한데, 환인·환웅·단군의 삼위, 3개의 천부인 그리고 풍백·운사·우사 세 명의 신하 등이 그것이다. 이를 근거로 삼신일체설이 고유한 사상에서 기인한다는 것이 일반적인 사고이다.

하지만 이 주장은 삼신일체설에서 삼신에 대한 해석일 뿐 일체에 대한 설명으로는 불충분하다. 이 일체라는 개념은 근대전환기 단순히 신이 셋이자 하나라는 형이상학적 교리에 머무르지 않고 인간은 모두

---

15) 조춘희 편, 2018, 『백봉전집』, 역사공간, 472쪽 참조.
16) 김재원, 1992, 「단군계 교단 개관」, 『한국민족종교총람』, 한누리, 161쪽 참조.

146

평등하다는 내재신관으로 연결된다. 특히 대종大倧이라는 명칭은 특히 중요하다. 대종大倧의 종倧은 신이면서 인간인 신인神人으로 그리스도교의 예수에 맞먹는다. 그 중에서 대종은 지위가 가장 높은 신인으로 주로 단군을 지칭한다. 그런데 단군 대신 대종이라고 한 것에는 다른 이유가 있다. 단군은 통상의 명칭이고 대종은 종교적 명칭이다. 따라서 대종은 과거에 존재했다는 단군과는 달리 현실에서도 신으로서 개인에 근원적 존재하는 신성의 의미가 강하다.

이러한 나철 대종교의 삼신일체설은 『삼일신고』와 『신사기』에 잘 나타나 있다. 『삼일신고』는 실제로 천天과 신神 그리고 천궁天宮을 각각 한울·한얼·한울집 등으로 설명하고 있다.

(한울가르침天訓) 단제께서 이르셨다. "맏도비 팽우야! 저 푸른 것이 한울 아니며 저 까마득한 것이 한울 아니니라. 한울은 허울도 바탕도 없고, 처음도 끝도 없으며, 위아래 사방도 없고, 겉도 속도 다 비어서 어디나 있지 않은 데가 없으며, 무엇이나 싸지 않은 것이 없느니라."

(한얼가르침神訓) 한얼님은 그 위에 더 없는 으뜸자리에 계시사, 큰 덕과 큰 슬기와 큰 힘을 가지시고 한울을 내시며, 수없는 누리를 주관하시고 만물을 창조하시되, 티끌만한 것도 빠트리심이 없고, 밝고도 신령하시어 감히 이름 지어 헤아릴 길이 없느니라. 그 음성과 모습에 접하고자 원해도 친히 나타내 보이지 않으시지만, 저마다의 본성에서 한얼 씨알을 찾아보라, 너희 머리 속에 내려와 계시느니라.

(한울집가르침天宮訓) 한울은 한얼님의 나라天國라. 한울집이 있어 온갖 착함으로써 섬돌을 하고 온갖 덕으로써 문을 삼았느니라. 한얼님이 계신 데로서 뭇 신령과 모든 밝은 이 들이 모시고 있어 지극히 복되고 가장 빛나는 곳이니, 오직 참된 본성을 통달하고 모

든 공적을 다 닦은 이라야 나아가 길이 쾌락을 얻을지니라.

여기서 한울은 천지자연 또는 우주의 질서의 자연신으로 볼 수 있다. 한얼은 천지와 인간을 연결시켜 주는 신神이다.[17] 만물을 창조하고 관장하는 신이자 인간의 본성에서 찾을 수 있는 내재신이다. 중요한 것은 한울집인 천궁天宮 즉 천국이다. 이것은 단순히 천국이 아니라 이른바 한얼에 의해 형성되는 홍익인간, 재세이화의 인간 세상으로서 우리 민족이 주체가 되는 현실의 민족적 이상 국가이다.

한편, 『신사기』에서는 한얼을 환인·환웅·단군의 세 신격으로 설명하고 있다.

> 삼가 상고하건대, 만드는 임자인 조화주는 한임(桓因)이시니, 천국을 여시어 뭇누리를 만드시고, 대덕으로 만물을 기르시나니라. (중략)
> 삼가 상고하건대, 가르치는 임자인 교화주는 한웅이시다. 한얼님으로써 사람이 되시어 큰 도리를 세우시고 큰 교화를 베풀어 어리석은 백성들을 감화시키시되, 삼일신고를 널리 펴시어 뭇사람들을 크게 가르치시니라. (중략)
> 삼가 상고 하건데, 치화주는 한검이시니, 다섯 가지 일들(五事)을 맡으사 널리 인간 세상을 유익케 하시며, 나라를 처음 세우사 법통

---

17) 김홍철은 대종교는 단군을 국조인 단군한배검을 주신으로 삼고, 1965년대 신정일이 창립한 한얼교가 한얼을 주신으로 삼고 있다고 주장하고 있다(김홍철, 1999, 「檀君信仰의 實態와 그 特性」, 『고조선단군학』 1, 230~231쪽 참조). 그러나 『삼일신고』와 『신사기』를 보면 단군보다는 한얼(穆)이 主神으로 설명되고 있다. 다만 대종교 태동기에 우리 민족의 중요한 문제는 국가의 독립 문제였으므로 이후 전개 과정에서 단군이 강조되었다고 볼 수 있다.

을 만대에 드리우시니라.[18]

대종교의 세계관은 우주 자연인 한울과 만물을 만들고 운용하는 한얼, 그리고 한얼에 의해 창조되고 운영하는 한울집으로 구성되어 있다. 동시에 한얼은 환인(한임)·환웅(한웅)·단군(한검)로 나타나 세상을 주관한다는 삼신일체설로 신관이 구성되어 있다. 그러므로 대종교의 삼신일체설은 민족신인 한얼이 조화·교화·치화의 양상으로 우리 민족을 통치한다는 핵심 교리로 정리할 수 있다.[19]

이 삼신일체설은 세 가지 점에서 근대사상을 지향한다. 첫째는 내재신 관념이다. 앞서 인용한 '저마다의 본성에서 한얼 씨알을 찾아보라, 너희 머리 속에 내려와 계시느니라'라는 말에서 볼 수 있듯이 삼신일체설은 신의 위임자 대신에 개인이 직접 신에게서 계시를 받는다. 그러므로 신은 하늘에만 있는 것이 아니라 내 마음에 함께 하는 것으로 수양에 의하여 그것과 합일할 수 있다. 근대전환기 여타의 종교, 특히 민족종교처럼 각자의 심성에서 하늘을 찾는다는 점은 단군 이래로 경천사상과 하늘과 인간이 분리되지 않은 신인상화神人相和 태도의 계승이며 영육의 조화를 도모한 것이다.

또 이러한 내재신 관념은 동학처럼 평등관으로 이어지는데 이것이 두 번째 지향점이다. 이는 한민족이라면 보편적으로 단군을 모시는

---

18) 『역해 신사기』, 대종교유지재단 인터넷사이트, 종학자료실.
http://www.daejonggyo.or.kr/

19) 일제강점기 권덕규도 단군신앙을 '하늘에 있으면 桓雄이고, 신 또는 검(神)으로는 蘇塗 곧 檀君이고, 사람의 몸으로 나타나서는 王儉 즉 임금이라는 것이 이 교리의 핵심이다.'라고도 설명하고 있다(『삼천리』 8권 4호, 1936년 4월, 「大倧敎觀, 大倧敎는 歷史上으로 어떠한가」).

존재이자 단군의 신성과 인성을 따라 수양을 통해 신의 경지에 도달할 수 있다는 평등적 사고에 이른다. 그런데 이 평등관은 내재신의 연장에서 얻게 되어, 한편으로는 과거 사농공상의 계급적 사회에서 탈피하고 다른 한편으로는 근대 민족국가 운동의 주체를 국민으로 명시하는 근대적 사고였다.

마지막 지향점은 민족주의이다. 내재신관은 한민족의 적극적인 현실 참여의 교리적 근거이기도 하였다. 단군신앙은 민족심을 통해 개인에게 종교적 명령을 하고, 개인은 이 공통의 심을 확인하여 종교적으로는 단군을 회복하고, 민족적으로는 민족국가를 이룩해야 하기 때문이다.

그러므로 나철의 대종교는 전통의 단군신앙을 서구의 그리스도교식 종교관을 모델로 한 근대적 대응이었다. 또한 삼신일체론은 내재신을 통한 평등관과 실천론으로 발전하였고, 다시 강한 민족주의와 항일투쟁으로 확장되었다.

2) 근대적 민족주의

나철은 일본에서 귀국한 이후 1909년 1월 15일에 단군교 곧 대종교를 창시하면서 다음과 같이 자신의 사상 변화를 밝혔다.

> 국운의 회복은 어느 애국 정객 몇 사람의 힘으로 되는 것이 아니오 전 민족이 거족적으로 일치 단합하여 생명의 근본체인 단군대황조를 지성으로 숭봉하고 그 교화의 대은大恩 아래에서 신화의 대력大力이 없는 한 성취 될 수 없다. 국파민멸國破民滅의 근본 원인이 오로지 장구한 세월에 걸쳐 모화·사대의 왜곡된 교육을 받아온 민

족이었으므로 의당 있어야할 그 민족의식이 가려졌던 까닭이다. 이미 나라는 망하였으나 민족에게만은 진실한 의식을 배양시켜 민족부흥과 국가재건의 원동력을 만들어야 한다.[20]

나철은 일본에 의한 국망은 더 이상 피할 수 없는 것이라 여겼다. 하지만 이를 극복할 수 있으며 동시에 소수의 통치자나 지식인 계층에 한정된 과거의 국가보다는 전 민족의 참여로 이루어진 새로운 국가를 염원하였고, 민족의식의 회복을 통한 근대적 민족 국가를 이룩하고자 하였다. 이 전환은 나철이 현실의 국가와 이상적 국가를 분리하였다는 점도 보여준다. 이러한 역사적 전환 과정에서 대종교는 이상 세계를 반영한 새로운 현실 국가 창조에 초점을 두었는데, 이는 당시 민족 종교인들의 대표적인 세계관이자 국가관이었다.

나철은 민족정체성 확립의 첫 작업으로 건국 신화 속 단군을 그리스도교의 성부인 하나님이나 불교의 최고신인 제석환인帝釋桓因와 같은 신적 지위에 올려놓았다.

> 대체로 우리 교의 연혁을 개론하자면, 우리 천조 단군께옵서 장백산에 발상하신 시대는 중국의 요임금의 무진연간이오, 서력의 기원전 2330년이니 천황이 조판하고 인문이 미개한 때였다. 우리 천조께옵서 천신과 합의하시고 상천의 말없는 작용을 인간에 널리 전하여 삼라한 만류를 극진히 구하실 무극대도를 품으시고 태백산 단복영궁에 사람의 형상으로 나타나 강림하신 후천도를 응하여 인간에 366가지 일을 주재하시었다. 이것이 즉 『고기』에 이른바 "신인이 태백산 단목에 내려왔다."고 한 것이다. 천신께옵서 사람의 형상으로

20) 1971, 『대종교중광60년사』, 45쪽 참조.

변화하여 구세의 도를 친히 선포하심이니 이것을 미루어 생각해보
면 유교에서 말하는 상제이며, 불교에서 말하는 제석이며, 그리스도
교에서 말하는 성부로써 각 교문의 칭호는 서로 다르나 그 실체는
모두 천신을 봉양함이라.[21]

  대종교는 실질적으로 단군이라는 우리 민족의 전통적인 천신 신앙
을 근대적 신앙으로 복원한 것이다. 우리 민족의 원형적 사고에는 하
늘을 숭배하여 제사를 지내는 경천사상이 있다. 이 경천사상은 불교
와 유교의 한국화 과정에 일정한 영향을 미쳐 왔으며, 근대전환기 동
학은 물론 대종교·증산교 등 민족종교에도 직접적인 영향을 미쳤
다.[22] 대종교에서는 원형적 경천사상이 바로 단군을 천신으로 믿는

----

21) 大凡我敎의 由來沿革을 槪論홀진디 我 天祖檀君씌읍셔 長白山에 發祥ᄒ신
  時代ᄂ 支那의 唐堯戊辰年間이오 西歷의 紀元前二千三百三拾三年이니 地
  球東西에 天荒이 肇判ᄒ고 人文이 未開ᄒ 際會라 我 天祖씌읍셔 天神과 合
  議ᄒ시고 上天의 嘿嘿ᄒ신 功能을 人間에 普運ᄒ야 森羅ᄒ 萬類를 極救ᄒ
  실 无極大道를 包有ᄒ샤 太白山檀木靈宮에 人形을 顯化ᄒ야 降臨ᄒ신 後天
  度를 應ᄒ야 人間에 三百六拾六事를 主宰ᄒ시니 此ㅣ 即古語에 云흔바 有神
  人이 降于太白山檀木下라홈이니 天神씌읍셔 人形을 化ᄒ야 救世의 大道를
  親佈ᄒ심이니 此로 推想ᄒ면 儒敎家의 稱云上帝시며 佛敎家의 稱云帝釋이
  시며 耶蘇家의 稱云聖父시라ᄒ야 各敎門의 稱呼는 相殊ᄒ나 其實은 皆天神
  을 崇奉홈이라(『皇城新聞』, 1910년 05월 25일, 「檀君敎說筆記」)
22) 김현우, 2017, 「민족종교에 나타난 한국 정신문화의 원류」, 『한국철학논집』 52,
  한국철학사연구회를 참조바람. 한편, 1909년에 창시한 대종교와 20세기 초에
  교단으로 형성된 증산교의 경우에는 동학과는 달리 降臨한 천신을 강조하는
  데, 이는 그리스도교와 유사한 부분이다. 동시에 개신교계 일부에서도 한국
  전통의 경천사상과 기독교를 연관시켜 이해하려는 태도가 있다. 시기적으로
  이 두 종교는 개신교의 정착과 급속한 부흥 이후에 출현하였기에 개신교를
  비판하면서도 동시에 유사한 부분이 있다고 볼 수 있다.

전통에서 나온 것이라고 보고 있다. 한편 이러한 전통은 조금만 노력하면 당시에도 쉽게 찾을 수 있다고 한다.

풍속에 고사 지내는 '성조成造'라 하는 귀신은 옛적에 집집마다 위하던 우리나라를 성조하신 대황조 신위인데, 지금 사람들이 알지 못하고 "가옥을 성조한 귀신이다."라고 하니 그 망령됨이 가장 심하도다. 그러므로 그 고사가 10월 초에 많이 행하기는 대황조 경절을 따라한 바다. 강원도 옛적에 신라 고승 솔거가 그림으로 전한 대황조 화본에 고려 평장사 이규보가 찬송한 시에 이르기를, "영외(영동) 사람의 집집마다 모신 성조의 화상은 당년에 태반이 명인의 손으로 전하였다."고 하였으니, 이것을 보건대 집집마다 숭봉함을 가히 알 수 있을 것이다. "예의가 무너지자 시골에서 구한다."하며 "풍악이 망함에 오랑캐 땅에 있다."하더니 지금 길가에나 고개 위에 '선령당'이라 하는 신령은 대황조의 명을 받아 고산대천을 다스리던 '팽오彭吳'의 사당이고, 들 가운데 농부가 점심을 대하면 먼저 한술 밥을 던지고 비는 것은 대황조의 명을 받아 농사짓는 법을 가르치던 '고시高矢'를 제사함이고, 만주 철령 등지에 왕왕히 수목 중에 고묘 유적이 있는데 그 땅에 사는 사람들이 말하기를, "단신壇神을 제사하는 집과 터라."하는데, '단壇'이라 함은 단군이라 하는 '단檀'이니 이는 고구려 때에 대황조를 숭봉하던 증거다. 임진왜란 때 일본 장수 시마쓰 요시히로[島津義弘]가 우리나라 자기 만드는 공장 열여덟 사람의 집을 일본 가고시마 이쥬인(도예가 심수관의 고장으로 유명함)이라 하는 땅에 옮겼더니, 그 열여덟 집이 우리나라 옛날 풍속을 따라 대황조 성신을 지금까지 숭봉하여 집집마다 제사하니 예로부터 본교의 성함을 가히 알지라. 슬프다. 옛 지나 경전이 공벽과 급현 무덤에서 나오고, 서양 선비의 신령한 사적이 로마 굴 속에서 드러나니 교문의 진퇴하며 성쇠함은 고금과 동서가 매 한가지로다.[23]

---

23) 風俗上에 民間에 賽祭한 成造라하는 神은 卽古代에 家家尊奉하든 家邦을

이러한 열거들은 단군신앙이 우리 민족 특히 민간에서 여전히 지속되고 있음을 보여준다. 중요한 것은 이 단군신앙이 계층으로는 지식인들보다 보통의 민중에게, 지역적으로는 서울 지역보다 지방에 나아가 만주나 일본에도 산재하여 있음을 제시하고 있다. 이는 대종교의 지향점이 중앙보다는 지방에 지식인보다는 민중에게 있음을 보여준다. 동시에 이러한 지향은 자연스럽게 근대적 평등의식으로 연결되었다.

대종교의 민족주의는 역대 단군교의 신앙사로부터 시작하여 민족 정체성의 확립과 민족 공동체인 국가의 독립으로 이어진다. 이 내용은 나철이 두일백에게 받은 『단군교포명서』에서 잘 나타나 있다. 이를 정리하면 다음과 같다.

成造하신 大皇祖 神位어늘 今人이 不知하고 家屋成造한 神이라하니 其誣妄이 太甚하도다 是以로 其祭가 十月朔에 多行함은 卽 大皇祖 慶節을 應한바이오 嶺東古寺에 新羅率居가 畵傳한 大皇祖 御眞에 高麗 平章事 李奎報의 題贊한 詩에 曰"嶺外家家神祖像은 當年半是出名工"이라 하였으니 此를 觀한즉 家家마다 尊奉함을 可知로다 禮崩에 求野하고 樂亡에 在蠻이라 하더니 今日의 山道嶺路에 仙靈堂이라 稱하는 神은 大皇祖의 命을 受하야 高山大川을 莫하든 彭吳의 祠오 田疇間에 農夫가 午饁을 對하면 一匙를 先爲恭投하고 高聲念呼함은 大皇祖의 命을 受하야 稼穡을 敎하든 高矢의 祭오 滿洲 鐵嶺等地에 往往 樹林中에 古廟遺蹟이 存한대 土人이 相傳曰 太古壇神祭餘墟라하니 壇者는 壇字의 誤也니 此는 高句麗朝의 本敎盛行할 時에 大皇祖를 崇奉하든 確據오 壬辰之役에 日本 島津義光이 我國磁器工 十八姓을 擧家移遷하야 日本鹿兒島 伊集院에 住居하였는데 其十八姓이 本國古俗을 仍襲하야 大皇祖 聖神을 崇奉하야 至今까지 家家에 亨祀하니 古昔 本敎의 盛함을 於此에 可히 推知할바라 鳴呼라 禹城의 經典이 孔壁汲塚에 出하고 西土의 靈蹟이 羅馬穴居에 露하니 敎門의 劫厄顯晦는 古今東西가 同然하도다(『단군교포명서』, www.daejonggyo.or.kr.)

① 단군과 그 후세의 통치
② 기자의 유입과 혼란
③ 고구려의 발흥과 단군신앙
④ 백제·고구려의 멸망과 불교
⑤ 발해의 단군의 계승과 통일신라의 불교·유교
⑥ 고려 태조의 단군 숭배와 이후 불교
⑦ 조선 태조의 단군 숭배와 이후 유교
⑧ 단군과 우리 민족
⑨ 근대전환기 단군교의 위상

이러한 주장과 함께 우리 민족의 7대 비운도 설명하고 있다. 그 중 마지막은 대한제국의 패망인데, 대종교에서는 이처럼 당대 불행한 현실들도 종교적으로 기술하였다.

순번	내용	비고
1	기원전 1209년 천도 문제를 두고 삼천 단부간의 극심하게 분열하고 대립함	고조선
2	기원전 1104년 기자의 팔조교를 허용하고 이후 여러 종교가 유입되어 신교가 유명무실해짐	고조선 (기자조선)
3	기원전 232년 기자왕조 말 기준箕準 재위시 서북 단부가 궤멸당해 동남 단부들과 언어와 풍속이 달라짐	고조선 (기자조선)
4	기원전 108년 위만조선 말 한나라의 침범으로 단군조의 거점이 유린당하고 한사군이 설치됨	고조선 (위만조선)
5	668년 고구려 말 영류왕 이후 불교의 유입과 보장왕시 당나라의 신교 세력 축출	고구려
6	고려 말 몽골침입 이후 신교 제례의 소홀과 명맥의 단절됨	고려
7	한말 교문의 제사가 끊기고 만주의 고묘와 고적이 폐허로 남음	대한제국

1910년 5월 25일에 발표한 「단군교설필기檀君教說筆記」에서도 다음과 같이 언급하고 있다.

그런 즉 우리 민족이 천부天賦를 일찍 받아 오래된 역사와 느끼어 깨달은 영성이 각종 인류 가운데 적고寂古한 분명한 증거요, 이후 천여 년을 경과하매 천시의 한서 교체와 같이 인문이 점차 옮겨지고 사욕이 점차 자라나 물아物我의 경쟁이 어지럽게 발생하니, 천조께옵서 인류를 징벌하시기 위하여 복음을 내리시지 아니하시니, 우리 민족이 발생 후 초유의 비운을 당한 이 시기에 은나라의 기자가 주 무왕의 혁명을 피해 우리나라에 들어오니, 한 모퉁이에 기거함을 수용하시고 그 나라의 교리와 유사한 팔조교를 우리나라 한 지방 민족에게 베풀어 점점 감화시키니, 이는 우리 민족이 한나라 문화에 침취沉醉하여 우리 천조의 교화를 점차 잊게 된 원인이다. 그 후에 우리 단군교와 우리 민족의 관계한 성쇠는 세세히 전하기 지루하니[24]

이 구절을 보면, 초기 대종교는 우리 민족이 깊은 비운에 빠진 이유는 인류의 영성이 부족한 상태에서 사회진화론적 경쟁이 일어났기 때문이라고 전제하고, 과거 우리민족에게도 무분별한 중국 문화의 수

24) 然則我民族이 天賦를 早受ᄒ야 久遠흔 歷史와 感覺흔 靈性이 各種人類中에 寂古흔 明証이오 其後千餘年을 經過ᄒ매 天時의 寒暑交迭과 如히 人文이 稍移ᄒ야 私慾이 漸萠ᄒ고 物我의 競爭이 紛起ᄒ매 天祖긔옵셔 人類를 懲罰ᄒ시기 爲ᄒ야 福音을 降賜치아니ᄒ시니 我族이 發生後初有흔 悲運을 當흔 此時에, 殷土의 箕子가 周武王의 革命을 厭避ᄒ야 我土에 窮投ᄒ야 一隅의 安接을 容受ᄒ시고 其國의 政教祭同흔 八條教를 我一方民族에게 施設ᄒ야 稍稍感化케ᄒ니 此ᄂ 我族의 漢土文化에 沉醉ᄒ야 我 天祖의 神化를 漸忘흔 起因이라 其後에 我教의 我族에 關係盛衰ᄂ 歷歷口述ᄒ기 支離ᄒ니(『皇城新聞』, 1910년 5월 25일, 「檀君教說筆記」)

입으로 위기에 처했다고 지적하였다. 여기서 말하는 중화 문화란 단순히 중국의 문화만이 아니라, 당대 서구문명의 무분별한 수입도 의미하였다. 또 이는 자기 것을 잊고 쉽게 외국 문화에 동화하려는 일종의 사대주의라고 비판하였다. 나아가 '기자가 중화 문화의 소산인 팔조목을 가르치자 우리 민족이 전통의 단군신앙을 잊게 되었고, 삼국시대에 불교와 유교와 들어와 이후 당시까지 단군을 잊었으며, 비록 일시적으로 단군을 회복하여 고구려·백제·신라·발해·고려·조선 등이 창립하고 초기 국력이 신장되었으나 결국 외래문화에 빠져 쇠퇴하였다'고 한국사를 대종교사로 재해석하였다. 특히 기자를 직접적으로 비판했다는 점에서 볼 때, 유교 체계를 중심으로 한 기성 질서에 대한 강한 비판과 부정이 포함되어 있다고도 볼 수 있다. 이를 통해 대종교는 '민족이 독립국가가 되기 위해서는 먼저 서구와 일본의 문화를 무비판적으로 수용하는 것이 아니라, 민족의 원형적 정서가 깃든 단군신앙으로 돌아가는 것'이라고 말하고 있다. 이를 나철은 다음과 같이 설명하고 있다.

오늘날은 우리 천조天祖가 도를 세우신지 4243년이오 서력기원에서 20세기라는 시대이다. 호막湖漠한 동서에 사람과 사람이 생존을 경쟁하고 국가와 국가가 이해를 교류하여 사욕의 탈투脫鬪가 한계점에 달하였으니 만약 이것이 그치지 않으면 인류의 참화가 장차 진멸에 이를 것이므로 국가마다 종교설을 창론하고 사람마다 종교문을 건립하여 인사의 경쟁열을 주심住心하고 천도의 보제운普濟運을 환영歡迎하는 이 날에 우리 천조께서 중류衆類를 널리 가르치시기 위하여[25]

대종교는 20세기 초 풍전등화의 국가적 위기 속에서 민족의 의지를 하나로 묶기 위해 단군신화를 중심으로 원형 사상을 종교화한 민족회복운동이었다. 비록 그 형식은 종교의 모습이었지만, 그 내용은 조선의 식민지화를 당연한 것으로 여기는 현실을 극복하려는 주체적 행동이었다.

이것은 단군신앙의 저하 또는 폐지가 우리 민족의 불행과 직결된다는 역사관으로 단군을 성심껏 모시면 민족의 삶과 위상이 높아졌지만, 불교·유교 또는 서구 문명 등으로 인해 단군신앙이 약화되었을 때는 어김없이 나라가 혼란에 빠지거나 멸망하였다는 것이다. 이런 과정에서 대종교는 자기 정체성 즉 종교적 교리를 확보해 나간다. 특히 대종교의 교리는 우리나라의 역사와 언어 등 고유의 정체성과 연결되어 있다.

나철이 이런 설명은 결국 당시 조선도 흥망성쇠興亡盛衰의 과정을 거쳐 쇠망으로 가고 있다는 지적이었다. 이를 극복하기 나철은 한민족의 흥기가 있어야 진정한 국가가 이룩된다고 생각하였던 것이다. 그러므로 대한제국이라는 역사의 한 국가를 치중하기 보다는 보다 큰 한민족이라는 민족으로 그 사상적 중심이 변경된 것이다. 이후 그의 투쟁은 대한제국의 회복을 떠나 민족주체성 회복으로 변경되어갔다.

---

25) 今日은 我 天祖의 立道ᄒ신 四千二百四十三年日月이오 西歷紀元의 二十世紀다ᄂ 時代이라 浩漠흔 東西에 人與人이 生存을 是爭ᄒ고 國與國이 利害를 是交ᄒ야 私欲의 奮鬪가 極点에 達ᄒ얏스니 若此而不已ᄒ면 人族의 慘禍將至 殄滅ᄒ겟기로 國國마다 宗敎說를 倡論ᄒ고 人人마다 宗敎門을 建立ᄒ야 人事의 競爭熱을 住心ᄒ고 天道의 普濟運ᄒ 歡航ᄒᄂ 此日에 我 天祖ᄭ셔 衆類를 博救ᄒ시기 爲ᄒ샤(『皇城新聞』, 1910년 5월 25일, 「檀君敎說筆記」)

이와 같은 대종교 작업들은 결국 근대전환기 민족적 위기 극복과 관련이 깊다. 즉 이 위기를 삼신일체의 신앙으로 민족이 일치단결해야 한다는 것이었다.

이와 같은 민족사와 단군신앙 간의 일치는 김교헌과 후대에게서도 나타났다. 대종교의 2대 종사인 그는 1917년 만주로 이전하여 활동하면서 우리 민족에게 민족정신과 항일투쟁이 둘이 아님을 강조하였다. 그의 교리는 서일에게 이어져 청산리전투의 원동력이 되었던 것이다. 그는 만주로 이전하기 전인 1914년에 『신단실기神檀實記』와 『신단민사神檀民史』를 저술하였다. 이 두 책은 건국 시조인 단군과 대종교의 연원을 추론한 논고로 대종교 신도뿐만 아니라, 전 국민에게 민족의식을 불어 넣은 저술이었다. 이 두 책의 요지는 일제에 의해 나라는 사라졌으나, 단군이라는 민족 시조와 이에 근거한 민족사와 대종교를 통해 국가를 회복시킬 수 있다는 일념을 강조한 일종의 민족 교과서였다. 더 나아가 『신단민사』에서는 고조선의 영토이면서도 한민족과 분리된 채 있었던 만주사의 기록도 있다. 한민족의 역사를 만주로 확장시키려는 인식들은 단군신앙을 종교에만 가두지 않고 현실 문제인 국가 독립, 민족 정체성 확립 등으로 연결하려는 노력이었다.

4 대종교 현황

1) 경전의 성립

대종교의 경전은 한문으로 작성된 고대의 경전들로 통상적인 음독보다는 가차나 이두식으로 재해석하여 기존과는 다른 별도의 의미를

부여하는 경우가 많다. 이 역시 한자를 중시하는 문화에서 탈피하고
자 하는 노력이다. 이들 경전들에는 백봉을 통해 전해진 것들도 있지
만, 실제 고대부터 전해졌다는 명확한 근거는 없다. 일부에서는 대종
교가 민족의 정체성을 종교적 배경으로 하다 단군을 비합리적으로
신격화하면서 견강부회한 측면으로 대종교가 교단화하는 과정에서
나온 특징이라 평가절하하기도 한다. 현재 대종교 경전은 신전·보전
·보감의 세 부분으로 총 22개 경전으로 나누어져 있다. 세부 구성은
다음과 같다.

대종교 경전의 분류

분류		경전명	종경수록여부	설명
신전		천부경	○	조화 경전. 81자로 구성
		삼일신고	○	교화 경전. 원문 366자로 구성
		참전계경	○	치화 경전. 366조로 구성
보전		신리대전	○	대종교 신관 이해에 필독
		신사기	○	삼신의 역사가 간결하게 기록
		회삼경	○	서일(백포종사)의 저술
		진리도설	○	서일의 저술
		구변도설	○	서일의 저술(서문과 발문만 전함)
		삼문일답	○	서일의 저술(서언만 전함)
		삼법회통	○	윤세복의 수행서
보감	종사	단조사고	×	대종교 협제회 간행
		신단실기	×	김교헌(무원종사)의 역사 저술
		신단민사	×	김교헌의 역사 저술
		배달족역사	×	김교헌의 역사 저술
		배달족강역형세도	×	원대 이원태의 역사 저술

분류		경전명	종경수록여부	설명
보감	종리	대종교신리	×	고경각 간행
		종지강연	×	김교헌의 저술
		종리문답	×	호석 강우의 문답식 교리 해설
		신형유훈	○	나철의 유서
		한얼노래	○	대종교 예식 노래(이극로 편저)
	기타	단군교포명서	×	백봉이 반포한 문건
		오대종지서	×	백봉이 반포한 문건

이 밖에도 다양한 관련 저술이 있다. 박은식이 서간도에 머물면서 대종교 학교 교재로 사용하기 위해 집필했던『동명성왕실기東明聖王實記』,『발해태조건국지渤海太祖建國誌』,『몽배금태조夢拜金太祖』,『명림답부전明臨答夫傳』,『천개소문전泉蓋蘇文傳』,『대동고대사론大東古代史論』등과,『국조단군실기國祖檀君實記』,『신단민사神檀民史』,『단조고사檀祖事攷』,『배달족강역형세도倍達族疆域形勢圖』,『조선상고사朝鮮上古史』,『사지통속고史誌通俗考』등도 읽혔다고 한다. 이런 정황은 우리 민족의 역사를 경전화한 것으로 볼 수 있다.

박은식은 1922년부터 1923년 사이 현재의 대종경의 근간을 이루고 있는『신고강의神誥講義』,『신리대전神理大全』,『회삼경會三經』,『신사기神事記』,『조천기朝天記』,『신사집神歌集』(이상 1922년),『종리문답倧理問答』,『중정신가집重訂神歌集』,『증간종례초략增刪倧禮抄略』,『국한문삼일신고國漢文三一神誥』,『신성대전神聖大全』(이상 1923년) 등을 교열하였고, 현재 경전에 포함되어 있는 이원태『배달족강역형세도倍達族疆域形勢圖』도 감수하였다.

2) 한국 사회에 미친 영향

대종교는 해방이후 한국사회에 어떤 영향을 미쳤을까? 대종교의 가장 중요한 가치는 근대적 민족정체성의 형성이다. 이는 '상상의 공동체'라고도 할 수 있다. 일제감정기 단군의 재조명은 민족정체성을 확인하는 작업으로 신채호·주시경·박은식·정인보·안확 등의 독립운동과 조선학 운동으로 이어졌다. 이를 이어 많은 학자들이 조선사, 조선어, 조선문화 등을 연구하였다. 이런 운동들은 현 대한민국에서도 이어져 개천절을 경축일로 지정한 것을 비롯하여 신화의 영역으로 한정된 고조선을 역사화 하는 지속적인 시도로 이어지고 있다.

박은식은 1911년 서간도에 망명하면서 윤세복 등과 함께 학생들을 지도하기 위한 교재를 만들었다. 그의 대종교 이러한 노력은 1915년 『한국통사韓國痛史』로 이어지는데, 특히 이 책에 나온 국가혼백론國家魂魄論은 국가는 '혼과 백으로 나눌 수 있고 백이 없더라도 혼을 잘 간직하고 있으면 국가를 되찾을 수 있다'는 논리는 대종교의 논리와 일맥상통한다. 박은식은 이 혼백론을 근거로 국가의 혼을 국사國史·국교國敎·국문國文·국어國語로 규정하였다. 여기서 말하는 국교가 반드시 대종교라 할 수는 없으나 민족국가를 지향하는 데 있어서 종교를 강조했다는 점에서 주목할 만하다.

양명학자로 알려진 정인보鄭寅普(1892~?)도 대종교의 역사 인식과 많은 부분을 공유하고 있다. 『대종교독립운동연원』에는 정인보를 대종교 비밀결사원으로 설명하고 있으나,26) 정인보 연보에는 해당 내

---

26) 그때 비밀결사원(秘密結社員)을 예거(例擧)하면 일해(一海) 이세정(李世禎), 수당(水堂) 맹주천(孟柱天), 일석(一石) 백남규(白南奎), 보본(普本) 엄주천

용이 없어 사실여부를 확인할 수는 없다. 다만 정인보가 1911년과 1912년 두 차례 중국 동북성의 회인현懷仁縣 흥도촌興道村 그리고 유하현柳河縣 삼원보三源堡 등지에서 활동하였는데, 이 과정에서 대종교와 연결되었을 가능성이 있다. 그는 1930년대 조선학 운동을 하면서 우리 민족의 정체성을 '얼'로 규정하고 '일제치하에서 단절된 우리 얼을 선양'하고자 노력하였는데, 이때 '얼'이 한얼과 이어진다고 볼 수 있다.

한국의 얼 즉, 한얼을 보다 체계적으로 정리한 인물로 안확安廓 (1886~1946)이 있다. 안확 역시 대종교에 영향을 받은 사상가이다. 그는 『조선철학사상개관』에서 한국철학을 상고·중고·근세로 구분하고 그중 상고는 종倧의 철학이라고 정의하였다. 이 종이란 신인 즉 단군과 연결된다고 하여 대종교의 『삼일신고』를 통해 설명하였다. 그는 우리 민족만의 고유성과 독자성을 통해 일제강점이라는 시대적 한계를 극복하고자 노력하였다.

종교적 측면에서 대종교의 등장은 단군을 신화 속 존재에서 구체적인 종교 교단을 형성하고 나아가 신앙 대상으로 만들었다. 비록 영성과 초월성 등의 비논리적인 한계가 있었지만, 그럼에도 망국과 민족공동체 해체라는 위기에 처해 있는 우리 민족에게 민족정체성에 대한 강한 모티브를 주기에 충분했다.

대종교는 나철·오기호 등의 항일투쟁이 민족종교로 승화한 교단으로 대종교 창립이전부터 이미 을사늑약 체결에 앞장선 대신들을

(嚴柱天), 위당(爲堂) 정인보(鄭寅普) 외 30여명(三十餘名)이며(이현익, 1962, 『대종교독립운동연원』, 2쪽)

암살하려는 계획을 수립하는 등 항일투사의 색채를 띠고 있었다. 이러한 항일 정신이 단군이라는 민족정체성과 만나면서 대종교가 성립하게 되었고 때문에 대종교는 청산리전투처럼 항일무장투쟁의 선봉에 설 수 있었다.

더불어 '한얼'이라는 민족 공동체의 정신적 공유점을 설정했다는 점에서도 주목할 만하다. 전통에 대한 복원뿐 만 아니라 근대 사회와의 교점도 제시했다는 점도 중요하다. 대종교는 '오대종지五大宗旨'를 통해 산업을 활성화시켜 민생을 안정시키기 위해 노력하였다. 이는 근대지향적 정신의 함유로 우리에게 시사되는 바가 크다.

대종교는 동학·증산교·원불교와 유사한 민족종교지만 나름의 특징이 있다. 가장 중요한 것은 창립자가 관료 출신의 유교 지식인이었다는 점이다. 나철·오기호·김교헌·윤세복 등은 모두 유교 지식인 집안 출신이었다. 그러다 보니 증산교나 원불교 같은 다른 민족종교보

中國 화룡시和龍市에 있는 삼종사三倧師 합장묘지
좌측으로부터 서일, 나철, 김교헌 (2018.12.09)

다는 보다 민족주의를 위한 고차원적인 종교 교리를 지향하였다. 이로 인해 대종교는 민중들에 대한 종교적 위로와 현실적 구제보다는 민족정체성 확립이나 독립운동을 강조하여 광복 이후 교세가 위축되었다.

그럼에도 근대전환기 대종교의 민족적 역할에 의문을 갖는 이는 거의 없을 것이다. 그만큼 대종교는 일제강점기 시대에 민족적 가치에 충실했기 때문이다.

제4장
증산교의 상생과 평화[1]

1 시대적 배경

1) 증산교 탄생의 시대적 배경

근대전환기 민의 입장을 대변하는 민족종교 가운데는 강일순姜一淳 (1871~1909)이 창시한 증산교甑山教가 있다. 그의 호는 증산甑山이고 자는 사옥士玉이다. 증산교는 훗날 여러 갈래로 분파되어 지금은 제각기 이름을 달리하고 있다. 본서에서 말하는 증산교는 특정 교파를 가리키지는 않는다.

강일순이 살았던 근대전환기는 우리 역사에서 가장 다사다난한 시기 가운데 하나였다. 전근대적 제도와 삶의 방식이 민중들에게 하나의 족쇄가 되었음은 물론, 또 외세의 침략으로 말미암아 더욱 어려움

---

1) 이 제4장의 내용은 대체로 본 총서의 집필 사업을 위하여 진행하는 과정에서 연구한 필자의 2017, 「증산 사상의 철학적 특징 – 민중의 입장이 반영된 사상세계 건립과 관련하여 – 」(『인문학연구』 제54집, 조선대학교 인문학연구원)와 2018, 「『전경』의 사상분석으로 살펴본 '우리철학'의 방법론」(『대순사상논총』 제30집)의 내용과 논리를 따른다.

에 처하기도 하였다. 그 상황에서 전근대적인 제도에 대한 개혁과 유지를 두고 우리 내부에서도 갈등을 표출하였고, 그것은 외세의 영향 아래 더욱 증폭되었다. 그가 생존한 당시에 일어났던 큼직한 사건에는 임오군란(1882), 갑신정변(1884), 동학농민전쟁(1894)과 청일전쟁 및 갑오개혁, 을미사변(1895)과 아관파천, 러일전쟁(1904), 을사조약(1805), 항일 의병 운동 등이 있다.

이러한 시대적 문제를 해결하려는 방식은 세력에 따라 다양한 형태로 전개되었다. 먼저 위정척사 운동은 외세의 침략이 가시화되자 보수적인 유생들을 중심으로 성리학적 세계관을 더욱 공고히 하면서 서양과 일본의 침략에 사상적으로 대항하였다. 이 위정척사의 이념을 계승한 의병 운동은 을미사변과 단발령 그리고 을사조약이 원인이 되어 점차 항일 의병 운동으로 전개되었다.

다음으로 개화 운동이 있는데 초기 개화 운동은 김옥균·박영효·홍영식 등이 주도한 갑신정변이 실패하는 바람에, 그 후유증으로 소극적으로 진행되다가, 청일전쟁 후에는 갑오개혁에 참여한 세력을 중심으로 전개되었다. 둘 다 일본의 영향에서 자유로울 수 없었다. 또 을미사변 후에는 갑오개혁의 주체 세력도 힘을 잃었고, 독립협회가 설립되면서 개화 운동은 새로운 방향으로 전개되었다. 언론과 출판을 통하여 서양 근대의 사상과 문물을 소개하기도 하고, 우리 역사의 영웅들을 발굴·선양하여 민족의식을 고취하면서 민중들을 계몽시켰다. 또 학교를 설립하여 인재를 양성하고, 산업 진흥 등을 통해 경제적 문화적 실력을 양성함으로써 점진적으로 힘을 길러 일제의 침략에 맞서려고 하였는데, 이 운동은 주로 지식인·언론인·교육가 등이 주도하였다. 이 시기의 운동을 특히 애국계몽 운동 또는 자강 운동이라 부르며 그 배경을 이루는 주된 사상은 서양에서 전파된 민권사상과 사회진화론 등이었다.

또 하나의 운동은 민중이 중심이 되어 일어났다. 19세기 중엽의 농민항쟁에 이어 생긴 동학농민전쟁이 그것이며, 일제가 그것을 강제로 진압한 뒤 생겨난 활빈당의 출현이나 민족종교로서 신종교 운동도 그것이다. 특히 강일순이 새로운 종교를 창시한 것도 이것과 관련이 있다. 그는 한때 동학농민전쟁에 참여하기도 하였지만, 뒤에는 그 운동의 실패를 예견하고 거기에 참여하지 말라고 동료들을 만류하기도 하였다. 그래서 그를 따르는 무리 가운데는 이러한 운동에 관여한 사람도 있고 해당 지역의 민중들 또한 이 운동과 크게 관련 되어 있다.

이렇듯 이 시대에 일어난 각종 사건과 시대정신은 증산교 탄생의 배경이 되었다. 특히 그가 경험한 동학혁명의 참상과 의병 운동의 패배를 통한 민중들의 삶, 그리고 서양의 새로운 종교와 문물 등에 자극받아, 그 시대의 민중들을 위하여 전통에 뿌리를 둔 비폭력적인 새로운 길을 모색하였다.

2) 고부와 그 주변 지역의 민중의 삶

강일순은 1876년 조선이 일본에 의하여 강제로 개항하기 몇 해 전 1871년에 옛 지명으로 전라도 고부군 우덕면 객망리에서 태어났다. 동학농민전쟁도 고부에서 시작하였듯이 강일순의 활동 무대도 고부를 중심으로 7개 군에 한정되고 있다.

증산교 관련 경전에 의하면 그를 따르는 구성원들은 대개 농부, 하급 관리, 주막 주인, 약장사, 노비 출신 등의 가난하고 힘없는 자

들이었다. 이러한 점은 훗날 그가 이상 세계로서 언급하는 후천의
세상에서는 약한 자 병든 자 천한 자 어리석은 자가 일어나나 강한
자 부유한 자 귀한 자 지혜로운 자는 스스로 깎인다는 주장에 반
영되었다. 쉽게 말해 이 땅에 도래한 천국의 주인은 가난하고 힘없
는 민중들이라는 점이 그것이며 현실에 대한 강한 평등의식의 반
영이다.

 증산교 관련 경전에 따르면 강일순이 활동했던 고부와 그 일대의
당시 상황은 우리가 상상하는 이상으로 혼란스럽고 참혹했다. 그곳
이 동학농민전쟁의 진원지라는 점에서 알 수 있듯이, 동학군이 관군
과 일제에 의하여 무참히 살육되거나 다쳐 그 가족이나 본인의 원한
이 깊었고, 그에 따라 동학군을 진압한 조선 당국과 일본군이 항상
주시하던 관심 지역이었다. 또 동학농민전쟁과 의병 활동에 참여한
사람들을 진압하거나 색출하는 과정에서, 그리고 일본군의 주둔과
친일 일진회의 출현에 따른 가입 권유와 단발 요구 등으로 인해 갈
등이 증폭되었다. 게다가 을사늑약의 반발로 1906년 최익현崔益鉉
(1833~1906)이 의병을 일으키자 긴장이 고조되기도 하였다. 일본군과
관군에게 의병의 혐의로 체포되면 시비를 불문하고 총살당하는 것이
다반사여서, 공포가 일상화 될 정도로 당시는 시국이 험악하고 마구
죽이는 판국이라고 증산교 경전에서 증언하고 있다.

 그것만이 아니다. 과거 동학군에 참여한 민중이나 그 후손의 분노
가 여전히 남아 있어 시국은 언제 폭발할지 모르는 시한폭탄과 같았
다. 그것은 본인 또는 가족이나 조상 가운데 동학군에 참여했다가 관
군과 연합한 일본군에 희생당하거나 고초를 당했기 때문인데, 이들이
조선 정부와 일본에 반감을 가진 것은 자연스런 일이었다.

또 이 지역에서 민중들의 삶을 힘들게 만든 요인에는 당시 순검巡檢으로 불리던 일부 경찰들의 민간인 금품을 노리는 약탈, 도적과 화적의 출현으로 민중은 물론 순검일지라도 서로 갈등하는 사이라면 목숨을 부지하기 어려운 일 등이 그것이다. 심지어 부잣집이거나 부자라고 소문만 나도 약탈의 대상이 되기도 하였다. 이 사실은 민중들의 부자에 대한 반감이 적지 않았음을 말해주고 있으며, 강일순의 사상에서도 부자에 대한 반감이 여기저기서 보이고 있는데, 당시의 시대 상황을 정확히 반영하고 있다.

이런 시대적 배경에서 민중은 현실적으로 해를 당하지 않고 삶을 보전하는 일이 중요하게 부각되었을 것이다. 서로 척隻을 지지 않는 상태, 곧 억울하고 원통한 일로 원한을 갖는 상대가 없어야 비방과 오해가 생기지 않지만, 만약 척지게 되면 잘못이 없어도 곤경에 처하게 될 수도 있었다. 실제로 누가 술에 취해서 강일순이 '역적질을 한다'는 단순히 비방하는 말이 전해져 군병들이 출동하기도 하였다고 전한다.

이런 환경이라면 서로 간 원한을 갖지 않고 화평하게 지내는 것이 중요하며, 원천적으로 상대를 미워하지 않는 마음을 갖는 것이 혹시나 생길지 모르는 모함이나 오해나 오인이나 허위 고발 등으로 인한 화액禍厄으로부터 살아남는 길이었을 것이다. 강일순의 가르침에서 남을 미워하지 말라거나 남이 잘되게 하라는 말은 단순히 초역사적·추상적 도덕률이라기보다, 일제에 의한 병합을 앞둔 조선 역사의 현실에서 생명을 부지하기 위한 하나의 요령이자 어쩌면 생존 전략상 필요한 일이었다.[2] 그래서 원한을 갖지 말고 원한을 풀어야 한다는 것, 더 나아가 인간 갈등의 원천을 원寃으로 보는 강일순의 사상에 동학혁명에서 무참히 희생되고 또 그 이후 고초를 당했던 이런 민중들의 역사적 현실이 반영되었을 것으로 본다. 그랬기 때문에 되레 훗날 민족과 계급을 초월한 보편적 가르침이 되었다.

한편, 증산교 경전에 등장하는 민중은 대다수가 가난한 농부[3]이며 일부는 주막을 경영하는 사람들도 섞여 있다. 보통의 민중이 그렇듯이 이들도 기본적으로 현세에서 화를 피하고 복을 받아 부귀하게 되는 것을 바라고 있다. 그래서 점이나 관상을 보며 무당을 찾고 점성술에 의지하거나 풍수지리에 따른 명당을 찾기도 하였다.

게다가 당시 민중들은 재화를 불러일으키는 온갖 귀신 또는 신명을 두려워하고 있었고, 당시 동학농민전쟁에 참여하는 동기로 왕후장상을 바라는 사람들도 끼어있어, 강일순이 그 운동의 순수성을 의심하고 새로운 종교를 창시한 원인 가운데 하나가 되기도 하였다.[4] 강일순이 한 때 천하 창생이 오직 재물과 이익에만 눈이 어둡다[5]고 말한

---

2) 이는 로마의 식민지였던 유대 땅에서 예수가 가르침을 펼친 것과 동일한 맥락이다. 가령 '너희 원수를 사랑하며(『신약성서』, 「마태복음」 5:44)'라든지 '오른편 뺨을 치거든 왼편도 돌려 대며(같은 책, 5:39)'라는지 '가이사의 것은 가이사에게, 하나님의 것은 하나님께 바치라(같은 책, 22:21)'라는 가르침도 일차적으로 당시 역사적 조건과 사건 속에서 나온 것이지 애초부터 초역사적인 도덕률은 아니다.

3) 일제의 토지조사사업에 의하여 조사된 1913~17년의 전국 농민 현황을 보면, 자작농 21.8%, 자작겸 소작농 38.8%, 소작농 39.4%이고, 여기서 논의 지주 소유가 65.3%, 자작농 소유가 34.7%였다(우리경제연구회 편, 1987, 『한국민중경제사』, 형성사, 168~187쪽). 전라도 고부는 지주의 땅이 많아 소작농의 비율을 전국 평균보다 더 높았을 것으로 보인다.

4) 이봉호, 2015, 「『전경』과 민중사상의 관계-후천개벽, 남조선신앙, 미륵신앙을 중심으로-」, 한국도교문화학회 편, 『증산사상의 다층적 분석』, 청홍, 210~211쪽 참조.

것도 이들 민중만이 아니라 당시 사람들이 지향하는 욕망을 적절히 표현한 말로 보인다. 그래서 민중들도 이익과 재물을 추구하는 욕망에서 자유로울 수 없었음을 알 수 있다.

이들 민중의 삶에는 싸움·송사·원망·증오·배반을 비롯하여 속임수와 놀음, 분노에 따른 복수, 채무 관계에 따른 불화 등이 섞여 있어 개인 간의 갈등 또한 적지 않았다. 비록 그렇지만 또 자신의 과오나 잘못에 대하여 일종의 자책 또는 죄의식을 갖기도 하여 삶에 자신감을 상실하는 경우도 있었다. 아무튼 이런 민중의 생각과 욕망과 생활을 바람직하게 안내하고, 또 개인 간의 갈등의 원인과 해결책을 제시하는 일은 지도자의 몫이었다.

그런데 무엇보다 민중들의 큰 걱정거리 가운데 하나는 자연재해였다. 전라도 고부 지역의 민중들은 대부분 농부였기 때문에 가뭄이나 홍수 등의 재해에 민감하여 그 원인과 재해 예방에 관심이 많을 수밖에 없었다. 이것은 자연을 어떻게 이해해야 하는지 나름의 설명을 필요로 하는 부분이다.

또 그에 못지않은 또 하나의 근심거리는 질병이었다. 증산교 관련 경전 가운데 하나인 『전경』에 보이는 질병만 해도 산후복통·천식·횟병·치질·간질·문둥병·각통·체증·종창·폐병·토질·다리부종·창증·이질·요통·신병·천포창·설사·단독·신열·해소·성병 등 이루 헤아릴 수 없이 많다. 그래서 강일순의 신이한 능력을 믿고 병 낫

---

5) 대순진리회교무부, 2010, 『典經』 13판, 「교법」 1장 1절, 대순진리회출판부. 이하 서지 사항 생략하고 『전경』은 이 판본을 따르며 '1장 1절'도 '1:1'과 같은 방식으로 간략히 나타냄. 또 『예시』처럼 단일한 장으로 된 것도 '1:5'와 같은 방식으로 표기함.

기를 위해 찾아온 사람들이 무수히 많았다. 강일순 자신도 의술에 관심을 가지고 그것을 익혀 약방까지 차린 것을 보면, 민중의 삶에 질병이 얼마나 중요한 영향을 끼치는지 익히 알고 있었다.

이것은 단지 의학적 지식이나 기술만이 아니라 인간에게 왜 질병이 생기는지, 그리고 그것을 근원적으로 예방·해결하는 방법이 무엇인지 민중의 지도자로서 대답해야 하는 철학적인 해명을 필요로 하는 일이기도 했다. 더 나아가 인간의 부조리와 전근대적 인습과 삶의 태도에 대해서 또 자연계 내의 재해로 인한 부조화를 종합적인 하나의 틀로서 이해하고 인식하여 해결하는 철학·종교적 입장이 반드시 요구되는 문제이기도 했다.

3) 민중으로서 강일순의 삶

강일순의 민중적 삶은 어떠한가? 관련 경전에는 득도 후의 활동이 지배적으로 많고, 어린 강일순의 남과 다른 신이한 모습 외에는 별로 알려진 것이 없다. 강일순의 어릴 때의 몇 가지 에피소드를 통해 그의 민중적 삶을 약간이나마 엿볼 수 있는데, 이 점은 강일순이 가르침을 펼치기 이전에 그가 민중의 일원으로서 생활하면서 경험적으로 배우는 시기라는 점을 시사한다.

우선 그는 출신 자체가 민중이었다. 먼 조상 가운데 누가 왕의 교지를 받은 것을 보면 벼슬한 양반이었지만, 아버지 대에 이르면 이미 몰락한 양반의 처지로서 가난한 농부의 신세를 면치 못했다. 아버지는 빚에 쪼들리기도 했고, 모친은 베를 짜 팔아서 생계를 유지하기도 하였다.

전하는 바에 따르면 강일순은 비록 서당에 다니기도 했으나 가난 때문에 학업을 포기하기도 했고, 14살부터 집을 나와 이곳저곳 주유하며 일꾼과 나무꾼 또는 머슴 생활을 하였으며, 서당을 차려 학동들을 가르치기도 했다. 이런 가난한 삶의 경험은 분명 훗날 "부자는 자신이 가진 재산만큼 그자에게 살기가 붙어있느니라."[6]고 말한 것이나 "부자의 집 마루와 방과 곳간에는 살기와 재앙이 가득 차 있느니라."[7]의 가르침에 반영에 일조했을 것으로 보인다.

이것만이 아니다. 그의 무의식 속에는 전통 관념의 흔적도 보인다. 가령 남존여비도 그런 것인데, 훗날 강일순이 남존여비를 비판하고 남녀평등을 주장하였지만, 은연중에 한 "사나이가 잘 되려는데 아내가 방해한다."[8]거나 "요망스러운 계집의 방정"[9] 따위의 발언은 자라면서 무의식적으로 각인된 남존여비 관념의 흔적이라 하겠다.

아무튼 강일순은 일곱 살부터 서당에 다녔으므로 당시 대부분의 서당이 그러하듯 유교 중심의 기본적 소양을 쌓았을 것이지만, 이후에는 유불선과 음양참위陰陽讖緯에 관련된 서적을 통독하였다고 전한다. 그는 청년 시절 고부에서 동학농민전쟁이 일어났을 때 농민군을 따라 남원·임실·전주·청주·공주 등의 지역에 종군하고, 그 참상을 목도하였다고 하며, 2차 동학농민전쟁 때는 패전을 예언하여 동료에게 전쟁에 참여하지 말기를 권유했다고 전한다. 이처럼 농민전쟁에 종군하고 패전을 예언한 일 등은 그의 사상을 결정짓는 또 하나의

---

6) 『전경』, 「행록」 4:48.
7) 『전경』, 「교법」 3:4.
8) 『전경』, 「행록」 4:20.
9) 같은 책, 2:12.

경험이 되었는데, 강일순은 동학의 '시천주조화정侍天主造化定'이라는 것이 인간적인 것에 한정되어 있고, 신적인 조화가 부족하기 때문에 제세구민濟世救民이란 목적을 성취할 수 없었다고 인식한 것[10]이 그 한 예이다. 이것도 그가 동학과 일정하게 거리를 두게 만든 한 사례이다.

동학농민전쟁이 관군과 일본군에 의해 강제로 진압되자 고부 지역의 유생들은 세상의 평정을 축하하는 시회詩會를 열기도 했으나, 세상은 날로 어지러워 강일순은 세상을 널리 구할 뜻을 품었다고 전한다. 유생들의 시국관과 강일순의 그것은 전혀 달랐다고 하겠다. 언젠가 도학자인 간재艮齋 전우田愚(1841~1922)의 제자들이 찾아와 절을 하여도 '나는 너의 선생이 아니다'라고 하며 거들떠보지도 않은 점[11]을 보면, 사회 지도층이었던 유학자들과 일정한 거리를 두었다. 그는 비록 『대학』의 경문을 하나의 주문呪文으로 이용하기나 그 정신을 받아들였어도, 유학자들처럼 그 내용을 철학적으로 천착하지는 않았고 유학에 빠져들지도 않았다. 그에게는 그것이 시간상 또는 형편상 이미 의미 없는 일이었다.

그 후 그는 1897년부터 전국을 3년간 떠돌아다니는 유력遊歷 생활을 하였다. 이 경험이야말로 그의 사상이 자신이 활동했던 지역의 한계를 벗어나는 기회로 보인다. 기존 종교에 대해서 유교는 허례허식에 빠지고 불교는 혹세무민에 힘쓰고 동학은 힘을 잃고 자취를 감추

---

10) 증산도 도전편찬위원회, 2004, 『道典』 2편 94장1~11절, 대원출판사. 이하 '『도전』 2편 94:1~11'와 같은 방식으로 간략히 나타냄.
11) 『전경』, 「행록」 4:32.

며 그리스도교는 세력 확장에만 급급한데, 세상인심은 날로 악화되고 백성들은 고난과 궁핍에 빠졌다는 인식이 이 때 형성된 듯하다.

동시에 개항 후부터 진행된 근대화와 관련된 신문물을 보다 가까이 접할 수 있는 기회가 되었던 것 같다. 그는 이러한 신문물을 도학자들처럼 배척하지 않았고 되레 인정한 것으로 보이는데, 훗날 서양의 기계는 천국의 것을 본 뜬 것[12]이라고 여긴 것을 보면 알 수 있다. 그것만이 아니다. 그런 신문물은 하나의 상상력을 자극하여 후천선경에 등장하는 문물의 모델이 되고 있다. 가령 도술로서 먼 거리를 가까이 가는 방법인 축지법을 배우지 말라고 했는데, 그 이유는 미래에는 운거雲車(오늘날의 비행기)가 나와서 먼 거리를 짧은 순간에 이동한다는 주장이 그것이다.[13] 바로 이렇게 경험한 내용이 그의 이상 사회의 성격을 규정하는 하나의 근거가 된다.

또 하나 이 유력 기간 동안에 만난 중요한 인물 가운데는 충청도 연산에 사는 일부一夫 김항金恒(1826~1898)이 있다. 김항은 정역正易의 대가였는데 그로부터 우주 자연계의 순환은 선천과 후천으로 구성되며, 선천이 후천으로 전환되고 지금은 선천이 후천으로 바뀌는 시간대에 접어들었음을 배운 것으로 보인다. 그리고 또 비인에서는 김경흔金京訢으로부터 태을주太乙呪를 배웠다고 전한다. 태을주는 증산교 여러 교파에서 사용하고 있는 주문으로 수련 생활에는 자기의 소망을 이룰 수 있도록 하는 일종의 기원문이다. 이들은 강일순이 깨달은 사람이라고 일컬었던 술객과 도사를 찾으면서 만난 사람들이다. 아무튼

---

12) 『전경』, 「공사」 1:35.

13) 『전경』, 「예시」 1:75.

이들의 만남은 훗날 그의 사상의 형성에 일정한 기여를 했고, 이들 학문 또한 음양참위와 관련이 있다.

유력 생활을 끝내고 강일순은 고향으로 돌아와 수도 후 득도하여 본격적으로 가르침을 펼쳤다. 그는 민중들이 신앙하였던 미륵 또는 유교 경전과 서학에서 말하는 상제[14]로 자처하며 언제나 민중 속에서 그들과 같이 생활하였으며 희로애락을 같이 하였다. 의병으로 오인되어 고초를 당하기도 하고, 오해로 인한 복수와 금품을 강탈하려는 화를 당한 적이 있었다. 앞서 밝혔듯이 그를 따르던 무리는 주막 주인, 하급 관리, 노비 출신, 약장사, 그리고 가난한 시골 농민 등이었고 그의 말대로 가난하고 천하고 병들고 어리석고 약한 자들을 가까이 한 것을 보면 하층민 속에서 생활하였음을 엿볼 수 있다. 그는 당시 민심의 불안과 부동浮動을 정확히 파악한 그 시대 민중의 화신이었다.[15]

이제 그는 득도하여 각종 이적을 행하면서 민중들을 끌어 모아 지도자로 우뚝 섰지만, 가르침을 사상적으로 정리해야 할 과제가 필연적으로 등장할 수밖에 없었다. 곧 민중으로서 겪는 세상의 부조리는 어디서 연원하여 어떤 방식으로 작용하고 어떤 틀로서 이해해야 하는지, 어떤 세상이 참된 세상인지, 그리고 그런 세상이 어떻게 도래하는

---

14) 여기서 上帝는 전통과 외래의 이중적 의미를 지닌다. 고대 신앙의 흔적으로서 유교 경전에 등장하는 신의 이름이 그 하나이고, 다른 하나는 서학에서 서양의 God를 '천주'와 함께 옮긴 것이 그것이다. 강일순이 마테오 리치와 서양을 언급하는 것을 보면 上帝라는 용어의 사용은 전통을 계승하면서도 서양의 종교에 대응하여 그것을 극복하려는 의도를 읽어 낼 수 있고, 그의 신관과 관련되어 있다.

15) 유병덕, 1987, 「한말·일제시에 있어서의 민족사상」, 한국철학회 편, 『한국철학사』 하권, 동명사, 266쪽.

지, 그런 세상을 누리기 위해 어떤 자격을 갖추어야 하는지, 또 그의 가르침이 당시 막 확장하는 그리스도교와 어떻게 다른지 민중들의 요구에 답해야 할, 그리고 당시까지의 관습과 윤리적 가치를 어떻게 재평가하여 구성하여야 하는지의 책무가 자연히 주어졌다. 곧 민중들의 삶을 변화시키기 위해서는 기존의 민간신앙이나 관습을 뛰어넘어 새로운 것을 지향하고 또 따르는 자들을 새롭게 자각케 하는 사상적 관점이 요구되었다. 이것을 나름대로 해결하지 못했다면 그 또한 혹 세무민하는 술객에 지나지 않았을 것이다.

2 선천과 후천 세계

1) 상극의 원리가 지배하는 선천

사람들은 보통 어려움이나 고난에 처하게 되면 그것의 원인이 무엇인지 생각하게 된다. 전통의 민중들도 예외는 아니다. 그들은 그것에 대해 대체로 자신이나 조상의 과거 행위에 따른 인과응보, 팔자소관, 타고난 신분, 신이나 귀신의 노여움, 때로는 잘못된 제도나 권력 탓으로 여기기도 했다. 실제로는 이런 생각들이 섞여 있다.

그런데 이런 하나하나의 요인은 인간 개인의 고난은 설명할 수 있을지 모르겠으나, 전쟁이나 자연재해 또는 질병의 집단 감염을 포함한 온 세상의 부조리를 설명하기에는 설득력이 떨어진다. 신분과 지위에 상관없이 인간이라면 누구나 생로병사라는 운명을 피해갈 수 없고, 또 재난이나 외환을 당하면 예외가 될 수 없기 때문이다. 그래서 이런 것들을 설명하는 보편적 원리나 세계관이 요구된다.

강일순의 가르침은 이런 부조리한 현실을 두고 관습이나 민간신앙이나 개인 운명 차원의 설명을 넘어서 하나의 원리이자 세계관을 제시하고 있다. 기록에 따르면 1901년 2월에 전주 대원사에 들어가 수도·정진하다가 7월 5일 천지의 대도를 깨달아 천지의 주재자인 상제로 대각하였다고 전한다. 그리고 득도 후 신이한 이적을 행하니 그 소문이 퍼져 주변의 민중들이 하나둘 그를 따르게 된다. 바로 여기서 가르침의 일관성과 설득력을 유지하고, 따르던 무리들을 올바르게 인도하기 위해서는 부조리한 세계에 대한 설득력 있는 설명이 필요했다. 곧 가뭄과 홍수와 병충해 등의 각종 자연재해와 질병과 전쟁과 살육의 참상, 양반과 천민 그리고 부자와 가난한 자의 차별과 갈등이 생기는 근본적 원인을 설득력 있게 제시해야만 했다.

그는 인간 사회를 포함한 이 세상의 부조리의 원인을 다음과 같이 설명하고 있다.

> 선천에서는 인간 사물이 모두 상극에 지배되어 세상이 원한이 쌓이고 맺혀 삼계를 채웠으니 천지가 상도常道를 잃어 갖가지의 재화가 일어나고 세상은 참혹하게 되었도다.[16]

이 말은 세계의 부조리를 발생시키는 원인에 대해서 '상극'과 '원한'을 가지고, 세계와 인간을 관통하고 있는 통합적 관점으로 제시하고 있다. 더욱이 삼계三界[17]를 말함으로써 특유의 종교적 세계관을

---

16) 『전경』, 「공사」 1:3 ; 『전경』, 「교법」 3:34 ; 『전경』, 「예시」 1:8과 그리고 『도전』 2편 17:1~6 등에도 이 같은 말이 보인다.

17) 증산교에서 말하는 삼계는 다른 종교와 달리 天地·人間·神明界를 말함.

나타내고 있다.

증산교는 동학이나 정역의 관점을 계승하여 세상을 선천과 후천으로 나눈다. 선천은 당시까지의 세상으로 상극의 원리[18] 또는 상극의 이치가 지배하는 세상으로 일컬으며, 인간의 모든 원한은 이 원리 때문에 발생한다고 여긴다. 부차적으로 그 원한이 쌓여 자연계가 상도를 잃어 갖가지 재화가 일어나 참혹한 세상이 되었다고 진단하고 있다. 이것이 기본적으로 그가 바라보는 기존의 선천 세계로서 자연과 인간의 모습이다.

사실 상극은 상생과 함께 오행의 관계에서 나오는 개념이자 용어였다. 이를테면 쇠가 나무를 이기고 나무가 흙을 이기며 흙은 물을 이기고 물은 불을 이기며 불은 쇠를 이기듯이 오행이 순환한다는 이론으로, 중국에서 역대 왕조의 변천에서 뒤에 등장하는 왕조가 앞의 왕조를 이기고 나왔다는 이론이나 전통 의학 등에 적용하였다.

그러나 강일순은 이런 상극의 원리를 오행의 관계에 한정하지 않고, 선천 세계의 보편적 원리로 일반화시켜버렸다. 이것은 전통의 계승을 넘어 그것을 창의적으로 특성화시킨 이론이다. 사실 현실은 상극만이 아니라 상생의 원리도 적용되는데, 강일순은 왜 상극만 따로 떼어내어 그것이 당시까지 현실에 적용되는 근원적 원리라고 여겼을까?

이 점을 이해하기 위해서는 앞서 설명했던 시대적 상황과 강일순 자신의 경험을 고려해보아야 한다. 당시 상황에서 상생의 모습이 전

---

18) 그는 이것을 여러 곳에서 '상극지리'나 '그릇된 度數' 또는 '선천의 도수'나 '천지도수' 또는 '상극도수'로 일컬었다.

혀 없었던 것은 아닐 테지만, 참혹했던 구한말의 전라도 지역 그것도 동학농민전쟁과 의병이 일어났던 고부를 중심으로 한 지역 사회를 고려한다면, 그에게는 상생의 모습보다 상극의 모습이 압도적으로 다가 왔을 것이라는 점을 이해할 수 있다. 그래서 현실의 사물이 갖는 대립과 모순의 내재적 특징을 반영한 인간 사회의 갈등과 대립과 투쟁의 원인으로서 상극 개념을 확대하여, 세계만물의 원리로 적용하고 있다고 봐야 한다. 다시 말하면 강일순이 말하는 상극의 원리라고 해서 별다른 것이 아니다. 현실에서 지상의 모든 사물에 영향을 미치는 중력처럼 사물이 운동하고 변화하는 방식의 다른 표현일 뿐이다. 곧 인간과 만물이 운동하는 방식 가운데 모순과 대립적인 면만 상징적으로 부조리한 것으로 부각시켜 표현한 말로 보인다.

오늘날 철학적 소양이 있는 사람이라면 누구나 사물의 모순과 대립의 성질을 상징하는 이런 상극의 원리가 만물을 지배하는 보편적 사실이라고 믿기만 한다면, 그로부터 인간사의 투쟁·갈등·모순·대립을 연역할 수 있다. 그러나 당시의 민중들에게는 철학적이든 종교적이든 이러한 것을 기대하기 어려워서, 이런 인간 사회 부조리의 원인을 종교적으로 이해하기 쉽게 재차 설명할 필요가 있었다. 그의 이런 세계의 부조리에 대한 인식 방법은 철학적 사색보다 종교적 직관에 가깝다.

그렇다면 이런 상극의 원리가 어떻게 인간에 적용되어 원한을 발생하게 만드는가? 사실 인간 사회의 부조리가 생기는 원인은 여러 종교나 철학 등에서 거론해 온 것은 사실이다. 대체로 인간의 탐욕과 무지, 더 나아가 인간의 자연적 본성 자체에 그런 요소가 있다고 생각해 왔다. 불교나 순자荀子의 설명도 그러하지만, 유가의 천리와 인욕, 인심과 도심, 사단과 칠정 등의 논의도 인간의 욕망을 어떻게 처리해야 하는가에 대한 담론이다.[19] 다만 자연재해나 천재지변 등은 학파에 따라 인간 사회와 무관하게 보거나 또는 연관시키기도 한다.

따지고 보면 서양 문화의 한 축인 그리스도교의 설명도 이와 크게 다르지 않다. 창세기의 에덴동산의 신화는 인간 자유의지의 대가로 신의 명령을 위반한 최초 인간의 타락과 그에 따른 온갖 부조리의 발생 또는 '죄는 인간이 자유를 남용한 데서 온다'[20]는 신학적 해석은 제쳐두고, 욕망의 관점에서만 사건을 뒤집어 해석해보면, 인간이 식색食色 등의 욕망을 채우기 위해서는 노동과 해산의 고통을 수반할 수밖에 없는, 아니 고통과 노동을 통해서만 식색의 성취가 가능한 인간 실존의 모습을 그려낸 것이라 해석할 수 있다.[21] 에덴동산의 사건은 나와 타자의 분별과 고통스런 노동으로 문명을 건설하는 인간 실존의 원인에 대한 신화적 표현이라는 뜻이다. 그런 점에서 예수의 십자가 사건도 첫 단추부터 잘못 끼운 인류 욕망의 처리 문제에 대한 종교적 해법의 상징일 수 있다. 그런 점은 십자가 사건 이후의 신학적 해석에서도 분명히 보인다.[22]

따라서 인간 사회 부조리의 원인을 인간의 욕망에만 한정시켜 본다

---

19) 이명수, 2015, 『유가 철학의 욕망 경계와 근대적 분화』, 다른생각, 5쪽.
20) 성서의 이 신화에서 말하는 죄는 초자연적 숙명론이나 우주적 악의 힘이 지배하는 결과나 인간의 무지 때문이 아니라 자유에서 온다(김경재, 1993, 「한국 개신교의 인간관의 한계 – 한국사상과의 접점에서 – 」, 조명기외 33인 저, 『한국 사상의 심층연구』, 우석, 498쪽 참조)고 한다. 여기서 말하는 자유의 남용은 결국 욕망의 남용과 직결되는 문제임을 알 수 있다.
21) 이종란, 2017, 『의산문답』, 한설연, 300쪽.
22) 『신약전서』, 「갈라디아서」 2:20 ; 같은 책, 5:24 참조.

면, 강일순의 경우도 전통철학의 욕망 관련 담론이나 그리스도교의 관점과 보편성을 공유하고 있고, 또 그의 인간관의 일면을 엿볼 수 있다.

> 인간은 욕망을 채우지 못하면 분통이 터져 큰 병에 걸리느니라.[23]

선천의 잘못된 상극의 원리를 인간에 적용시키면 그 하나가 욕망과 관련이 있어 보이는데, 그 욕망의 좌절로 인해 분통이 터져 큰 병에 걸린다고 한다. 여기서 큰 병이란 육체적 질병을 배제할 수 없으나, 심리적·사회적 병리 현상을 일컫는 말로도 보인다. 욕망이 좌절된다고 누구나 질병에 걸리는 것은 아니어서, 이 말은 인간 사회에 존재하는 부조리의 다른 표현으로 보인다.

여기서 인간 사회에 한정하여 강일순의 사상에서 상극의 원리와 욕망과의 관계를 추론할 수 있다. 곧 상극의 원리가 지배한다는 뜻은 인간이 욕망의 지배를 받는다는 것을 의미한다. 그러므로 인간은 욕망하는 존재이다. 욕망하는 존재이므로 갈등과 투쟁이 없을 수 없고, 인간 사회의 부조리도 여기서 기인한다. 따라서 욕망이 있는 한 그 좌절을 겪는 자의 입장에서는 원한이 생길 수밖에 없는 것이 선천 세계에 사는 인간의 운명이다.[24]

---

23) 『전경』, 「교법」 3:24. 다른 곳에는 "원래 인간 세상에서 하고 싶은 일을 하지 못하면 분통이 터져서 큰 병을 이루나니(『도전』 4편 32:1)"로 되어 있다. 여기서 증산교와 그리스도교와 차이점이 드러난다. 전자는 욕망의 억압에, 후자는 자유(욕망)의 남용(김경재, 앞의 글, 489쪽)에 부조리의 원인을 두고 있어, 해법 또한 달라질 수 있음을 시사한다.

그러나 강일순은 이 욕망의 문제를 더 이상 크게 천착하지 않는다. 다만 그 좌절로 인해 생긴 원한이 쌓이고 쌓여 인간 사회와 더 나아가 우주·자연적 질서의 혼란까지 초래하게 되었다는 데 집중한다. 곧 현실의 부조리는 근원적으로 개인들의 욕망 좌절에 따른 것이지만, 그것이 누적된 사회적·자연적 차원의 원한에 더 비중을 두고 있다. 비록 그의 사상에 바르지 못한 세속적 욕망을 버리라는 가르침이 없는 것은 아니지만,[25] 이러한 원한을 푸는 해원解冤의 문제가 핵심 사상이 된 것은 이 같은 배경에서 자연스러운 일이며, 그의 천지공사天地公事 또한 이 문제와 연관되어 있다.

이처럼 해원의 문제를 중요하게 여긴 점은 선천 세계의 온갖 부조리의 원인이 바로 욕망 좌절에 따른 쌓인 원한 때문이라는 점을 쉽게 이해할 수 있다. 그렇다면 언제부터 그런 원한이 쌓여 왔는가?

> 예로부터 쌓인 원을 풀고 원에 인해서 생긴 모든 불상사를 없애고 영원한 평화를 이룩하는 공사를 행하리라. 머리를 긁으면 몸이 움직이는 것과 같이 인류 기록의 시작이고 원冤의 역사의 첫 장인 요堯의 아들 단주丹朱의 원을 풀면 그로부터 수천 년 쌓인 원의 마디와 고가 풀리리라. … 이로부터 원의 뿌리가 세상에 박히고 세대의 추이에 따라 원의 종자가 퍼지고 퍼져서 이제는 천지에 가득 차서 인간이 파멸하게 되었느니라.[26]

---

24) 이종란, 2018, 「증산 사상의 철학적 특징 – 민중의 입장이 반영된 이상세계 건립과 관련하여 –」, 『인문학연구』 제54집, 조선대학교 인문학연구소, 181쪽.
25) 『도전』 9편 217:6. 이 외에 욕망과 관련된 '욕심'을 버리라는 말은 자주 등장함.
26) 『전경』, 「공사」 3:4.

역사 기록에는 요의 아들 단주가 불초했기 때문에 덕이 있는 신하였던 순에게 왕위를 물려준 것으로 되어 있다. 그래서 동아시아 문명의 시작이자 그 모델인 요순시대부터 원한이 시작되어 쌓이고 쌓였다는 주장이다. 이는 어쩌면 그리스도교 창세기 신화처럼 최초 인간 아담 한 사람의 잘못으로 모든 인류에게 원죄를 가져다 준 것과 유사하여, 마치 현실의 부조리가 단주의 원한 때문이라고 규정하는 것은 부당하다고 할지 모르겠다. 더 나아가 단주의 원한이 정말로 후세 인류에게 큰 영향을 끼친 필연성을 갖는 사건인지 당연히 의심할 수도 있다.

여기서 우리는 객관적 사실보다 강일순의 이러한 주장의 상징과 의도에 주목할 필요가 있다. 신화의 내용을 액면 그대로 볼 것이 아니라 아담의 원죄가 인간의 욕망과 관련이 있다는 해석처럼, 단주의 원한도 역시 그러하다고 대응하는 관점에서 수긍할 수 있겠다. 더 나아가 강일순의 경우는 동아시아 문명의 모델인 요가 순에게 왕위를 선양한 사건 자체가 원한을 발생시키는 문제를 안고 있다는 점을 읽어낼 수 있다.

이러한 발언은 요순시대를 표준으로 여겨 본받고자 한 동아시아 전근대사회의 문명에 대한 근원적 비판이다. 특히 당시까지 조선의 불평등한 지배 체제와 그것을 떠받치는 역사관과 문명에 짓눌린 당시 민중들의 저항의식을 대변하고 있다고 보아야 한다. 그래서 전근대사회의 문명을 근원부터 비판적으로 바라보는 것으로 해석할 수 있다. 이 점은 고대의 역사를 끌어다 당대의 문명과 체제를 비판하는 형식으로서, 그가 전근대적 체제에 저항한 전봉준이나 역사적으로 권력 투쟁에서 패배한 이른바 역신들을 해원한 것을 보면, 전근대사회의 지배 체제에 대한 소극적 저항이자 전면적 비판으로 보인다.

이렇듯 단주의 원한은 합리적 관점에서 볼 때 인간의 실존 또는 잘못된 문명의 상징적·은유적 표현이었으며, 그의 원한을 풀어주는 일은 그런 인류 사회의 잘못된 문명에 따른 원한, 곧 부조리 해법의 첫걸음이라 하겠다. 그것이 단주해원의 천지공사였다.

이로 보건대 그의 세계관과 인간관은 선천 세계의 부조리한 모습의 원인 규명에 초점을 맞추고 있다. 그것이 상극의 도수와 그에 따른 욕망 좌절, 그리고 그로 인하여 쌓인 원한, 그 원한으로 천지가 상도를 잃는 악순환이 그것이었다.

이 때문에 세계의 존재적 본질이 무엇이며, 리와 기 가운데 무엇이 선차적이며, 또 인간의 본성과 심성의 관계는 어떠한지 따지는 문제는 관심의 대상이 아니었다. 그러나 이 문제는 증산교의 신관神觀과 관련된 매우 중요하고도 난해한 부분이다. 이것을 직접 언급한 곳을 찾아보기 힘들고, 겨우 그의 언행과 가르침을 연역해서 종합해보아야만 비로소 알 수 있는 문제이다.

다만, 인간의 욕망과 관련해서 그것의 남용보다 억압이 문제가 되는 것은 그 억압의 담지자가 단주나 전봉준처럼 역사의 패자에 해당되기 때문이다. 더구나 전근대사회에서 욕망을 남용할 수 없었을 뿐만 아니라, 지배층의 욕망 실현의 대상이자 피해자인 민중의 처지에서 볼 때, 욕망의 억압으로 원한이 쌓였다고 진단하는 것은 사회적 약자인 민중을 대변하는 처지에서는 당연한 논리였다. 전근대적 민중은 욕망의 남용을 걱정해야 할 대상이 아니었다. 유가철학에서 성학聖學이니 수신을 강조하면서 욕망의 남용을 경계해야 할 대상이 언제나 치자인 지배자에 해당하는 것과 정반대의 일이다. 만약 유가철학에서 존천리거인욕存天理去人欲을 지나치게 보편적으로 강조했다면 분명히 반민중적이다.

2) 인간의 원한과 신명

강일순은 선천의 세계에서는 인간의 원한이 쌓여 천지가 상도를 잃어 갖가지의 재화가 일어나고 세상은 참혹하게 되었다고 주장하지만, 여기에 하나의 문제가 있다. 좋든 나쁘든 자연의 변화가 인간에게 영향을 미치는 것은 자연스런 일이지만, 현재처럼 각종 공해로 자연에 강하게 영향을 미치는 때와 달리 기껏해야 일차 산업 위주의 사회에서, 인간의 원한이 자연의 변화에 어떻게 영향을 미치는지, 또 그 매개가 무엇인지 따져보아야 한다.

전통적으로 인사가 자연에 영향을 미친다는 이론적 생각은 대체로 한 대 동중서董仲舒에서 출발한다. 그는 『춘추』에 보이는 일식과 지진, 홍수와 한발, 해충의 발생이나 한서의 변괴 등 다양한 천재지변을 음양의 부조화에서 기이한다고 하였다.[27) 곧 정치가 마땅함을 잃으면 민중의 불평과 원망이 사악한 기운을 발생시켜서 인간 세계의 음양의 조화를 잃고 곧바로 자연계의 음양에 감응해서 그 정상적인 활동을 방해하여 뒤틀리게 한다고 한다.[28) 이런 천인감응의 재이사상은 동아시아 역사에 영향을 끼쳤으며 조선의 경우도 예외도 아니어서, 왕조실록을 조금이라도 펼쳐보면 확고한 전통으로 자리 잡았음을 알 수

---

27) 히하라 도시쿠니 지음, 김동민 옮김, 2013, 『한 제국, 덕치와 형벌의 이중주』, 글항아리, 373쪽.
28) 같은 책, 49쪽.

있다. 그러니까 인사와 자연의 변화를 매개하는 것은 기였다.

그 이론의 사실 여부를 떠나 강일순이 천인감응 사상을 받아들이는 것은 전통의 계승이다. 우리 속담에 '여자가 한을 품으면 오뉴월에도 서리가 내린다'라는 말이 있는데, 강일순이 "한 사람이 원한을 품어도 천지기운이 막힌다."[29]라고 한 말은 분명 민중들의 이런 속언과 통한다. 더욱이 그는

> 내가 하는 일은 농담 한 마디라도 도수에 박혀 천지에 울려 퍼지니 이후부터 범사에 실없이 말하지 말라.[30]

라고 말하여 사소한 인간의 일도 자연과 밀접하게 연관시키고 있다. 이런 농담 한 마디라도 자연에 영향을 미친다면, 앞의 인용에서 한 사람의 원한이 천지의 기운과 관계되므로 분명히 동중서의 이론처럼 기가 그런 매개를 한다고 할 수 있다. 그는 천지공사에도 기가 발동해야 한다고 하고, 초목이나 말뚝이라도 기운을 붙이면 쓰인다[31]는 말을 보면 분명 사물의 변화를 불러일으키는 매개는 기라는 점을 읽어낼 수 있다. 이는 그의 세계관이 기론과 연관되어 있음을 시사한다.

또 종교적 관점에서 인사의 화복과 또 인사와 자연을 매개하는 것에는 신명이 등장한다. 신명은 대개 죽은 자가 되는 경우가 많은데, 조상신이나 억울하게 죽은 사람이나 역사적으로 이슈가 되었던 인물

---

29) 『전경』, 「공사」 3:29 ; 『전경』, 「교법」 1:31.

30) 『전경』, 「행록」 4:15.

31) 『도전』 4편 55:10 ; 『전경』, 「교법」 3:1 ; 같은 책, 3:4. 그는 각종 천지공사에서 자연이든 신명이든 변화를 일으키는 힘을 매개하는 것은 기운으로서 기이다.

이 여기에 해당되며, 또 각 종교의 지도자였던 최제우나 전봉준 또는 주희나 마테오 리치 등을 신명으로 인정한다. 경우에 따라서는 초목에도 신명을 붙인다는 말도 있어 무속적 다신관을 포용하고 있다. 그의 말을 보면 인사나 자연 현상의 배후에 실질적으로 일을 주관하는 자는 이런 신명들이다.

그렇다면 왜 신명을 등장시켰을까? 아마도 그것은 민간신앙을 포용한 것이 일차적인 이유일 것이다. 그는 그리스도교를 일러 "신명의 박대가 심하니 감히 성공하지 못하리라."[32]고 말한 것을 보면, 그리스도교의 유일신관에 따른 배타적 신앙을 지적한 말로 보인다. 이렇게 언급한 배경을 상상해 보면, 개화기 당시에 서양 문명을 맹목적으로 추종하던 그리스도교 교인들이 우리 민속에서 여러 신을 숭상하는 일을 미신으로 치부하던 태도와 관련이 있을 것이다.[33] 그래서 강일순의 "조선과 같이 신명을 잘 대접하는 곳이 이 세상에 없도다."[34] 라는 말을 해석해 보면, 신명이란 일차적으로 민속에서 숭배하는 여러 신이나 귀신들을 일컫는 것으로 보인다. 이렇듯 민간신앙을 그의 가르침에 반영하여 민중을 깨우치기 위한 좋은 방편이 바로 신명이었다.

신명을 등장시킨 또 하나 이유는 현실의 복잡한 부조리의 모습을

---

32) 『전경』, 「교법」 1:66.
33) 한국의 개신교는 천주교보다 더 강력하게 한국의 전통문화에 대한 배타적 입장을 고수하여, 예수를 믿고 개종한다는 것은 '한국적'인 것을 모두 버리는 것(서광선, 1993, 「탈종교성과 민중의식 ─ 그리스도와 문화 …한국사상 造形과 관련하여 ─」, 조명기외 33인 저, 『한국사상의 심층연구』, 우석, 521쪽 참조)이라는 지적도 이와 관련된 평가이다.
34) 『전경』, 「교법」 3:22.

민중이 생각하는 방식을 통해 쉽게 설명하려는 것과 관계있고, 동시에 따르는 무리에게 신명의 권능을 이용하여 바람직한 행위의 실천력을 부여하는 방법이기도 하였다. 민중들에게는 믿는 구석이 없으면 윤리나 종교적 가르침의 자발적 실천을 이끌어 낼 수 없기 때문이다. 그래서 각자가 평소에 믿고 있는 민간신앙을 이용하는 것이 훨씬 유용할 수 있었다. 가령 사람들 사이의 싸움에 대해서 이렇게 말하고 있다.

> 사람들끼리의 싸움은 천상에서 선령신들 사이의 싸움을 일으키나니 천상 싸움이 끝난 뒤에 인간 싸움이 결정되느니라.[35]

싸움을 해서는 안 된다는 것을 신명과 관련시켜서 말했다. 싸움은 인간에서 비롯하지만, 그 결과는 신령의 싸움 결과에 달려 있다고 한다. 해당 인간의 화복을 신명과 결부시켰다. 그러니까 인간 사회의 혼란은 곧 신명계의 혼란과 관련이 있고, 그 결과는 신명계의 그것에 따라 결정된다. 삼계가 착란을 하는 까닭도 명부冥府 곧 신명계의 착란에 있다[36]고 하였다. 모든 일 곧 길흉화복이 신명이나 귀신과 관련된다는 민간신앙을 이용하여 인간 사회와 신명계를 끈끈하게 연결시켰다.

비단 인간 사회만이 아니라 한 개인 바르지 못할 때 가령 성질이 너그럽지 못하여 가정에 화기를 잃으면 신명들이 돕지 않는다는 것[37]

---

35) 『전경』, 「교법」, 1:54. 또 같은 책 1:17에도 이와 유사한 것을 볼 수 있다.
36) 『전경』, 「예시」, 1:10.
37) 『전경』, 「교법」, 1:42.

과 자연계에서 가령 초목이나 말뚝에게도 신명의 기운을 붙인다는 점38)에서 본다면, 신명은 피안의 세계에서만 존재하는 것이 아니라, 기를 매개로 인간현실과 자연의 일에 관여하고 있다. 이 점도 조상신이나 특별한 신이 인간의 일에 관여하고 또 바위나 연못 등 자연물에도 신이 깃들어 있다는 민간신앙을 받아들인 것으로 보인다. 여기서 또 알 수 있는 것은 신명도 기운을 가지고 있다는 점으로서 신의 존재가 기와 연관되어 있음을 말해주고 있다.

　그런데 무엇보다 이런 신명의 도입은 그가 선천과 후천 세계의 배후에 존재하는 힘을 설명하기 위해서였다. 앞에서 인용한 "세상이 원한이 쌓이고 맺혀 삼계를 채웠으니 천지가 상도를 잃어 갖가지의 재화가 일어나고 세상은 참혹하게 되었다."는 말에서 쌓인 원한이란 이전 역사에 존재했던 인물들이 죽어서 된 신명들의 원한이다. 그 신명들의 원한으로 신명계의 착란이 생겨 갖가지 재화가 일어나 세상이 참혹하게 되었으므로, 그 신명들을 달래는 일이 무엇보다 중요한 문제로 부각된다. 이것이 바로 강일순이 무엇보다 중요하게 여긴 신명을 해원하는 공사인데, 그의 사유 체계에서는 필요한 일이다. 다시 말하면 이미 이전에 발생한 원한은 현세 인간의 책임도 그 능력 범위 안의 일도 아니지만, 이들의 원한을 해원하는 것은 이상 세계를 건설하기 반드시 필요한 수순이며, 잘못된 세계를 바로잡기 위한 신적인 권능이 필요한 부분이다. 민중들을 이해시키기 위해서는 그들이 믿는 신앙에 근거하여 인간과 자연을 매개하거나 인간의 배후에 존재하는 힘으로서 신명을 거론할 수밖에 없었다. 좀 더 천착하면 해원의 대상

---

38) 『전경』, 「교법」 3:1 ; 같은 책, 3:4.

인 신명은 고도의 상징으로서 개인과 집단에게 있어서 신학자 하비 콕스(Harvey Cox, 1929~)가 지적한 '전근대적 유산에 짓눌린 짐'이다.[39] 신명을 해원하는 것은 그러한 짐에서 민중들을 해방시켜 지상선경을 건설하기 위한 일이다.

이렇듯 후천 세계의 새로운 세계가 도래하기 위해서는 이러한 신명계의 착란을 바로잡고, 자연계의 어긋난 도수를 뜯어고치는 실천적 행위가 뒤따를 수밖에 없는 것이 논리상 당연한 순서이다. 우리는 여기서 선천 세계 부조리의 해명을 위해 인간의 원한과 천지의 어긋난 도수와 신명의 역할을 도입했다는 점에서, 정역의 세계관과 무속이라는 민간신앙의 세계관이 접합하고 있음을 엿볼 수 있고, 비록 신명계와 인간계라는 두 세계를 말해도 기로서 하나로 연결되고 있으며[40] 민간신앙을 하나의 원리로서 체계화시켜 보편적으로 상승시키고 있음을 알 수 있다.

3) 후천의 지상선경

강일순은 부조리한 현실 세계를 상극의 원리가 지배하는 선천이라 규정했으니, 우리는 그 반대인 이상 세계를 상생의 원리가 지배하는 후천이라 함을 쉽게 추론할 수 있다. 종교적 실천을 통해 도달하고자

---

39) 하비 콕스 지음, 이상률 옮김, 2020, 『세속도시』, 문예출판사, 243쪽 참조. 여기서 저자는 예수가 추방한 악령을 이렇게 표현했다.

40) 상제와 신명이 무엇으로 이루어져 있느냐 하는 점은 그리스도교의 신관과 같은지 다른지를 구별하는 중요한 시금석 가운데 하나이다. 더 자세한 내용은 본 총서의 『서양 문명의 도전과 기의 철학』에서 다룬다.

하는 지향점이다.

전통적으로 이상향을 말할 때 도교나 선도仙道에서는 선경仙境이라 불렀는데, 그는 그것을 가져와 이러한 후천을 '지상선경'이라 하고, 그 외에 '후천선경' 드물게 '조화선경'이나 '개벽선경'이라 불렀으며 상생의 원리가 지배한다.[41] 이런 이상 세계가 그 명칭에서 알 수 있듯이 사후의 세계나 천상의 세계가 아니라 이 땅에 건설되는 지상선경이라는 데서 내세를 믿는 여타 종교와 색다른 점이 있다.

그렇다면 지상선경으로 대표되는 후천의 이상 세계의 모습은 어떠하며 어떤 자격을 지닌 사람이 거기서 주체 세력이 될 수 있는가? 먼저 그 이상 세계의 모습부터 살펴보기로 하자.

> 후천에는 또 천하가 한집안이 되어 위무威武와 형벌을 쓰지 않고도 조화로써 창생을 법리에 맞도록 다스리리라. 벌슬하는 자는 화권化權이 열려 분에 넘치는 법이 없고 백성은 원울과 탐음의 모든 번뇌가 없을 것이며 병들어 괴롭고 죽어 장사하는 것을 면하여 불로불사하며 빈부의 차별이 없고 마음대로 왕래하고 하늘이 낮아서 오르고 내리는 것이 뜻대로 되며 지혜가 밝아져 과거와 현재와 미래와 시방세계에 통달하고 세상에 수·화·풍의 삼재가 없어져서 상서祥瑞가 무르녹는 지상선경으로 화하리라.[42]

지상선경에는 벼슬하는 자와 백성이 있고 다스리는 정치 행위가 있어서 인간 사후의 세계는 아니다. 강일순은 인간이 죽으면 전통의 관념에 따라 혼백으로 분리되어 혼은 영靈이나 선仙이 되고 백은 귀鬼

---

41) 『전경』, 「공사」 1:3 ; 『전경』, 「예시」 1:6 ; 같은 책, 1:9.
42) 같은 책, 1:80.

로 된다고 분명히 말하였을 뿐만 아니라, 앞에서도 살펴보았듯이 각종 신명들은 대부분 인간이 죽어서 된 신들이다. 그에게 있어서 신들의 세계와 인간의 세계가 비록 기를 매개로 서로 관여하고는 있지만, 적어도 형식면에서 볼 때는 엄연히 다른 차원의 세계이므로, 지상선경은 사후의 내세가 아니다.

그렇다고 지상선경을 전통의 도교에서 말하는 속세를 초월한 선경이라고 말할 수도 없다. 비록 도교에서 말하는 불로불사를 누리며 마음대로 왕래하고 하늘에 오르내리거나 삼재가 없다는 점을 받아들였어도, 지상선경은 속세를 떠난 비사회적 세계는 결코 아니다. 형벌을 쓰지 않고 조화로써 창생을 법리에 맞게 다스리거나 벼슬하는 자가 있다는 점이 그것을 말해고 있기 때문이다. 이 점에 대해서 조선 후기 홍대용도 신선의 세계를 속세를 초월한 비사회적이라고 비판하고 있다.[43] 사실 도교의 신학을 정초한 갈홍葛洪(284~363)의 사상에서 신선이 되는 일차 목적은 개인의 장생구시長生久視 또는 불로장생이지, 도술을 통한 능력의 발휘는 부차적이다.[44] 강일순은 불로장생을 부정하지는 않지만, 지상선경의 주목적은 모든 백성이 상생의 도로써 조화롭고 평화로우며 평등하게 잘 사는 일이다.

더 나아가 지상선경은 그 모습이 상세하다는 점에서 정역正易의 그것과 구별이 되며 민간신앙과도 다르고, 또 죽은 자도 부활하여 동참하는 그리스도교의 천년왕국과도 다르다.

이러한 지상선경의 성격이 어떠한지는 위의 인용문만으로는 정확

---

43) 이종란, 『의산문답』, 앞의 책, 229~234쪽 참조.
44) 牟鐘鑒 지음, 이봉호 옮김, 2015, 『중국 도교사』, 예문서원, 98~115쪽 참조.

히 알 수 없다. 관련 경전에 나오는 지상선경의 모습을 종합해 보아야 그 성격이 보다 명확해진다. 우선 앞에서 인용한 내용을 보면 원한과 탐욕과 질병과 빈부 차별과 자연재해가 없고, 불로불사하고 지혜가 열리며 하늘을 마음대로 왕래한다고 한다. 종합하면 인간 체형의 변화, 교통의 발달, 도덕에 부합한 행동, 풍부한 음식과 옷, 운거雲車의 이용, 집집마다 등대燈臺의 소유, 화통 없는 기차, 공덕에 따른 인간의 등급45)과 그 외에 사람을 해치는 곤충과 동물이 없고, 신명과 인간이 조화를 이루며 만인과 남녀가 평등하고, 인의의 도덕을 쓰며, 언어가 통일 되고 조선에서의 소중화가 대중화로 변한다는 등46)이 그것이다. 이 모습을 가만히 들여다보면 도교에서 말하는 신선이 누리는 경지보 다 상당히 구체적이고 현실적이며 사회적이다.

이것을 현재 우리가 누리고 있는 것과 조만간 실현될 것 그리고 먼 미래에 가능한 것으로 분류해 보자. 지금 우리가 누리는 것에는 과거 우리 조상들보다 변화된 체형, 과학 발달에 따른 자연에 대한 지혜의 열림, 교통의 발달, 풍부한 옷, 비행기, 밝은 전등, 석탄을 이용

---

45) 김성윤, 2000,「姜甑山의 理想社會論과 天地公事」,『지역과 역사』제7호, 부경 역사연구소, 30쪽. 관련 경전에 산재 해 있는 사례를 이 글에서 잘 요약해 놓았 음. 여기서 '화통 없는 기차'나 '운거' 등을 언급한 것은 증산이 당시로서는 첨단 교통기관이었던 석탄을 연료로 사용한 증기기차 등 문명의 이기를 보고, 자신이 천지공사로 실현하는 지상선경은 이보다 나은 세계라는 점을 주장하는 것으로, 당시의 서구식 문명을 인정하면서도 그것에 대응하여 대안적 세계를 제시하고 있다고 하겠다. 물론 종교적으로는 서양 문명이 가져온 그리스도교 에 대응하는 의식도 간접적으로 엿볼 수 있다.

46) 차선근, 2013,「대순진리회의 개벽과 지상선경」,『신종교연구』제29집, 한국신 종교학회, 236~237쪽. 이 글도 앞의 김성윤의 요약 외에 해당 사례를 잘 요약해 놓았음.

하지 않는 기차, 능력에 따른 차등, 법 앞에 남녀와 만인이 평등한 것 등이며, 질병과 해충 및 사람을 해치는 동물의 감소, 위무威武에 의한 통치의 폐기, 언어의 통일은 점차 실현되고 있는 것들이다. 또 자연재해 극복과 빈부 격차 해소와 도덕적 사회는 우리의 역량에 따라 먼 미래에 실현될 것들이다. 다만 불로불사 자체는 어렵지만 대신 인간의 수명이 늘어나고 있고, 인의의 도덕은 보편적인 것으로 해석하여 적용할 문제로 남으며, 소중화가 대중화로 변한다는 것도 우리의 문명의 위상을 높이는 문제이다. 이렇게 분류해 보았을 때 한두 항목 가령 경제적 불평등과 불로불사와 도덕에 부합한 행동 등의 몇 가지 항목만 제외하고, 거의 우리가 누리고 있거나 조만간 누리게 될 것들이다.

이 내용을 다시 영역별로 정리해보자. 우선 사회적으로 신분과 남녀의 차별이 없이 만인이 평등하여 능력의 차이에 따른 대우만 인정되고 사회적 약자가 배려 받고 있고, 벼슬아치가 권력을 남용하지도 않는다. 곧 원한과 탐욕이 없는 평화롭고 윤리적이며 도덕적 사회이다. 다만 "위무와 형벌을 쓰지 않고도 조화로써 창생을 법리에 맞도록 다스린다."고 하여 통치자의 덕과 능력을 말하는 점에서 인민이 주권을 가지며 인민 자신들을 위해 정치에 참여하는 제도와 온도차가 있다.

경제적으로는 빈부 격차가 없이 풍족한 의식주를 누리며, 과학·기술면에서는 인간의 지혜가 열려 자연재해와 질병이 극복되어 긴 수명과 편리한 교통과 생활의 편의를 누린다. 문화적으로는 언어와 문명의 통일과 우리 문화의 위상이 향상되고 있다. 무엇보다 사상적으로는 특히 신명과 조화를 이룬다는 점에서 인간 자신의 이성적인 주체성과 자율성을 확보하고 있다. 다시 말해 민중들은 팔자타령의 운명론이나 복을 바라고 화를 피하는 기복적인 민간신앙, 관습의 억압, 그리고 특정 지역의 문화에 얽매인 종교의 편협성으로부터 벗어나고 있다. 이러한 세계는 공통적으로 상생의 원리에 기초한 평화롭고 조화로운 사회의 모습47)이다.

강일순이 말한 이런 후천선경의 모습은 경험을 배제한 그의 상상력에서만 존재했던 미래에 대한 순수한 예견이 아니다. 그가 3년 동안 전국을 유력하면서 보고 들은 신문물과 전통의 경험을 토대로 예지력을 발휘하여 재구성한 것으로 보인다. 이것들은 자연·정치·사회·경제·윤리·생활·의학 등 인간 사회에 관계된 거의 모든 영역의 모습을 망라한 것으로, 그가 당시 경험한 서구 문물과 보고 들은 것을 발전시키거나 기존의 도교의 내용을 참고하여 상상해낸 것으로 보인다. 그 의도는 당시 수용한 서구식 문물에 대응하여 그보다 자신이 이룩한 지상선경의 문물이 더 우월하다는 점을 드러내고 자 한 것이다. 사실 그는 서양의 신문물을 반대하지 않았고 그것들은 오히려 천국의 것을 본뜬 것48)이라는 말을 되씹어 보면, 이러한 추론이 가능하다.

또 그가 반대하던 과부 수절은 이미 갑오개혁 때 과부의 재가가 허용되었고, 또 반상의 구별과 노비 제도 등은 철폐되었다. 게다가 애국계몽기에 들어서면서 개화사상가들은 언론을 통하여 근대 민권사상에 근거하는 사회 정치론과 근대적 과학 기술 문명을 대중에게

---

47) 『전경』, 「공사」 1:3 ; 『전경』, 「교운」 1:16 ; 『전경』, 「예시」 1:9 참조.
48) 『전경』, 「공사」 1:35 ; 『도전』 2편 30:7 ; 『도전』 4편 13:5.

널리 알렸다. 비록 희미하지만 강일순의 이런 사상의 일부는 우리의 근대화 담론인 애국계몽기의 개화사상에 맥락이 닿아있다.

이처럼 강일순의 지상선경은 당시까지 민중들이 갈구하고 그들 사이에서 면면히 전승되어 오던 이상 세계인 유토피아를 수렴하여 종교적으로 제시한 것이다. 증산교 경전에서도 보이는 바와 같이 정감록이나 남조선 사상 등이 반영되어 있다.

아무튼 그것은 보통의 종교에서 말하는 현실의 삶을 초월한 이상적이며 관념적 내세와 달리 현세 인간의 사회적 삶을 총체적으로 상세하게 다루고 있다는 점에서, 그리고 그 모습이 현대의 우리의 삶의 모습과 상당히 닮아 있다는 점에서 당시 선각자의 예지로서 예견할 수 있었던 일종의 근대 세계였다. 다만 그 모습이 지금의 우리의 그것과 다르기 때문에 대안적 근대 세계라고 평가할 수 있다. 그래서 그의 지상선경은 당시나 일제강점기나 광복 후에 사회의 주류 세력들이 맹목적으로 추종하려고 했던 서구식 근대화와는 분명히 다르다. 그는 서양 문명이 물질에 치우쳐서 도리어 인류의 교만을 조장하고 천리를 흔들고 자연을 정복하려는 데서 모든 죄악을 끊임없이 저질렀다[49]고 주장하고 있기 때문이다.

이런 그의 문명 수용론적 태도를 동양의 정신과 서양 과학의 결합으로 보는 동도서기의 관점이라고 규정한 연구도 있으나, 그 동도가 무엇이냐에 따라 기존의 유교 중심의 동도서기와는 구별될 것이다. 이는 후천의 지상선경을 지배하는 이념이 어떤 것이냐에 따라 결정될 문제이며, 그 이념이 어느 한 지역이나 시대를 뛰어 넘는 보편적인

---

49) 『전경』, 「교운」 1:9.

것이라면 굳이 동도서기라고 규정할 필요도 없다. 다만 서양 문명은 천국의 것을 본떴다는 그의 말에서 서양 문명 수용 양태를 '서학천국 모방설' 정도로 말할 수 있겠다.[50]

이렇게 강일순이 근대전환기 도학자들처럼 서양의 신문물이 인심을 타락시키고 사치를 조장하는 것이라 보지 않고, 이상 사회의 모습으로 긍정한 점은 민중의 입장에서 볼 때 어쩌면 당연한 일이고, 그의 지상선경의 모습과 내용은 비록 민중에게 쉽게 접근하는 종교의 외피를 입고 있지만, 성격상 서구적 근대화를 맹목적으로 추종하지 않는 대안적 근대화의 모습[51] 또는 근대 문명이 투영된 이상 세계라 평가할 수 있다.

4) 지상선경의 주체

보통의 종교에서는 교조의 가르침을 추종하거나 그 과정에서 순교한 자들에게 이상 세계에 들어 갈 자격이 주어진다고 하지만, 그리 단순한 문제는 아니다. 거기에 들어가는 사람이 어떤 인물인지는 해당 종교의 교리와 신학에 비추어 볼 때 매우 난해한 문제를 야기할 뿐더러, 더구나 현대처럼 복잡한 삶 속에서 교조가 가르친 형식 논리만 가지고 이상 사회의 주체를 논한다는 것은 종교의 본질에 어긋날 때도 있다.

여기서는 종교의 본질이나 신학적 측면보다 당시 사회적 배경에서

---

50) 더 자세한 것은 본 총서시리즈 『서양 문명의 도전과 기의 철학』을 참조할 것.
51) 이종란, 2018, 「증산 사상의 철학적 특징 – 민중의 입장이 반영된 이상세계 건립과 관련하여 – 」, 앞의 글, 210쪽.

강일순이 한 말을 중심으로 그 주체를 살펴보려고 한다. 우리는 앞서 강일순 자신이 민중 출신이고 그를 따르던 무리들이 민중이며, 후천의 지상선경에서는 만인이 평등하며 사회적 약자가 배려 받는 사회임을 살펴보았다. 그래서 자연스럽게 후천선경은 사회적 약자에 속하는 민중이 주체가 되는 사회임을 짐작할 수 있다.

> 후천에서는 약한 자가 도움을 얻으며 병든 자가 일어나며 천한 자가 높아지며 어리석은 자가 지혜를 얻을 것이요 강하고 부하고 귀하고 지혜로운 자는 다 스스로 깎일지라.[52]

후천 세계에서는 약하고, 병들고, 천하고, 어리석은 자들이 강하고 부하고 귀하고 지혜로운 자들보다 대접받는다. 그렇다면 이들은 누구인가? 강일순이 평소 가까이 하였던 사람을 종합하면 농민·노비출신·서자·상민·천민·빈민·여성·홀아비·무당 등 당시 사회에서 차별받던 계층이었다. 이들이 후천에서 대접받는다는 점은 이들이 그 세계의 주체임을 선언한 말이다.

그렇다면 왜 이들이 그 세상에서 대접받는가? 그것은 강일순 자신을 포함하여 그를 따르던 사람들이 이런 민중이었기 때문이기도 하지만, 무엇보다 그의 사상 내부에서 볼 때도 일관성이 있다. 권력을 가진 자나 부자나 귀한 자나 지혜로운 자들은 그것을 가지고 척을 져서 남에게 원한을 갖게 하나, 이들의 지배를 당하는 민중들은 상대적으로 남에게 척을 지는 일이 적기 때문이다.

---

52) 『전경』, 「교법」 2:11. 이 외에도 같은 책의 1:24 ; 3:1 ; 3:4에도 이와 유사한 말이 보인다.

이것은 또한 어떤 사회의 지배층이 개인적으로 비도덕적이라서만은 아니다. 상극의 원리가 지배하는 선천 세계에서 그들은 제도적으로 기득권을 보장받고 민중을 억압하는 그 제도의 혜택을 받아 잘 살고 있다는 그 사실 하나만으로도 상생의 도를 위반하여, 빈곤하거나 힘없는 사람의 원한의 대상이 될 수밖에 없다. 그래서 강일순은 이것을 상징적으로 "부자의 집 마루와 방과 곳간에는 살기와 재앙이 가득 차 있나니라."[53]라고 표현했다.

더 나아가 누구나 남에게 군림하여 그들의 원한을 사지 말고 약하고, 병들고, 천하고, 어리석은 자들처럼 겸손하게 살라는 메시지 곧 후천 세계를 건설하는 실천적 행위와 관련된 말로 해석할 수 있다. 그렇게 살면 신명이 후천 세계의 주체로서 쓰도록 돕지만, 그렇지 못하면 모두 척에 걸려 콩나물 뽑히듯이 한다[54]는 선언이 그것을 말해 준다.

여기서 신명의 역할이 다시 등장한다. 앞서 그가 정역과 민간신앙을 포용하여 선천 세계의 부조리의 원인을 설명할 때, 신명들의 원한으로 신명계의 착란이 생기고 그 때문에 갖가지 재화가 일어나 세상이 참혹하게 되었다는 점을 밝힌 바 있다. 이러한 후천선경의 새로운 세계가 도래하기 위해서는 강일순이 신명계의 착란을 바로잡고 자연계의 어긋난 도수를 뜯어고치는 천지(삼계)공사를 베풀었는데, 그 이후에는 신명이 인간 위에 군림하는 것이 아니라 인간을 돕는다고 한다. 이전처럼 인간과 신명이 이분화 되어 나약한 인간은 신명을 섬기

---

53) 『전경』, 「교법」 3:4
54) 같은 책.

면서 그에게 의존하는 것이 아니라, 신명과 인간이 서로의 고유한 가치로서 상합相合하는 새로운 관계를 형성한다[55]고 한다. 그러니 과거처럼 무턱대고 신명을 섬기기만 한다고 해서 무작정 도와주지 않는다. 그래서 탐내지 않고 일을 편벽되게 처리하지 않고 삼가고 덕을 닦기에 힘쓰고 마음을 올바르게 가진 자를 돕는다[56]고 한다. 후천선경의 주인이 되는 자격은 이렇게 신명들마저 도와줄만한 덕을 가지고 있어야 한다.

그렇다면 이렇게 지상선경의 주체로서의 자격을 강조하는 데에 왜 신명을 동원하는가? 철학적 관점에서 신명의 동원과 역할을 객관적으로 입증할 수는 없지만, 합리적으로 해석할 수는 있다. 사실 민중들은 스스로 수양하고 이성적인 판단으로 도덕적인 사람이 되기는 쉽지 않다. 이들에겐 종교적 가르침을 통해 바른 행위로 유도하는 것이 훨씬 효과적이다. 강일순이 천지공사를 통하여 인간 중심으로 신명의 역할을 재조정하였다는 점은 민중의 도덕적 자각과 실천력을 확보하기 위한 실용적 방편이 될 수도 있다. 이것은 정약용의 철학에서 마음을 감찰·감독하는 상제가 요청되는 까닭과 유사하다. 나아가 하늘이 착한 자에게 복을 주고 악한 자에게 벌을 준다거나 하늘을 따르는 자는 흥하고 하늘을 배반하는 자는 망한다는 전통의 관념과도 통한다. 이렇듯 신명의 동원은 바로 도덕의 실천을 위해 요청되는 신의 역할을 위해서였다.

---

55) 이경원, 2012, 「강일순의 후천개벽론」, 『한국종교』 제35집, 원광대학교 종교문제연구소, 164쪽.

56) 『전경』, 「교법」 1:29. 그 외 도덕적 행위와 신명의 관계는 같은 책 1:42 ; 1:55 ; 2:17 ; 2:44 ; 3:5 등에도 보임.

이렇게 남에게 군림하지 않고 낮아지며 바른 마음을 유지하고 남이 잘되기를 바라는 상생의 도리를 실천하는 데는 내 마음을 꿰뚫어 보는 신명이 있다고 가르치는 것이 이성적인 자기 수양에 익숙하지 못한 민중에게 훨씬 효과적인 실천을 유도하는 방법일 수도 있다. 현대의 많은 종교에서 신봉하는 신의 존재 여부는 객관적으로 입증할 수는 없지만, 선행이나 겸손 등의 바른 행위로 대중을 이끄는 데는 이런 요청되는 신으로서 실용적인 측면이 일정하게 기여하고 있다고 본다.

그렇다면 이런 신명이란 실질적으로 무엇을 상징하고 있는가? 표현상에서 볼 때 민간신앙의 신명을 따랐지만, 강일순이 새롭게 규정한 면을 면밀히 관찰해 보면, 인간이 변화된 존재로서 신과 인간은 동일한 범주에서 이해하여야 한다.[57] 이 점은 신명이 독자적으로 행동하는 것이 아니라, 인간의 행위와 함께 움직이는 것으로 인간의 양심을 인격화하거나 인간의 화신에 불과한 것[58]으로 이해된다. 이것은 마치 독일의 종교개혁가 뮌처Münzer(1490경~1525)가 성서에서 말한 성령을 우리의 내부에 존재하는 이성으로 보려 한 것[59]과 맥락을 같이한다. 그러니 신명계의 일이란 곧 인간 사회의 일과 다른 것이 아니다.

따라서 맹목적인 신앙이 아니라 스스로 덕을 닦고 마음을 올바르게 하여야 신명들의 지지를 받는다. 겸손하고 낮아지며 약자처럼 남을

---

57) 정규훈, 2002, 「한국민족종교에 미친 유교의 영향」, 『동양철학연구』 29권, 동양철학연구회, 21쪽.
58) 조재국, 1998, 「증산교의 역사와 사상」, 『한국문화신학회 논문집』 vol.2, 한국문화신학회, 304쪽.
59) 강재언, 1986, 『근대한국사상사연구』, 미래사, 125쪽.

착취하지 않고, 제도의 기득권에 안주하지 않으며 남이 잘되게 하는 태도와 삶, 곧 상생의 도리를 잘 실천해야 한다. 이런 사람이 후천 지상선경의 주인이자 주체이다.

3 이상 세계 건설을 위한 실천

1) 의료 행위로서의 천지공사

종교나 신학이 아닌 철학적 입장에서 강일순의 사상을 연구할 때 가장 이해하기 어려운 점은 그의 천지공사와 관련된 일이다. 천지공사란 강일순이 부조리한 세계인 선천을 조화로운 상생의 후천으로 전환시키는 그의 종교적 행위로서, 지상선경은 어떤 방법으로 도래하는지를 말해주고 있다.

> 선천에서는 인간 사물이 모두 상극에 지배되어 세상이 원한이 쌓이고 맺혀 삼계를 채웠으니 천지가 상도를 잃어 갖가지의 재화가 일어나고 세상은 참혹하게 되었도다. 그러므로 내가 천지의 도수를 정리하고 신명을 조화하여 만고의 원한을 풀고 상생의 도로 후천의 선경을 세워서 세계의 민생을 건지려 하노라. 무릇 크고 작은 일을 가리지 않고 신도로부터 원을 풀어야 하느니라. 먼저 도수를 굳건히 하여 조화하면 그것이 기틀이 되어 인사가 저절로 이룩될 것이니라. 이것이 곧 삼계공사三界公事이니라.[60]

---

60) 『전경』, 「공사」 1:3. 또 『전경』의 「교법」 3:34와 「예시」 1:8 등에도 이와 유사한 말이 보인다.

삼계공사는 천지공사의 다른 이름으로 크게 자연계의 운도공사運度公事와 신명계의 신도공사神道公事, 인간계의 인도공사人道公事로 나누고, 해당 영역별로 더 세분화시키고 있다. 정역에서는 어느 시점에 후천에서 선천으로 전환한다고만 했지 인위적인 전환을 말하지는 않았으나, 강일순은 위 인용문의 말처럼 본인 스스로 직접 의도적으로 전환시킨 사건이 천지공사이다.

그렇다면 천지공사를 어떤 방식으로 행하였을까? 관련 경전을 종합하면 그 공사의 방식은 종이에 글을 쓰거나 부호를 그려 불사르거나 땅에 묻거나 또는 주문을 외기도 하였으며, 사용한 음식물로는 술·고기·식혜·물 등이 있고, 물품으로는 양산대·짚신·종이·고깔·안경·담뱃대·수건·활·화살·부채·빗자루·칼·붓·먹 등이다.

이러니 천지공사는 얼핏 보면 비상식적이고 무속적이며 주술적이다. 주술의 사전적 의미는 초자연적인 존재나 신비적인 힘을 빌려 여러 가지 현상을 일으키어 인간의 길흉화복을 해결하려고 하는 기술을 뜻한다. 그 형식은 주문을 자주 외거나 상징물을 활용한다. 천지공사는 적어도 형식면에서는 당시 민중의 삶이 주술의 영향을 크게 받았음을 반증하고 있다.

아무튼 조금이라도 이성적인 사람은 이것을 납득하기 쉽지 않다. 물론 강일순을 상제로 믿고 그가 행한 신이한 이적과 기적을 직접 본 사람들은 예외가 되겠지만, 당시에 직접 보지 못한 사람이거나 후세의 사람들에게는 납득할 수 없는 일이다. 그래서인지 당대의 일부 민중들도 이런 기이한 행위를 보고 강일순을 광인으로 취급하였고[61]

---

61) 『전경』, 「행록」 3:34 ; 같은 책, 3:64.

그 자신도 그것을 의식하고 있었다.[62]

철학의 입장에서 가장 큰 합리적인 의문은 과연 이 천지공사가 물리적인 자연과 그것이 운행하는 원리에 정말로 필연적인 영향을 미칠 수 있는가이다. 신 또는 신명을 믿지 않는 사람들은 물론이요, 강일순의 권능과 그를 상제로 믿지 않는 자에게는 더욱 그러하다. 이 문제와 함께 천지공사를 무슨 목적으로, 또 앞에서 말한 주술적 상징물을 통해 실제로 무엇을 행하려고 하였는지 알아보자.

우선 그 목적은 바로 상극의 원리에 지배되어 원한이 쌓인 선천의 세계를 상생의 원리가 지배하는 후천선경으로 전환시켜 인류를 구원하기 위해서라고 한다. 인류를 구원한다는 신앙적 눈으로만 볼 때는 그리스도교에서 말하는 예수의 인류 구원 사업과 비견된다. 좀 더 구체적으로 말하면 먼저 상극의 원리가 지배하는 천지의 도수를 뜯어고쳐 상생의 원리가 지배하도록 하고, 다음으로 명부冥府의 착란에 따른 신명계를 조화시키고, 끝으로 만고의 원한을 푼다는 것이다. 그러니까 세상의 부조리를 상징하는 고통과 재난의 원인을 알아서 뜯어 고친다는 논리이다.

여기서 일단 종교나 신학적 입장을 배제하고 합리적인 관점에서 보면, 앞서 소개한 상징물을 가지고 천지공사를 했다는 점에서 고도의 은유와 상징으로 이해할 수밖에 없다. 보통의 종교나 신학도 그렇듯이 그 상징을 통해 종교적 실재에 더 가깝게 나아갈 수도 있을 수도 있겠지만, 철학적으로 이해할 수 있는 여지도 충분히 있다.

---

62) 『전경』, 「예시」 1:47.

나는 하늘도 뜯어고치고 땅도 뜯어고치고 사람에게도 신명으로
하여금 가슴 속에 드나들게 하여 다 고쳐 쓰리라.[63]

일단 하늘이 상징하는 선천의 도수를 '뜯어 고친다'는 말에 주의해
보자. 이 말은 관련 경전에 자주 등장하는데, 그것은 어떤 제작자가
잘못 만든 물건을 해체하여 다시 만든 것으로 비유하고 있다. 물건의
조립이나 뜨개질을 생각해보면 쉽게 이해할 수 있다. 그러나 이렇게
만 본다면 세상을 재창조한다는 오해를 하게 만든다. 후천선경은 세
계의 재창조가 아니라, 기존의 병든 선천의 세계를 건강하게 고치는
것을 의미한다.

그런 점에서 그의 세계 인식과 문제 해결의 틀을 발견할 수 있다.
천지공사는 자연과 인간 그리고 신명계를 아우르는 공사로서, 자연과
인간 사회, 더 나아가 신명계가 분리되어 있지 않고 하나의 몸이라는
유기체적 관점을 전제하고 있다. 앞에서도 살펴봤지만 자연적 상극의
원리가 인간에게 영향을 끼치기도 하지만, 인간의 원한이 자연에 영
향을 끼치기도 한다는 점에서 확인할 수 있다.

이렇게 자연과 인간은 하나의 유기체와 같은 것으로 이해한다면,
그 유기체가 잘못되었을 때는 고쳐야 할 필요가 있고, 그 잘못된 것은
바로 질병 때문이다. 그러니까 강일순의 천지공사는 병든 세계를 치
료하는 행위와 다를 바 없다. '뜯어 고친다'는 말이 일종의 의료 행위
였다. 특히 해원은 현대식으로 말하면 심리적 위로와 보상에 따른 치
료와 관계가 된다. 세계에 대한 이런 진단과 해법의 방식은 전통 의학

---

63) 『전경』, 「교법」 3:1. 또 같은 책의 3:4와 「예시」 1:6~10 · 16에도 이와 유사하게
말하고 있다.

의 그것과 유사하다.

이런 판단에는 일정한 근거가 있다. 강일순 자신이 직접 병고에 빠진 인류를 건진다[64]고 말한 것이 그 첫 번째 증거이다. 이것은 상극의 원리에 지배된 선천 세계의 부조리한 모습을 해결한다는 의미이다.

둘째로 인간사를 병에 비유하였다. 곧 크고 작은 병은 무도無道한 데서 나온다고 한다. 무도한 것이란 부모와 임금과 스승의 은혜를 잊은 것을 말하며, 세상에 충과 효와 열烈이 없어 천하가 병들었다[65]고 진단하였다.

셋째로 강일순은 의술에 깊은 조예가 있었고, 실제로 동곡(구릿골)에 약방을 차려 많은 민중들의 질병을 치료하기도 하고, 그 약방을 천지공사에 활용하기도 하였다. 『전경』에서 엿볼 수 있는 강일순의 환자 치료 장면은 무수히 많다. 앞에서 언급했던 산후복통·천식·횟병·치질·간질·문둥병·각통·체증·종창·폐병·토질·다리부종·창증·이질·요통·신병·천포창·설사·단독·신열·해소·성병 등의 병이 그 대상이었다.

넷째로 강일순은 자신이 차린 약방 이름을 '만국의원萬國醫院'이라 한 것을 보면 특별한 의도가 있어 보인다. 누가 물으면 그 약국에서 "죽은 자를 재생케 하며 눈먼 자를 보게 하고 앉은뱅이도 걷게 하며 그밖에 모든 질병을 다 낫게 하리라고 하겠나이다."[66]라고 한 것을 보면 실제로 의원에서 하는 치료보다 종교적 또는 상징적 의미가 더

---

64) 『전경』, 「행록」 5:5.

65) 大病出於無道, 小病出於無道. … 忘其父者無道, 忘其君者無道, 忘其師者無道. 世無忠, 世無孝, 世無烈, 是故天下皆病(같은 책, 5:31).

66) 『전경』, 「공사」 3:35.

농후하다. 그래서 약방 설립의 주 목적이 천지공사와 관련된 것으로 본다.

다섯째로 실제 환자의 치료 과정에서는 천지공사와 질병 치료의 경계가 애매한 경우도 더러 있다. 환자의 병을 치료하기 위해 사물탕 四物湯을 끓여 환자에게 먹이는 것이 아니라, 그것을 달여서 땅에 묻어서 병을 낫게 하는 경우가 그것이다. 때로는 사물탕 그 자체를 천지공사에 활용하기도 하고 원혼을 달래는 방법으로 사용하기도 했다. 누가 강일순이 하는 직업이 무엇이냐고 물었을 때도 "의술을 행하노라."[67]고 대답한 것은 이런 이중적 의미를 내포하고 있다고 보아야 한다.

이렇게 강일순 사상에서 선천 세계의 부조리의 인식과 그 해결 과정으로서 천지공사의 논리적 구조가 의술의 그것과 관련 있다는 점은 강일순의 가르침을 이은 대순진리회의 병인론이 그 특유의 우주론을 배경으로 하고 있듯이 치유론 역시 대체로 그러하다는 평가[68]와 맥락을 같이한다.

그가 이처럼 부조리한 선천으로 인식하고 그것을 고치는 천지공사 그리고 그 이후의 지상선경의 건설 과정은 전통 의학에서 몸의 질병을 진단하고 치료해서 완쾌시키는 과정과 흡사하다. 천지공사는 세상의 부조리를 치유하는 일종의 의료 행위였다. 더구나 의사들의 질병 치료는 대개 그 원인만 제거하여 완쾌의 가능성을 높여주면, 이후 환

---

67) 『전경』, 「행록」 3:37.
68) 차선근, 2016, 「대순진리회의 의학사상」, 『신종교연구』 제34집, 한국신종교학회, 139쪽.

자의 건강한 삶은 환자 자신의 노력과 양생에 달려있는 것처럼, 천지공사 후 후천선경의 건설은 인간 자신의 실천적 노력에 달려 있는 것과 흡사하다. 여기서 강일순 자신은 실제와 상징의 이중적 의미의 의원으로서 치료 대상을 환자 한 몸에서 세계로 확대하면 세상을 구원하는 구세주가 된다. 따라서 의원醫員은 구세주의 은유인데, 상제나 미륵으로 자처하는 그 자신의 입장에서는 당연한 일이다.

비록 그렇다고 해도 이 천지공사로써 물리적인 자연과 그것이 운행하는 원리에 정말로 필연적인 영향을 미칠 수 있는가에 대한 문제는 보편타당하게 객관적으로 설명하기 쉽지 않다. 좀 더 논의가 필요할 것 같다.

2) 민중을 구원하기 위한 천지공사

강일순이 시도한 세계의 부조리의 인식과 그 해결 과정의 틀이 의료 행위의 그것과 유사하지만, 인간의 인체와 세계라는 대상은 물리적으로 정확히 일치하지 않을뿐더러, 그의 천지공사 행위와 세계의 실상과는 필연적인 인과 관계나 연관성이 보이지 않는다. 천지공사의 방법은 합리적인 입장에서 볼 때 여전히 비상식적이고 무속적이며 주술적이다. 그것은 강일순의 천지공사가 상징과 은유로 구성되어 있는 종교 행위이기 때문에 당연한 결과이다. 다만 인간의 심리 및 태도에는 큰 영향력을 미칠 수 있다. 이것은 그가 그 시대의 암담한 처지를 절망하거나 포기하지 않도록 민중들에게 신념 체계를 세워 주었다[69]는 점에서 그러하다. 바로 여기서 철학적·심리적 해석이 가능하다.

잘 알다시피 일반 의사들의 치료는 병든 개인에게 집중하고, 마르크스주의와 같은 철학은 병든 사회에 집중하여 그 치료의 대상이 분리되어 있다. 그런데 신약성서에 보이는 바와 같이 예수가 악령을 내쫓을 때 개인의 신경증적 협착을 다루었지만, 그의 생애 전반은 한 문화 전체의 신경증을 내쫓는, 곧 악마의 이미지와 율법주의적 강압에 대항함으로써 사람들이 그 두 가지에서 해방되어 명석하고 생산적인 생활 방식에 들어서게끔 했다.[70] 곧 그는 구세주로서 개인과 사회의 치료에 힘썼다. 이에 비하면 강일순의 그것은 개인과 인간 사회와 자연의 영역을 아우르고 있어, 그보다 규모가 웅대하여 세계관의 문제까지 포괄한다.

이런 관점에서 본다면 그의 치료 행위는 개인의 신경증적 문제만이 아니라, 직전의 동학혁명과 의병 운동의 좌절로 인해 겪었던 개인·사회의 원을 푸는 집단적 스트레스의 해소, 그리고 전근대적 억압의 문화에서 발생하는 그것을 해소하고, 자연에 대한 심리적 세계관 자체를 바꾸는 행위라 해석할 수 있다.

이렇게 인간의 심리 및 태도에 큰 영향력을 미칠 수 있다는 점은 민중 자신에 대한 종교적 자각은 물론이요, 비록 천지공사와 상관없이 세계의 실상은 그대로이나, 세계에 관여하는 민중의 심리적 위안

---

69) 유병덕, 앞의 글, 268쪽.

70) 하비 콕스, 앞의 책, 239~240쪽 참조. 여기서 예수가 맞선 악마와 율법학자가 상징하는 것은 원한을 가진 신명과 그 누적된 원한으로 인한 문명(문화)으로 대응되는데, 해결 방식은 전혀 다르다. 전자는 추방과 공격(투쟁)이라면 후자는 해원과 상생이다. 그러나 예수의 악령 추방과 율법학자와 바리새인들에 대한 공격은 끈질긴 과거 잔재를 인간의 사회의식에서 벗겨낸다는 점(같은 책, 240~241쪽 참조)에서 양자는 공통점을 갖는다.

과 실천적 태도에 영향을 끼친다. 곧 민중이 바라보는 세계는 그 인식의 변화로 커다란 변화를 수반할 수밖에 없다. 다시 말하면 전근대적 문명 속에서 형성된 민중의 의식에 변화가 일어나서, 민중이 세계에 대한 새로운 관계를 형성케 함으로써 민중 자신과 그가 바라보는 세계관은 긍정적이든 부정적이든 변화를 수반할 수밖에 없다. 이렇기 때문에 천지공사가 상징하는 것은 몇 가지 해석의 여지를 남긴다.

먼저 이 천지공사는 강일순을 따르는 민중들에게 삶의 확신과 자신감을 주는 일이다. 그가 천지공사를 통하여 기존에 있었던 세상의 모든 부조리한 일들의 원인을 제거하였다는 주장에서 민중들에게 세계를 긍정적으로 바라보고 살 수 있는 확신을 줄 수 있다. 상제로 자처하는 강일순의 권능과 가르침을 믿기만 한다면 그렇다. 그래서 그는 믿음을 수없이 강조하고 신이한 이적을 보여주기도 하였다.

다음으로 천지공사로 인간 사회의 부조리를 해결할 실질적인 열쇠가 믿음을 매개로 민중 자신에게 넘어 왔다. 이전에 쌓였던 원한이 인간에게 끼칠 부정적 영향이 해소되었고, 이제는 훗날 원한의 원인이 될 수 있는 과도한 욕망을 각자가 어떻게 처리하는지에 달려 있다. 이 점은 직접 강일순을 믿고 따르는 사람들의 실천적 행위와 관계가 된다. 곧 그의 해원과 상생의 가르침은 그것을 따르는 무리들에게 천지공사의 완료형인 지상선경 건립을 위한 윤리적·실천적 과제가 된다.

더욱 중요한 점은 민중이 관습적으로 따르는 온갖 불합리한 습속과 오도된 관념으로부터,71) 또 질병과 재화를 일으키는 원인으로 지목되

---

71) 가령 강일순은 사람이 죽었을 때 곡하는 것, 상복, 제사 때의 제수의 형식, 풍수지리(명당), 과부의 수절, 점과 관상, 점성술, 어릴 때 『通鑑』을 읽은 것, 虛禮, 鄭鑑錄 등에 비판적이었다. 특히 그가 정감록사상을 일정 정도 수용하였지만,

는 귀신에 대한 두려움과 운명론으로부터, 곧 전근대적 문화 전체에서 오는 정신적 스트레스로부터 천지공사가 그들의 삶을 합리적이고 도덕적이며 주체적인 방향으로 전환시킨 데 있다. 사실 민간신앙을 믿는 민중들은 그들에게 닥친 재앙이나 불운 또는 계급적 한계를 대개 신의 뜻이나 노여움 그리고 팔자나 운명 탓으로 여긴다. 그래서

> 이제 먼저 난법을 세우고 그 후에 진법을 내리나니 모든 일을 풀어 각자의 자유의사에 맡기노니 범사에 마음을 바로 하라. 사곡한 것은 모든 죄의 근본이요. 진실은 만복의 근원이 되니라. 이제 신명으로 하여금 사람에게 임하여 마음에 먹줄을 겨누게 하고 사정의 감정을 번갯불에 붙이리라. 마음을 바로 잡지 못하고 사곡을 행하는 자는 지기가 내릴 때에 심장이 터지고 뼈마디가 퉁겨지리라.[72]

라고 함으로써 강일순은 인간의 자유의사[73]에 따른 주체적이고도 도덕적 행위를 강조하고 있다. 인간의 마음을 감독하는 신명이 있다는 점은 자칫 서양 중세처럼 신 중심의 문명으로 되레 인간을 억압하는 장치라고 오해할 수도 있지만, 앞서 보았듯이 신명은 인간의 이성이나 양심을 의인화 한 것 또는 일종의 요청되는 신이며, 또 강일순은 하늘이나 땅보다 인존人尊을 강조하기 때문에 개인의 생각과 행위가

비판적이란 점은 다른 사례에 비추어 보면 거기서 말하는 근거 없는 미신적 요소일 것으로 판단된다.

72) 『전경』, 「교법」 3:4.
73) 그리스도교의 자유의지와 유사한 점이 있다. 화복은 인간 자신의 자유의사에 따른 선택의 결과라는 점에서 그렇다. 그러나 그리스도교의 그것은 '전능한 하느님이 애초부터 세상에 악을 방치했다'고 인간들이 불평하며 자신의 죄를 하느님 탓으로 돌리지 못하도록 한 장치라는 성격이 강하다.

도덕적이라면 문제 될 것은 없다. 그래서 천지공사를 통해 모든 신명의 원한도 풀고 조화롭게 만들었으므로, 이제 인간들도 자신의 기국器局에 따라 신명의 호위를 받는다[74]는 선언은 매우 희망적인 복음이 아닐 수 없다.

또 천지공사를 통해 신명들을 통일시키는 통일신단의 구성도 문화의 차이를 극복하고 하나의 보편적 가치를 지향하는 일로 보인다. 이렇게 신명을 특수한 문화나 집단을 호위하는 것에서 보편적인 가치를 지향한다는 점은 천지공사 이후의 인간의 가치와 삶이 보편적인 것이 되어야 한다는 것을 의미하여 일종의 인간의 이성을 신뢰하는 태도이다.

이제 천지공사를 통해 민중 자신이 알게 모르게 쌓았던 원한을 모두 해원시켰으므로, 더 이상 죄의식에 시달릴 필요가 없고 반성하면 되고,[75] 민중은 신 또는 신명의 눈치를 볼 것이 아니라 자신의 생각과 삶이 상생을 위한 도덕적인 것인지 이성 또는 양심의 안내에 따라 따르기만 하면 된다. 게다가 천지공사로써 기존의 종교 · 문화 및 관념적 권위마저 해체시켜 버렸기 때문이다. 일례로 공자 · 석가 · 노자 · 예수의 한계를 구체적으로 명시하였고,[76] 당시의 유교 · 불교 · 동학 · 그리스도교의 비판도 서슴지 않았으며,[77] 앞에서 설명한 단주해원도 유가적 문명 · 역사관을 비판하는 것으로서 이러한 맥락에 닿아있다.

정리하면 천지공사는 민중이 이전 운동의 좌절과 실패에 따른 원

---

74) 『전경』, 「교법」 2:17.
75) 같은 책, 1:39.
76) 『도전』 10편 40:4~28.
77) 『도전』 1편 65:3.

한, 기존의 관념적 권위에 의한 억압, 불합리한 관습과 미신에 따른 귀신의 두려움, 그리고 운명론 따위의 팔자소관 등에서 해방될 수 있는, 다시 말하면 민중의 세계 인식과 실천적 태도의 대전환을 유도하는 일종의 계기를 만들었다. 더 나아가 민중 자신이 복을 받고 화를 피하는 일은 결국 자신의 행위에 달려 있다는 점, 곧 화복은 자초하는 대상으로 신을 맹목적으로 잘 섬겨서가 아니라, 자신의 도덕적 행위에 달려 있다는 관점[78]으로 전환시켰다.

이처럼 후천선경에 살 인간 자신의 주체적이고 새로운 자아의 확립이 요청된다. 더구나 강일순은 스스로 상제로 자처하였지만, 천지를 창조하고 주관하는 전지전능한 유일신에 대한 경배 의식과 찬양을 통한 신앙에 비판적이었고, 인간을 초월적인 신에 종속시키지 않았다. 도리어 그는 인존을 크게 강조하고[79] 또 신이 아닌 인간이 세계의 중심으로서 세계는 인간에게 달려있다[80]고 하여 인간 자신의 주체성과 노력을 부각시키고 있다.

이제 인간의 운명은 상제라는 절대자에게 달린 것이 아니라, 각자 본인이 결정권을 가지고[81] 스스로 책임지며 자신의 삶을 주체적으로 살 수 있는 기틀이 맞이하게 되었다. 이것은 후천선경이 대안적 근대 세계를 상징하듯이 천지공사 또한 민중이 전근대적 체제와 관습과

---

78) 『전경』, 「교법」 1:6 ; 같은 책, 1:21 ; 같은 책, 1:41 ; 같은 책, 1:55~56 ; 같은 책, 3:24 ; 『전경』, 「예시」 1:30.
79) 『전경』, 「교법」 2:56.
80) 같은 책, 3:35.
81) 정규훈, 1998, 「한국근종교의 사상과 실제에 관한 연구」, 성대관대학교대학원 박사학위논문, 178쪽.

문명으로부터 해방된 평등하고 평화로운 대안적 근대 세계의 주체로
거듭나는 계기를 만든 선각자의 색다른 가르침의 방식, 특히 종교적
으로는 절대자의 은총을 상징한다고 본다.

3) 해원과 상생

강일순이 민중을 후천선경의 주인공으로 거론한 것은 그의 사상
체계에서 볼 때 일관성이 있다. 이들은 사회적 약자여서 아무래도 이
권을 놓고 남과 다투어 척을 져 원한을 쌓는 일이 부자나 강자보다
드물기 때문일 것이다. 설령 그런 일이 있더라도 그 무게는 강자들보
다 훨씬 덜하다는 것이 우리의 상식이다. 특히 전근대사회에서 더욱
그러하다.

> 속담에 "무척 잘 산다."이르나니 이는 척이 없어야 잘 된다는 말
> 이라. 남에게 억울한 원한을 짓지 말라. 이것이 척이 되어 보복하나
> 니라. 또 남을 미워하지 말라. 사람은 몰라도 신명은 먼저 알고 척이
> 되어 갚느니라.[82]

여기서 말하는 '무척'은 척이 없다는 '無隻'의 의미로 해석했다. 척이
없어야 남에게 원한을 사지 않는다는 뜻이다. 그러니까 강일순이 후천
세계에서 이들을 쓴다는 선언은 오늘날 우리 모두가 사회적 약자가
되라는 말이 아니라, 권력이나 부나 사회적 지위를 가지고 부당하게
착취하거나 억압하지 말라는 뜻도 포함되어 있다고 해석할 수 있다.

---

82) 『전경』, 「교법」 2:44.

그것들이 원한을 만드는 주요소이기 때문이다. 일례로 최근까지 재벌들의 편법 상속과 부당 내부 거래와 친인척이 운영하는 계열사에 일감 몰아주기, 본점에서 자행하는 가맹점에 대한 '갑질', 건물주의 부당한 임대료 인상, 부모의 사회적 지위가 자식의 취업에 유리하게 영향을 미치는 '부모 찬스', 하늘 높은 줄 모르고 치솟는 집값 등은 가진 게 별로 없는 서민들의 분노와 원한을 사기에 충분하지 않았던가?

더 나아가 척이 없어야 한다는 주장은 원한을 발생시키는 사회적 불평등과 억압 구조를 재생산하는 제도의 개혁이나 철폐에 힘써야 한다는 실천적 명제를 이끌어 낼 수 있다. 그것이 다수의 민중들의 원한을 쌓지 않게 하거나 푸는 일이기도 하지만, 동시에 그것이 상생의 방법이기 때문이기도 하다.

이렇게 봤을 때 해원과 상생은 논리적으로 다른 개념이지만, 현실 사회에서 실천할 때는 별개의 일이 아니다. 상생의 도리가 실현될 것을 보장받지 못한다면 어떻게 약자나 피해자들이 해원하겠는가? 혹 무속처럼 죽은 귀신을 달래서 해원시킨다면 가능할지 모르지만, 인간 사회는 해원과 상생은 동전의 양면처럼 분리되지 않아서 해원만 강조해도 상생의 도리를 포함하고 있다고 봐야 한다. 강일순이 천지공사로서 신명을 해원시킨 것은 인간의 주체성을 진작시키는 역할은 될수 있지만, 현재의 인간이 만드는 원한은 그 당사자가 원한을 풀어야 한다.

이렇듯 강일순이 천지공사를 통하여 원리적 또는 상징적으로 모든 신명과 만물의 원한을 풀고, 또 살아 있는 사람도 해원시켜야 하는 상생의 도를 세웠지만, 살아있는 사람에 대한 해원은 현세에 관계된 인간의 몫이며, 원한에 대해서는 상생의 가르침을 따라 각자가 만들

여지를 없애야 한다. 이미 어쩔 수 없이 만들었다면 당사자나 또는 제도적으로 풀어서 상생의 도리를 발휘해야 한다. 이제 상생은 오행의 순환처럼 자연적·법칙적인 것이 아니라, 인간의 노력으로 실천해야 할 과제이다. 그래서 강일순은

때는 해원시대이므로 덕을 닦고 사람을 올바르게 대우하라.[83]

라고 하여 덕을 닦아 행동하는 실천을 요구하고 있다. 이렇게 덕을 중시하므로 단지 사회적 약자이기 때문에 반드시 후천 세계의 주인이라는 등식이 성립할 수 없는 이유이다. 그는 개벽공사가 빨리 결정되지 않는다고 불평을 털어 놓고 자살하겠다는 제자를 향해, 모든 일에 때가 있다고 하고 마음을 돌려 어리석음을 벗으라고 하고, 또 지상선경은 일정한 때가 이르기 전에 준비가 없던 생민에게는 오히려 재앙이 된다는 말을 보면, 그런 후천 세계의 도래가 그의 천지공사 직후부터 돌연히 이루어지는 것이 아니라 준비되어야 함을 말하고 있다. 이처럼 인간의 실천적 노력에 따라 사회의 인식 수준이 따라 주어야 그런 세상이 가능함을 암시하고 있다.

후천에서는 그 닦은 바에 따라 여인도 공덕이 서게 되리니 이것으로써 예부터 내려오는 남존여비의 관습은 무너지리라.[84]

여기서 여인을 지칭하지만 일반적으로 인간 누구나 후천 세계에서

---

83) 『전경』, 「교법」 2:20.
84) 같은 책, 1:68.

는 평등하게 각자가 심신으로 닦은 바에 따라 도에 통하게 하고 지위가 결정된다고 자주 언급하였다. 더구나 "나를 믿고 마음을 정직히 하는 자는 하늘도 두려워하느니라."[85]라고 하니, 후천 세계가 단순히 신 중심의 신앙으로 경배하고 찬양하면서 신을 섬겨 도래하는 것이 아니라, 가르침의 실천적 수도修道를 통한 행동과 마음을 변화시켜야 하고, 그 결과에 따라 평등하게 사회적 지위가 결정됨으로써 그 모습이 이루어진다고 표현하고 있다. 이런 점에 대해서 그는 하늘도 사사로이 어쩔 수 없다고 단언하여 인간 개인의 덕을 그만큼 중시한다.

이렇게 수련하고 선을 쌓아 공덕을 이루는 것은 신선이 되는 도교 수련의 한 방법일 수는 있다. 그러나 이렇게 덕을 닦아 선을 쌓는 것은 도교에서 신선이 되기 위한 충분조건이지 필요조건이 아니다.[86] 어쩌면 증산교에서 덕을 닦아 선을 쌓는 일은 수련 중심의 도교보다 더 중시하며 보통 사람도 지상선경에 들어가기 위한 필요조건에 해당된다. 물론 도교적 수련 방법을 통해 공덕을 쌓는 것, 가령 "도를 닦은 자는 그 정혼이 굳게 뭉치기에 죽어도 흩어지지 않고 천상에 오르려니와 그렇지 못한 자는 그 정혼이 희미하여 연기와 물거품이 삭듯하리라."[87]라는 표현에서 볼 때, 도교적 의식이나 수련법이 필요했을 것이다. 그러나 이 문제는 사후 세계에 관한 문제이며 실제로 지상선경과 사후 세계는 다른 차원이어서, 그에 따른 실천의 문제도 다를 수 있다는 여지를 남긴다. 여기서 사후 세계의 문제로 '도를 닦는 일'

---

85) 같은 책, 2:7.
86) 牟鐘鑒, 앞의 책, 111쪽 참조.
87) 『전경』, 「교법」 2:22.

은 기를 매개로 하며, 곧 개인의 수양의 문제로서 전통의 도교적 방식을 따랐다.

따라서 종교적인 면에 한정해서 보더라도 후천 세계인 지상선경은 천지공사라는 일종의 은총을 통해 거저 주어지는 피안의 세계가 아니라, 해원과 상생을 위한 실천적·도덕적 노력이라는 행위가 병행되어야 건설되는 것으로 이해된다. 더구나 여기에는 자신의 그릇된 욕망을 채우기 위한 기복 신앙은 발붙일 수 없다. 굳이 복을 받기 위해서라면

> 원수의 원을 풀고 그를 은인과 같이 사랑하라. 그러면 그도 덕이 되어서 복을 이루게 되나니라.[88]

라고 하여 해원과 사랑이라는 실천적 행위가 담보되어야 함을 말하고 있다.

이러한 실천적 노력을 위한 강일순의 가르침은 난해하지도 추상적이지도 않다. 그것은 민중을 대상으로 가르침을 펼쳤기 때문이다. 오늘날 증산교와 관련된 교단에서 강일순의 법설을 근거로 확립한 도덕적 가르침은 다섯 가지로 요약된다. '마음을 속이지 말라', '언덕言德을 잘 가지라', '척을 지지 말라', '은혜를 저버리지 말라', '남을 잘 되게 하라'가 그것이다.[89]

이것들을 매우 간명하며 '마음을 속이지 말라'는 대자적對自的인 수양의 문제이고, 나머지 네 가지는 대타적對他的인 실천의 문제로 하나

---

88) 같은 책, 1:56.
89) 대순진리회교무부, 2012, 『대순지침』, 대순진리회출판부, 43쪽.

의 공통된 정서가 들어 있는데, 앞에서 언급한 것처럼 강일순이 생존했을 당시 말과 행동의 조그만 실수조차도 생명의 위협에 직결되었던 험악하고 혼란스런 사회 상황을 반영하고 있기 때문이다. 그래서 당시에는 일종의 생존 전략, 곧 역사적 사건 속에서 실천해야만 했던 가르침이다. 외부로부터 예기치 못한 화란을 피하고, 구성원 내부의 끈끈한 단합과 화합을 위해 필요한 그것이었다. 어느 시대를 막론하고 이렇게 위태롭고 혼란스런 격변기의 행동 양식은 대개 이렇게 간명하고 보편적이다. 더구나 그 대상이 민중이었기 때문에 더욱 그러하였다.

이런 특수한 상황 속의 가르침은 되레 인류의 상생과 평화를 위한 보편적인 도덕률이 되었고, 상생의 이념을 실현하기 위한 구체적 내용이다. 더 나아가 이 가르침은 기득권을 지닌 지배층이나 부자들의 각성을 통해 해원과 상생의 세계로 유도할 수 있다. 이는 지상선경의 시민에게 요구되는 도덕적 자격 요건으로 현재 진행형이다.

그러나 이러한 도덕률 자체만으로는 세상의 부조리를 해결하거나 근대화된 세계의 시민의 자격으로서 완벽하지 않다. 왜냐하면 모든 사람을 도덕적 인간으로 만들기도 어렵지만, 도덕이나 신앙으로 기득권의 양보를 유도해 세상을 바꾸기에는 일정한 한계가 있기 때문이다. 더구나 보편적이며 개인 윤리적인 몇 가지 도덕률만으로는 복잡한 정치·사회·경제적 문제를 해결하는 데 큰 힘을 발휘하지 못한다. 따라서 논리상에서 볼 때 해원과 상생의 이념으로부터 민중들의 원한을 사는 불평등한 제도와 억압 구조의 개혁 또는 철폐라는 실천적 과제를 연역해야할 문제가 여전히 남는다. 해원과 상생의 원리가 작동되는 후천 세계에는 민중이 주체라는 점이 그것을 상징적으로 제시해 준다. 이 점은 당시 강일순이 목숨마저 위협받는 시대적 상황 속에서 감히 드러내놓고 말할 수 없었던 점이기는 하지만, 그의 사상적 방향에서 볼 때 얼마든지 연역할 수 있는 문제이고 오늘날 증산교의 가르침을 따르는 교단과 사람들의 과제이기도 하다.

4 민의 철학에서 본 증산교사상의 의의

1) 민중이 주체인 이상 세계

강일순의 가르침을 따르던 사람들은 물론이고 그 자신도 민중 출신이다. 그가 살았던 전라도 고부 지역은 조선 말기에서 일제강점기로 이어지는 시기에 동학농민전쟁의 발원지였고, 크고 작은 민중 봉기와 의병 운동 그에 따른 잔혹한 진압이 되풀이 되던 곳이었다. 그의 사상에는 이런 시대 상황에 처한 민중의 삶이 오롯이 녹아 있다.

그의 공부는 초학 수준 정도를 서당에서 배운 것 외에는 모두 스스로 터득한 것 같다. 그래서 그의 학문은 전통의 유학자들이 종사한 수준까지 천착한 것 같지 않으며, 유학의 깊이와 이해는 상식적 수준을 넘지 않은 것으로 보인다. 이 점은 되레 그가 민중의 종교나 사상을 흡수할 수 있었고, 그것을 정리하고 자기화하여 새로운 사상을 제시할 수 있는 바탕이 된 것으로 보인다. 특히 청년 시절부터 유불선과 음양참위를 공부했다는 것은 각각의 학문·종교 분야를 천착해 심도 있게 연구했다기보다, 민중의 수준에서 이것들을 종합하여 독특한 자기만의 사상을 완성하였음을 시사한다. 그가 증산교 관련 여러 경전에 남긴 말을 살펴보아도, 기존의 종교나 사상을 깊이 있게 천착한 흔적이 보이지 않고, 다만 고도의 직관과 상징으로 제시하는 것이 그것을 잘 말해주고 있다. 바로 이 점이 강일순의 사상이 민중의 염원을 반영하고, 더 나아가 민중의 입장에서 새로운 세계를 전망하고 실천 강령을 제시한 그다운 모습이며, 민의 철학이라 말할 수 있는 근거 가운데 하나이다.

그렇다면 강일순은 민중의 어떤 염원이나 생각을 그의 사상 속에 녹였을까? 그것을 한 마디로 말하면 강일순 사상의 핵심이 되겠는데, 곧 이 세상이 부조리한 원인과 그 해결 방법 그리고 새로운 지상선경의 건설을 위한 논리이다. 이 점은 앞에서 다 논의하였기 때문에 요점만 정리해 보겠다.

세상의 부조리를 낳은 원인은 선천 세계의 상극의 도수이고, 그 때문에 단주의 원한을 시작으로 인간의 원한이 발생하고 쌓여 온갖 부조리가 발생한다고 한다. 이런 설명은 전근대적 세계가 민중에게 결코 이롭지 않았음을 반영하고 있다. 특히 전통문화에서 이상적 정치가의 모델로 삼는 요순의 행위를 원한을 갖게 만드는 장본인으로 여김으로써, 지배층인 사대부들의 생각과 달리 동아시아 전근대 문명을 민중의 입장에서 비판적으로 보았음을 알 수 있다.

이런 부조리한 현실의 대안적 세계는 후천의 지상선경이다. 그 모습은 빈부·남녀·신분의 차별이 없이 평등하며, 자연재해와 질병 그리고 관리들의 부당한 횡포가 없고, 연장된 수명과 물질적인 풍요와 생활의 편리를 누리고, 도덕적이며 서로 평화롭게 사는 상생의 원리가 적용되는 사회이다. 이것은 당시의 민중들의 염원이 적극 반영되어 있는 부분으로 민중이 주체인 세계이다.

이런 지상선경의 모습을 보면 우리가 누리고 있는 현대적 삶과 유사한 점이 꽤 있고, 또 우리가 지향하는 모습과 비슷하다. 특히 민중이 주체가 된다는 점에서 전근대적 민이 근대적 시민으로 전환되는 미래상을 포함하고 있다. 비록 구체적인 민권이나 참정권 등의 언급 없이 상징적으로 보여주지만, 당시 주권이 없었던 민의 염원이 투영된 미래상임은 분명하다.

그래서 전근대 세계라 할 수 있는 선천 세계의 부조리한 원인을 천지공사로서 제거하고 건립코자 한 후천의 지상선경은 근대 문명이 일정 정도 투영되어 있어, 사후 내세나 피안의 세계가 아니라 그 당시 살았던 민중의 입장이 반영된 이상 세계 또는 대안적 근대 세계라 평가할 수 있다. 특히 그 세계 건설을 위한 실천적 이념인 해원과 상생의 가르침은 동학혁명 뒤의 참혹했던 당시 현실을 반영한 특수한 상황에서 나온 것이지만, 되레 보편성과 확장성을 띠고 있다.

그런 맥락에서 천지공사는 자연의 두려움과 당시 민중들이 귀신을 두려워하는 경향과 운명론과 잘못된 관념과 욕망으로부터, 무엇보다 전근대적인 제도의 억압으로부터 평등하고 평화로운 세계로 나아가게 하고, 민중들에게 새로운 세계의 건설과 도래에 믿음을 주어, 그들의 삶을 주체적이고 합리적인 것 어쩌면 근대적 시민으로 성장하게 하는 하나의 계기라 할 수 있다.

그러나 이러한 세계 이해와 새 시대를 위한 실천은 상제라는 절대자가 베푼 사업과 가르침에 대한 믿음과 실천을 전제로 하기 때문에, 믿지 않는 사람에게는 무의미할 수밖에 없는 한계를 지닌다. 특히 선천과 후천의 구별이 상극 원리의 지배 여부에 따라 구별하는데, 사실 상극의 원리라는 것도 사물이 운동하는 한 측면인 대립과 모순의 성질을 대표하며, 또 선천의 세계에도 상생의 원리가 없는 것은 아니기 때문이다. 크고 작은 상극의 이치는 마치 지구의 중력처럼 삶의 무게로서 언제나 존재하며, 그래서 크고 작은 원한은 생길 수밖에 없기 때문이다.

이러한 민의 사상이 오늘날 보다 많은 설득력과 확장성을 지니려면, 종교적·신비적 세계관보다 철학적 해석에 근거하여 보편적 도덕성과 사회의 약자 입장에서 현실을 개선해 나가는 구체적 실천력을 확보해야 한다. 그것이 해원과 상생에 근거한 평화로운 세계를 실제로 건설할 수 있기 때문이다.

2) 증산교사상과 민족주의

우리 역사에서 근대적 민족주의 담론이 본격적으로 형성되고 그것을 의식하기 시작한 때는 19세기 말부터 20세기 초의 애국계몽기이다. 당시는 우수한 민족이 열등한 민족을 지배하는 것이 당연하다는 사회진화론의 우승열패의 이념이 주도하던 시기였다. 특히 당시 일제가 조선을 침략하고 합병한 논리 가운데 하나도 이것이며, 훗날 지식인들 가운데 일본에게 협력하여 친일파가 된 까닭 가운데 하나가 끝내 이 논리를 극복할 논리도 신념도 없었기 때문이다.

애초 애국계몽기의 지식인들은 이런 사회진화론과 서구 부르주아 사상을 되레 민족주의를 강화하는 데 이용하였다. 곧 우리는 일제의 침략에 대항하여 자주독립의 길을 찾으면서 민족주의를 형성하였다고 볼 수 있다. 그래서 우수한 민족은 살아남고 열등한 민족은 패배하기 때문에 스스로 강해져야 한다는 자강론을 앞세워 민족의 사적과 영웅을 발굴하여 계몽 운동을 펼쳤고, 대한자강회·신민회 등의 사회단체와 비밀결사 단체 그리고 학회를 결성하여 민족의 자주정신을 고취하고 독립운동을 펼쳤다. 당시 사회단체의 결성과 언론사와 학교의 설립 그리고 각종 종교 개혁과 신종교 운동이 우후죽순처럼 생긴 것은 결코 우연한 일이 아니었다.

강일순이 본격적으로 종교 활동을 펼쳤던 시기는 정확히 이 애국계몽기와 겹친다. 이런 시대적 환경 속에서 그의 사상에도 이런 민족주의적 관념이 녹아들어 갔을 것이다. 적어도 그는 조선 사람이었기 때문에 어쩔 수 없이 그의 사상 속에는 한국적 정서와 문화적 특징이 녹아들었으며, 그리고 종교 운동의 지리적 배경으로서 지역적 특징이 고려되지 않을 수 없었다. 마치 그리스도교처럼 성서의 배경이 유대민족을 배경으로 하는 것과 같은 맥락이다.

증산교 관련 경전에 나타난 그의 말을 보면 이미 '민족'이란 말을 여러 차례 사용하고 있고, 또 '민족성'이나 '약소민족', 그리고 '각 민족들 사이에 나타난 여러 갈래 문화'라는 표현 등을 통해서 보면, 당시 애국계몽기에 전파된 근대적 민족 개념의 영향을 받았다.

그런데 그의 민족주의 태도는 일본에 대한 투쟁이나 배일 감정이 표면적으로 직접 드러나 있지 않고 주로 은유나 상징으로 표현되었다. 또 당시 의병 운동가들의 주장과 달리 되레 조선을 침략한 일본을 이해하는 듯 보이는 표현도 있어 오해의 여지를 남겼다. 가령 당시 국세가 날로 기울어 인종의 차별과 동서의 구별로 인하여 조선이 러시아보다 일본과 친함이 낫다고 본 제자의 말을 옳게 여기고 서양 세력을 물리치고자 한 신명공사를 행한 일[90]이 있는데, 이 점은 일본

---

90) 『전경』, 「공사」 1:12.

이 동양 평화와 조선 독립을 공고히 한다는 것을 앞세워 조선을 침략한 명분이기도 하여서, 분명 일본의 논리를 벗어나지 못하는 것으로 비춰진다. 더 나아가 일본이 임진왜란 때 침략하여 조선에게는 가해자가 분명한데도, 도리어 침략의 당사자인 그들이 조선 말기에 또다시 침략한 것을 비판하기보다 그들의 한풀이로 인식한 점이 그것이다.

그러나 전체적인 맥락에서 관련 경전을 살펴보면 그는 분명히 일본을 배척하고 있다. 당시 일본이 조선에 다시 침략한 것을 비록 임진왜란의 한풀이로 인식했어도, 이것은 일본이 조선을 침략한 까닭에 대한 종교적 이해 방식이고, 그의 표현을 빌자면 마침내 "그들은 일을 마치고 갈 때에 품삯도 받지 못하고 빈손으로 돌아가리니"[91]라고 하여 그 점을 분명히 하였다. 이 외에 일본을 간접적으로 배척하는 사례는 더 있다.

왜 이렇게 직접 일본을 배척하지 못하였을까? 이것은 예수가 로마제국에 대해서 적극 투쟁하지 않았던 점을 생각해 보면 쉽게 이해가 된다.[92] 당시는 동학농민전쟁 이후에 일본군이 조선에 진출해 있었던 터라, 일본에 저항하는 발언을 대놓고 할 수 없었던 상황과 직접 연관된다. 앞서 지적했지만 그랬다가는 동학당이나 의병으로 오인당하여 생존에 위협이 되었을 뿐만 아니라, 애초부터 그의 가르침을 전파할 기회마저 상실할 수 있는 위험 때문이다.

---

91) 같은 책, 2:4.
92) 『신약전서』, 「마태복음」 22:15~22 ; 같은 책, 「마가복음」 12:13~17 ; 같은 책, 「누가복음」 20:20~26 참조.

그렇다면 그의 어떤 사상에서 민족주의적 요소를 발견할 수 있을까? 우선 그의 종교사상에서 한국적 요소가 중심이라는 점을 빼놓을 수 없다. 비록 유불선의 요소를 가지고 있지만, 우리 전통의 민간신앙을 중심에 놓고 이를 재배치 한 것으로 보인다. 그는 한국인을 세계에서 가장 신명과 소통을 잘하는 민족으로 평가했는데, 그의 종교사상의 핵심인 해원과 상생, 그리고 신명의 존재와 역할은 우리 전통의 무속과 관계가 깊다. 앞에서도 지적했지만 그의 경전을 살펴보아도 기존의 유교나 불교 및 도교의 이론을 천착하거나 심도 있게 풀어내지 않고, 대체로 그것마저 한국화 되어 민중들이 이해하는 수준을 크게 벗어나지 않고 있기 때문이다.

또 하나 개화기 선교사들과 지식인들 특히 개신교 인사들이 미신으로 간주하여 비판하던 민간신앙을 보편적인 것으로 발전시켰다는 점 때문이기도 하다. 더구나 조선인이 새롭게 창안한 정역正易과 진묵震默(1562~1633)93)의 설화, 정감록의 '남조선의 노래' 등을 자신의 종교에 받아들임으로써 민중적이면서 민족적인 색채를 강화하였다. 그래서 그의 종교사상은 그 어떤 종교보다 민중에 기반을 둔 우리 민족의 사유와 정서가 짙게 풍겨 나오고 있다.

민족주의와 관련해 사실 이 부분은 부연 설명이 필요하다. 일찍이 최남선은 조선 민중들이 염원한 유토피아와 관련된 '남조선사상' 또는 '남조선신앙'은 근대전환기 혼란기에 갑자기 튀어나온 것이 아니라, 그 성립과 성장의 기간이 고조선까지 올라간다고 보고, 고려의

---

93) 조선 중기의 승려로 진묵은 호, 법명은 一玉으로 萬頃縣 佛居村 출신이다. 그에 대한 설화는 관련 경전에 보이며 그를 위한 해원의 공사를 하기도 하였다.

어느 시기부터 조선에 걸쳐 그리고 또 근대전환기까지 조선인의 생활과 조선 사회는 사상적으로 여기에 속해 있고, 더 나아가 조선인의 사상적 생활은 당시와 이후라도 이 남조선의 이상에 지도될 약속 하에 놓여 있다고 할 수 있다[94]고 보았다. 남조선의 '남南'이 미래를 지칭하는 것이기도 하거니와 남조선은 요컨대 미래의 조선을 이상적 국토로 표현한 것이기 때문이다.[95] 그는 이러한 이상 세계를 건설하려는 남조선신앙의 근거 사례로서 홍길동과 전우치 이야기, 그리고 박지원의 『허생전』 등을 들었는데, 보기에 따라서 조선의 국민 문학은 남조선사상의 갖가지 표현이라고 해도 무방하다고 한다.[96]

여기서 최남선이 일제강점기 때 민족주의의 근거를 확립하기 위해 이 남조선사상에 주목하고 그 연원을 멀리 단군까지 거슬러 올라간 점을 제외하더라도, 이런 신앙과 사상의 영향으로 근대전환기 유사종교(신종교)가 태동하게 되었다는 지적은 충분히 설득력이 있다. 증산교도 그 가운데 하나로서 그런 유토피아적 사상이 조선 민중들 사이에 면면히 이어왔다는 점에서 우리 민족의 사유와 정서를 반영하고 있다고 하겠다.

또 증산교의 이런 민족주의적 성격은 외래 민족의 침략과 문화적 침투에 비판적인 입장을 분명히 견지한 데서 그 요소를 발견할 수 있다. 앞서 보았듯이 일본의 조선 강점을 일시적이며 그들이 일꾼으로 일하고 품삯도 못 받고 빈손으로 돌아가게 한다는 것도 그렇지만,

---

94) 고려대학교 아세아문제연구소 육당전집편찬위원회 편, 1974, 『육당최남선전집』 9권, 「朝鮮思想槪觀」, 현암사, 294쪽.
95) 같은 책.
96) 같은 책, 295쪽.

서양인들에 대해서도 그러하였다. 비록 서양의 문물을 모두 반대하지는 않았지만, 서양의 문화에 대해서는 경계하거나 배척하는 태도를 지니고 있다. 그래서 그리스도교를 비판하고 성경을 불태우기도 하며, 서양 기운을 몰아내려는 천지공사를 실행하기도 하였고, 조선의 지방신을 서양으로 보내서 내분을 일으키고 있다거나 조선 신명을 서양에 건너보내어 역사를 일으킨다는 표현 등에서도 확인할 수 있다. 또 같은 동양 안에서도 조선 명부冥府를 전봉준으로, 청국 명부를 김일부로, 일본 명부를 최제우로 하여금 주장하게 한다는 공사를 시행하여, 청국이나 일본의 명부를 조선인으로 세운 것은 이 나라들이 조선에 자행한 침략 또는 간섭 등에 대한 반발에서 나왔을 것이다. 그래서 이런 외세의 침략과 이질적 문화로 인해 민족주의가 강화되었다고 볼 수 있다.

그리고 그의 종교적 세계관은 우리 민족이 주체를 이루고 있다. 관련 경전에서 조선을 소중화가 아닌 대중화로 인식하고 우리나라를 상등국 곧 세계의 중심국으로 만들기 위해 서양 신명을 불러온다는 표현 등은 분명 그런 점이 있다. 그렇다면 그가 무슨 까닭으로 우리 민족을 주체로 삼았을까?

> 나는 서양 대법국 천계탑에 내려와서 천하를 대순하다가 삼계의 대권을 갖고 삼계를 개벽하여 선경을 열고 사멸에 빠진 세계 창생들을 건지려고 너의 동방에 순회하던 중 이 땅에 머문 것은 곧 참화 중에 묻힌 무명의 약소민족을 먼저 도와서 만고에 쌓인 원을 풀어 주려 하노라.97)

---

97) 『전경』, 「권지」 1:11. 대법국은 프랑스, 천계탑은 에펠탑을 말한다.

하느님인 상제가 우리 땅에 강림하였다는 점도 그렇지만, 우리 민족을 중심으로 후천선경이 건설된다는 주장은 희망적 복음이 아닐 수 없다. 그러나 사실 상제의 입장에서는 특별한 이유 없이 어느 한 민족만을 사랑해서는 안 되고, 사멸에 빠진 세계의 창생을 보편적으로 구원하려는 길이 옳다. 그럼에도 불구하고 조선을 먼저 도와주려는 것은 바로 조선인들이 원한의 담지자로서 무명의 약소민족이었기 때문이다. 이 점은 앞서 지상선경의 주체를 논할 때 그 주체가 사회적 약자라고 주장한 것과 동일한 맥락이다.

그런데 이 논리를 계속 밀고 나가면 비단 우리 민족만이 아니라 세계 어느 약소민족도 주체가 될 수 있어, 그의 사상의 방향에서는 어느 특정한 민족에게만 한정되어 있지 않다. 단순히 그가 조선 출신이기 때문에 그렇게 여긴다면 보편성을 상실한 국수주의에 빠지기 쉽다. 이런 점에서 보면 그의 사상은 맹목적 민족주의는 아닌 것 같다. 그는 분명히 "내가 보는 일이 한 나라의 일에만 그치면 쉬울 것이로되 천하의 일이므로 시일이 많이 경과하노라."[98]라고 하여 이 점을 분명히 하였다. 또 뒤에 따로 설명하겠지만 해원과 상생의 이념을 제시하여 모든 인류가 서로 평등하게 조화를 이루며 평화롭게 살고자 하였기 때문이다. 그리고 비록 종교사상의 회통을 위한 문명 통일을 주장했어도, 최제우를 선도, 진묵을 불교, 주자를 유도儒道, 마테오 리치를 서도西道의 종장으로 배분한 것을 보면, 타 지역의 문명과 조화를 이루려고 한 점을 분명히 엿볼 수 있다.

따라서 그의 민족주의는 각 민족의 특수성과 인류의 보편성을 동시

---

98) 『전경』, 「교법」 3:7.

에 지니고 있다고 보아야 한다. 이러한 민족주의는 근대적 시민의식에 근접한다. 이러한 사상으로 민중을 충실히 이끌었다면 이 또한 전근대적 민중의 의식을 내부적으로 보다 성숙시키는 역할을 했을 것이다. 적어도 사상 자체만 볼 때도 보편적 민족주의를 견지하고 있어, 근대적 시민이 가져야 할 의식 가운데 하나로 규정할 수 있다.

3) 상생과 평화의 보편적 이념

강일순이 우리 민족만을 중심으로 한 배타적인 민족주의에 머물지 않고 보편적인 사상으로 전개할 수 있었던 근거는 무엇인가? 어떤 점에서 그의 사상이 보편성을 가지게 되었는가?

가장 먼저 주목해 보아야 할 점은 그의 세계 인식에 대한 관점인데, 이것은 물론 철학적으로 찾아낼 수 있다. 선천 세계가 상극의 원리에 지배당하고 있다는 점은 현실 사회에서 등장하는 부조리를 추상화하였다고 볼 수 있는데, 그것은 곧 소수 집단에 의한 전근대적인 민중의 지배와 억압의 구조가 한 민족에만 국한되지 않고, 인류 사회의 보편적 현상이라는 점이다. 다시 말하면 이러한 지배 구조 속에서 원한이 발생할 수밖에 없고, 그 원한을 풀어야 상생을 위한 새로운 후천선경의 세계가 도래한다는 점에서 보편적일 수밖에 없다. 이와 해결 방식은 다르지만 사실 마르크스주의도 경제적 관점에서 지배 구조를 해명했다는 점에서 보편적일 수 있었다.

더구나 그러한 원한을 낳는 부조리의 연원을 인간이 가진 욕망까지 거슬러 올라가 추론할 수 있었다. 욕망도 보편적인 것이지만, 원망을 푸는 해원과 상생도 전쟁 등의 폭력이 아니라 갈등에 대한 화해를 전제로 하므로 보편적 가치이기도 하다. 따라서 이러한 상생과 평화의 이념은 그의 가르침이 한국이라는 특수한 지역에 한정되지 않고, 모든 인류에게 공통적으로 적용되는 보편적 가르침이다.

이렇게 보편적이란 점은 당시 사회에서 시사되는 바가 크다. 곧 근대전환기 조선의 한 지역의 민중들에게 이런 보편적 생각을 갖게 한다는 것은 이들의 의식을 바꾸는 일이다. 다시 말해 전근대적 관습이나 사고나 편견과 오도된 관념, 개인적 원한에 따른 복수의 감정으로부터 보편적 인류애나 이웃사랑으로 나아가게 하는 것은 민중이 가졌던 의식의 변화를 전제하는 일이기 때문이다. 그것이 자발적으로 이루어지지 않기 때문에 천지공사라는 종교적 의식을 통해 승화시키려고 하였다. 그런 점에서 종교적 지향과 근대적 시민으로 성장하는 민중의 의식 변화는 중첩되어 있다.

사실 보편성만 놓고 볼 때 기존의 종교 가운데는 교조의 가르침에 그것이 없는 것은 아니지만, 어떤 이유로 말미암아 보편적인 것이 되지 못하고 되레 갈등만 일으키고 있다. 그런데 앞서 설명했듯이 강일순의 종교사상에는 우리 민족적인 요소가 있더라도 그것은 이런 보편적인 핵심 가르침과 크게 충돌을 일으키지 않고 방해가 되는 문제는 아니다. 그런 점에서 기존의 종교들이 배타적이라 비판받는 이유를 이런 맥락에서 추론할 수 있다. 곧 교조의 원래 가르침을 충실하게 따르기보다 종교가 발생한 지역의 전통사상과 문화적 관습, 그런 배경에서 그들이 신봉하며 정체성을 유지하는 종교적 교리와 신조·신학 등이 교조가 원래 의도한 바를 가두어 버리고, 타 문명이나 종교와 갈등을 일으키고 있어, 세계의 모든 인류가 수긍하는 보편성을 살리지 못하고 있기 때문이다. 그리하여 교조의 가르침은 내세의 영생만을 위한 영적인 복음으로 돌려버리고, 현실의 지배 구조와 불평등 거기서 발생하는 온갖 부조리에 동조하거나 외면해 버린다. 그 종교 자체도 이미 가진 자가 되었고 또 부자들을 위한 것이 되어버렸기 때문이다. 다시 말해 현실 사회의 경제적·정치적 문제보다 영적·신앙적 차원의 문제에서만 세계를 바라봄으로써, 억압당하는 민중의 원한을 풀어주지 못하고, 그 때문에 상생과 평화는 기대할 수 없게 되었다. 강일순이 가르침을 펼칠 때 기존 종교의 문제점을 날카롭게 파고들어 비판한 점 가운데 하나도 바로 여기게 있다고 본다. 결국 이 문제는 그의 가르침을 따르는 자들의 문제로 남는다. 보편성이 있다고 해서 그대로 실천되는 것은 아니기 때문이다.

아무튼 상생의 세계로 나아가는 가르침으로부터 보편적인 실천 강령이나 행동 지침을 얼마든지 연역할 수 있다. 당시에 신분 관념의 철폐와 남녀평등의 주장이 그랬듯이, 현대의 문화와 인종 차별 금지, 장애인과 노약자 보호, 안전을 보장받지 못하는 비정규직 노동자의 파견 근무 개선만이 아니라 소득 양극화에 따른 빈부 격차 해소 등에도 적용할 수 있는 문제이다.

그러니 이른바 고등 종교라 일컫는 기존의 종교가 있어도, 현실 세계가 여전히 상생이나 평화와 거리가 먼 원한으로 가득 차 있는 것은 이런 가르침이 없어서가 아니다. 마찬가지로 강일순이 천지공사로서 모든 신명과 인간의 원한을 상징적으로 풀었다고 해도, 현실이 변하지 않으면 기존 종교와 달라질 것이 하나도 없는 것은 자명한 이치이다. 다시 말해 강일순이 선천의 상극의 도수를 뜯어고쳐 상생의 그것으로 바꾸었다고 하더라도, 인간의 주체적 노력 없이 지상선경은 절대로 저절로 도래하지 않는다. 증산교도 기존의 종교처럼 그 특수한 교리나 종교적 신학에 매몰된다면, 기존 종교의 전철을 밟지 않을 것이라고 장담할 수 없다. 현실의 종교가 제 역할을 못한다면 제2의 예수나 증산은 얼마든지 출현할 수 있기 때문이다.

이렇다면 강일순이 실행했던 천지공사는 상징과 은유를 통한 가르침으로 이해하고, 세계 평화와 상생의 이념이 적용되는 사회의 건설은 전적으로 인간의 손에 맡겨져 있다고 보아야 한다. 그가 말한 인존이란 것도 그런 점에서 인간의 주체성을 강조한 말로 보아야 한다. 강일순의 가르침도 오늘날 현실에 맞게 적극 재해석하고 적용해야 할 문제로 여전히 남는다.

4) 증산교사상과 우리철학

서두에서 우리철학이 될 수 있는 방법론적 기준을 밝혔듯이 대체로 강일순의 사상이 그러한 방법론적 모델에 전형적으로 들어맞아 당시의 우리철학이라 일컬을 수 있었다.[99]

먼저 우리철학이라 말할 수 있는 근거는 그 필수모델로서 '한국인의 삶에 기초한 시대인식과 문제의식'이다. 다른 말로 증산교의 문제의식이라 할 수 있는데, 증산교는 단주나 전봉준 등의 해원공사에서 이전 시대에 대한 비판의식과 함께 신분·빈부·남녀 등의 차별에 대한 민중 중심의 문제의식을 갖고 있었다. 또 서양 문물에 대해 도학자들처럼 맹목적으로 배척하지 않고 수용한 것을 보면, 근대적 문물에

---

99) 우리철학의 방법론을 연구하기 위해 대상으로 삼은 것이 강일순의 사상이었다. 더 자세한 것은 이종란, 2018, 「『전경』의 사상분석으로 살펴본 '우리철학'의 방법론」, 『대순사상논총』 제30집, 대진대학교 대순사상학술원을 참조할 것.

대한 수용적 태도를 지니고 있었던 것도 분명하다.

무엇보다도 세계의 본질에 대한 인식으로서 자연계와 인간 사회의 부조리의 원인에 대한 언급이 있다. 물론 이것은 종교적 상징으로 표현되어 있어 비합리적인 부분도 없지는 않으나, 일부는 부조리의 근거가 되는 원한의 출발로서 인간의 욕망에 있다고 봄으로써[100] 인간의 부조리에 대한 해명이 돋보인다.

다음 모델로서 '전통사상을 발전적으로 계승'한 부분은 무수히 많다. 그 대상은 원형사유의 경천사상, 유불선을 비롯하여 정역과 동학, 그리고 민간신앙 등이 그것으로 새삼 언급할 필요는 없다. 다만 전통사상이라고 해서 모두 다 따른 것은 아니라는 점을 지적하고 싶다. 불교나 유학의 철학적 이론을 천착하지는 않고 대체로 민중의 입장에서 따른 점이 많으며, 되레 민간신앙의 요소를 계승한다. 가령 증산교에서 말하는 신·신명·혼·령·귀 등은 인관과 구별되는 초월적 존재가 아니라, 지상에서 삶을 영위한 자들의 사후의 영체靈體를 뜻하며, 이는 인간 몸속에 있는 인성의 전화이며 신격은 인격의 꼴바꿈에 지나지 않는다.[101] 이 같은 다신론 신관은 전통적으로 한국인의 종교적 심성의 기저를 이루고 있는 무속신앙의 신관과 거의 일치한다.[102] 게다가 그가 치룬 다수의 종교적 의례는 당시의 현실에서 보면 무참하게 죽임을 당한 동학군을 위로하고 해원하는 굿판이었다.[103]

---

100) 『전경』, 「교법」 3:24.
101) 노길명, 1993, 「神과 人間의 怨恨을 抹消한다 - 甑山敎의 〈天地公事〉와 解寃相生 - 」, 조명기 외 33인 저, 『한국사상의 심층연구』, 우석, 429쪽.
102) 같은 글.
103) 이봉호, 「『전경』과 민중사상의 관계 - 후천개벽, 남조선신앙, 미륵신앙을 중심

또 '전통사상의 재해석을 통하여 한국적으로 특성화하는' 모델이 있는데, 강일순 사상에서 가장 독창적으로 돋보이는 부분이다. 여기에는 많은 사례가 있다. 가령 단주해원, 선천과 후천 세계를 구분하는 것과 그 세계를 지배하는 상극과 상생의 도수, 지상선경, 천지공사, 원한에 따른 재이설, 미륵사상, 신명과 신장, 진묵 설화 등이 그것이다.

그리고 우리철학이 되는 근거 가운데 하나인 모델은 '외래사상을 비판적으로 수용하거나 포용하기'인데, 여기서 말하는 외래사상이란 근대전환기 이래로 우리나라에 전파된 서양의 문물과 그리스도교 사상과 관련이 있다. 가령 남녀평등, 신분 차별 철폐, 과부 수절 금지 등의 근대적 가치와 교통 기관 등의 문물 등은 당시 애국계몽기에서 경험한 가치와 문물을 수용한 것들이다.

끝으로 마지막 모델은 '외래사상에 대응하면서 한국적으로 변용하기'인데, 여기에는 강일순이 서양 문물 또는 그리스도교에 대응하여, 그것을 극복하고 세계 종교로 나아가고자 하는 의식이 깔려 있다. 비록 그리스도교에 대응하겠다는 강일순의 언급은 없으나 그가 생전에 그리스도교에 대해서 가졌던 태도나 마테오 리치의 언급, 그리고 그가 세상의 모든 종교를 극복하고 자기의 가르침을 그 중심에 놓고자 하는 방향에서 볼 때, 서양 종교에 대응하는 것은 논리적 귀결점이 된다.

좀 더 부연하면 이 방법에는 자연스럽게 서양 종교에 대응하는 여러 가르침이 등장한다. 혹자는 그것을 서양 종교의 모방이라 말할지 모르겠으나, 필자가 볼 때 대응하고 극복하여 그것 위에 우뚝 서려는

으로-」, 앞의 글, 222쪽 참조.

의도는 모방 자체를 넘어서는 일이라고 본다. 그 가운데 하나가 독특한 신관이다. 그는 무속의 다신적 요소를 받아들이면서도, 신명계와 인간계의 주재자이자 천계의 대권을 주재하는 존재, 천지공사를 통해 자연계의 운행을 새로 고치는 절대신으로서 구천상제九天上帝로 자처하였다. 물론 상제라는 용어는 고대의 유교 경전과 도교에서 사용하였지만, 상제 자신이 천상의 으뜸가는 절대적 기능의 소유자인 동시에 신명계와 인간계의 주재자이며 구원자라는 의미가 내포되어 있어, 한국인의 전통적 신관과 달라 보여 그리스도교의 신관과 상당히 유사하다.[104] 그러나 이 점을 포함해 『성서』 내용과 유사한 특정 사건[105]은 그리스도교를 모방했다기보다 일반적이거나 구체적 사안에 대한 대응으로 보인다. 특히 그가 절대적 권능을 지닌 상제를 자처했어도 상제 자신도 어찌할 수 없는 점을 가지고 있다는 점,[106] 전생을 인정하는 점[107]과 이상 세계와 내세관 등은 그리스도교와 전혀 다르다.

그래서 그런 점이 우리철학의 방법론에 부합한다고 보았다. 특히 이 마지막 모델은 필연적으로 '전통사상의 재해석을 통하여 한국적으로 특성화하기'와 겹칠 수밖에 없다. 그 대응의 대안으로서 전통의

---

104) 노길명, 앞의 글, 430~431쪽 참조.
105) 가령 떠오르는 해를 멈추게 하거나(『전경』,「권지」 1:27) 맹물로 막걸리 맛을 내게 하는 것(같은 책,「행록」 3:29)은 각기 그리스도교 『성서』에서 해를 멈추게 하거나(『구약전서』,「여호수아」 10:12~13) 맹물을 포도주로 만드는 내용 (『신약전서』,「요한복음」 2:1~11)에 대응하여 상제인 증산도 그런 능력이 있다는 표현으로 보인다.
106) 가령 그 사례로 "나는 용서 하고자 하나 신명들이 듣지 아니하는도다(『전경』, 「행록」 1:29)." 등의 표현이 그것이다.
107) 『전경』,「행록」 2:13.

그것을 '특성화'한다는 점에서 그렇고, '한국적'이라는 점에서도 그러하다. 그래서 인류 부조리의 원인과 단주의 원한 및 해원, 선천과 후천의 구별, 인류를 구원하는 방식으로서 천지공사, 지상선경, 신인조화, 인존사상 등이 거기에 해당된다.

그러나 우리철학을 탐구하는 후학의 입장에서는 그것만으로 충분하지 않다. 비록 강일순 사상이 당시의 시대 상황과 문제에서 볼 때 우리철학의 방법론을 모델별로 충분히 보여주고 있지만, 그렇다고 해서 그것이 곧장 21세기형 우리철학은 아니다. 21세기형 우리철학이 되려면 이러한 강일순 사상이 21세기 우리 문제를 해결하기 위한 논리를 제시해야 하기 때문이다. 비록 시대마다 보편적인 문제가 있기는 하지만, 특수한 문제도 여전히 상존하기 때문이다.

따라서 오늘날 후학으로서 우리철학의 생산은 선인들의 철학이나 사상을 따르고 설명하면서 보편적인 무엇을 찾아 기술하는 것만은 아니다. 그보다 더 중요한 것은 자신이 발 딛고 서있는 당대의 시대 문제가 무엇인지 파악하는 것이 사상가나 철학자의 더 근원적인 자질이 아닐지 모르겠다. 그것을 모르거나 외면하고서 혹 철학사를 기술할지는 모르겠으나 우리철학을 한다고 말할 수 있을지 의문이다.

마찬가지로 우리가 강일순의 사상에 주목하는 이유는 그것이 골방에서 이루어 낸 사색의 결과가 아니라, 동학혁명 실패 후 두 발로 길거리나 벌판을 헤매면서 시대의 문제와 씨름하였기 때문이다. 비록 그의 사상이 검증할 수 없는 신비적·상징적 요소를 포함한 한계는 있고 또 그가 전문적·직업적 철학자는 아니라 하더라도, 민중의 처지를 충분히 대변하고 있어서 근대전환기형 우리철학으로서 민의 철학이라 아니 할 수 없다.

제5장
원불교와 사회 공동체

1 시대 상황과 사상적 배경

1) 근대전환기 민중의 삶과 원불교

근대전환기 우리 민족은 외세의 침략과 전근대적 체제로 인하여 풍전등화와 같은 나라의 명맥을 겨우 이어 오다가 급기야 일제에 의하여 강제로 병합되었다. 식민 체제로 인하여 발생한 고통은 하층민에게 집중적으로 전가되는 양상을 띠었다. 이러한 배경에서 민중들을 이끌었던 기존의 사상이나 종교가 효력을 잃게 되면, 새로운 종교와 사상이 탄생하게 되는 것은 세계 역사의 공통점이다. 근대전환기 탄생한 한국의 민족종교인 동학·증산교·원불교·대종교 등도 이런 시대적 혼란기에 탄생하였다는 공통점을 갖는다.

그런데 민족종교로서 등장한 이런 신종교를 이해할 때, 그 발생의 시대적 배경을 동일한 선상에서만 일률적으로 이해하는 것은 온당하지 않다. 물론 공통점이 없는 것은 아니지만, 이 종교들이 시간차를 두고 발생하였기 때문에 당시의 사건과 시대적 주류 담론을 고려하지 않을 수 없다. 같은 종교 안에서도 가령 동학사상을 두고도 최제우와 최시형과 손병희의 사상에 편차를 보이는 점은 모두 그들이 살았던 시대적 배경과 운동 방식의 차이점 때문이다. 원불교 또한 여타 민족 종교와 시간상 겹치기도 하지만 벗어나는 부분도 있어서, 그 점을 간과해서는 안 된다.

원불교는 소태산少太山 박중빈朴重彬(1891~1943)이 1916년 크게 깨달은 후 문을 연 종교인데, 그가 큰 깨달음을 얻기까지의 시대상을 면밀히 들여다 볼 필요가 있다. 곧 그의 유년기에는 동학혁명, 청일전쟁, 갑오개혁, 을미사변, 아관파천 등의 큰 사건과 아울러 대한제국과 독립협회의 성립이 있었으며, 십대에는 러일전쟁, 을사조약, 의병 운동, 애국계몽 운동, 한일 합병 등이 있었고, 이십대부터 일제강점기에 살게 된다.

그러니까 원불교가 성립한 배경을 이해하기 위해서는 시기적으로 이미 일제강점기에 들어섰다는 점을 고려해야 한다. 해당 지역 민중의 삶은 전근대적 잔재와 일제의 침탈에 따른 경제적 어려움만이 아니라, 낮은 교육열에 따른 문맹과 무지, 의타심과 나태, 허례와 남녀 차별의 관습 등이 일상을 이루고 있었다. 게다가 동학혁명의 여파와 후유증에 따른 감시와 원한의 잔존, 일제의 침략에 따른 갈등 등이 내재해 있었다. 또한 자연적 가뭄과 홍수 그리고 그에 따른 기아와 질병 등도 대다수 농민들이 공통적으로 겪는 문제였다.

이 점은 증산교를 창시한 강일순의 사상 속에도, 뒤에서 밝히겠지만 박중빈의 사상에도 일정하게 반영되어 있다. 곧 똑같은 전근대적 요소의 잔존과 시대 상황에 따른 민중의 원한을 두고, 두 사람 각자의 사상 내부에서 어떤 위상을 차지하고, 또 다르게 전개시키고 있는지

242

를 살펴보는 일은 매우 흥미로운 일이다. 더구나 강일순은 1909년에 화천化天하고, 박중빈은 그로부터 7년 뒤 대각하여 줄곧 가르침을 펼쳤는데, 그 시간적 간격에 따른 사상의 배경에도 일정한 차이가 있을 것이다. 강일순이 활동한 때는 한일 합병 이전이었다면 박중빈의 그것은 이후라는 점에서 더욱 그러하다.

그가 활동한 일제강점기는 자연히 독립을 고취하는 사상이나 운동이 제한받을 수밖에 없었다. 일제의 무단 통치에 따른 치안과 사회적 통제가 그 이전보다 더 강화되었기 때문이다. 반면 시대의 주요 담론이었던 자강론이나 문명개화 따위의 계몽적 사상을 강일순보다 길고 심도 있게 접할 수 있었을 것이다. 왜냐하면 문명개화는 이중적 의미 곧 민족의 자강을 위한 실력 양성과 일제가 합병의 명분으로 즐겨 내세우는 조선의 개화라는 의미[1]를 동시에 지니고 있어서, 후자의 입장에서는 일제 당국이 굳이 그런 사상을 단속할 이유가 없었기 때문이다.[2]

---

1) 이는 최근에 식민지 근대화론의 논의를 확산시킨 일부 한국인 학자들의 주장과 맥락을 같이하면서 동시에 한일협정(제3차)을 진행하는 과정에서 등장한 소위 구보타 간이치로[久保田貫一郎]의 망언(1953) 가운데 "일본의 한국 통치는 한국에게 유익했다. 철도 시설, 항만 건설, 자본 투자 증가 등이 예이다."라는 말에서 그 일부를 엿볼 수 있다. 당시의 문명개화라는 용어는 지금의 근대화와 통한다.

2) 일례로 일제가 조선을 강제로 합병한 직후에는 최남선이 발행한 「少年」과 「靑春」 등에서 보이는 것과 같은 계몽적인 글이 어느 정도 허용되었다. 일제가 이런 계몽 활동, 그리고 중등(또는 전문학교) 수준까지의 학교 교육을 인정 또는 허용한 것, 도로나 항만 등 산업 기반 시설을 확충한 데는 문명개화라는 명분에도 부합하지만, 무엇보다 식민지 통치에 유용한 인재 양성과 산업 시설이 시급했기 때문이었다.

이렇게 봤을 때 훗날 박중빈의 가르침 속에 이런 계몽적 사유가 침투할 수 있었던 것은 자연스러운 일이다. 그의 이상 사회를 위한 사상과 실천적 내용은 이전의 동학이나 증산교와 달리 새로운 각도로 모색될 수밖에 없었다. 이는 또 전통사상과 외래사상의 관계를 정립하는 일이 이전의 민족종교보다 더 문제되는 점이기도 한데, 동학에서 원불교에 이르기까지 사회적 분위기는 외래사상의 수용 비중이 후대로 올수록 커지기 때문이다. 그것은 외래문화와 지식의 사회적 전파가 더욱 활성화되고 대중화되었기 때문이다. 이 점은 원불교사상을 분석할 때 고려하지 않을 수 없는 이유이다.

2) 박중빈의 삶과 사상의 배경

박중빈은 1891년 전라남도 영광군에 살았던 농민의 아들로 태어나 특별한 스승이 없이[3] 여러 사람들을 찾아다니며 가르침을 청하기도 하고, 명상을 하기도 하며 오랫동안 고행한 끝에 크게 깨달음을 얻었다고 전한다. 원불교 경전에 보이는 동학이나 증산교 관련 지식도 이런 과정을 거쳐 획득한 것으로 보인다. 이것은 그의 출신이 전통의 영향력 있는 사상가의 후예로서 어떤 학문 분야를 천착한 이론가로서가 아니라, 민중 속에서 그들과 함께하면서 겪은 일의 시행착오와 깨달음을 통해 민중을 바른 길로 이끌고자 하는 실천가이자 교육가로서

---

3) 『대종경』, 「서품」 2장 참조. 이하 원불교 자료는 원불교경전법문집(http://won.or.kr/bupmun)을 활용하고, 필요시 『원불교전서圓佛敎全書』(원불교정화사, 1977, 원불교출판사)를 참조하였다. 10살 때 한문 서당에 다닌 기록이 보인다 (『원불교교사』, 「개벽의 여명」 제2장).

의 역할이 가능한 배경을 이룬다.

이는 득도 후의 행적에서도 일관되게 드러난다. 그는 7살 때부터 우연히 우주 자연현상에 대해 의심이 일어나, 이를 해결하지 못한 채 20여 년을 고심하다가, 마침내 26살 되든 1916년에 대각했다고 전한다.4) 그 후 미신 타파, 문맹 퇴치, 근검절약의 저축 운동, 허례 폐지, 금연·금주 등의 사회 운동을 펼치고, 간척 사업을 벌여 공동체의 경제적 기반을 마련하는 등 공부와 사업을 병행하면서 황무지를 개간하기도 하고 농장도 건설하면서, 자력으로 생활하는 종교의 기초를 마련하였다. 이러한 공동체의 실천적 사업은 그의 가르침과 사상에서 결코 분리된 것이 아니며,5) 종교 지도자로서 민중을 위한 실천가·교육가의 역할을 한 일이다.

먼저 우리는 이 같은 가르침을 이룬 사상의 배경을 찾아볼 수 있다. 먼저 유불선 삼교를 통합하였다는 그의 말6)을 따른다면 전통의 삼교가 그 배경을 이루고 있음을 부정할 수 없다. 특히 '원불교'라는 명칭이 말해주듯 불교의 영향이 크지만, 그렇다고 해서 전통적인 불교와 같다고 규정하기도 어렵다. 불교적 요소도 있지만 모든 종교의 종지를 긴밀한 관계 속에 긍정적으로 포용하고 있다고 규정한 것을 보면, 그의 사상을 이루는 배경은 기존의 모든 사상이 망라되고 있다고 하겠다.

그러나 무엇보다 해당 인물이 생존했을 당시 사회의 주류 담론, 그

---

4) 유병덕, 1987, 「한말·일제시에 있어서의 민족사상」, 한국철학회 편, 『한국철학사』 하권, 동명사, 286쪽.
5) 가령 『대종경』, 「교의품」 1장에서 말하는 '靈肉雙全과 理事竝行', 또 「敎理圖」의 四要에서 말하는 '自力養成'과도 관련이 있다.
6) 『대종경』, 「교의품」 1장.

와 시공간적으로 가까이 있었던 사상이나 가르침의 영향을 크게 받기도 한다. 여기서는 근대전환기 박중빈이 유·소년기와 청년 시절 영향을 받은 것으로 보이는 사상을 중심으로 설명하겠다.

먼저 문화와 사회적 담론에서 볼 때 적어도 20세기 초부터 박중빈이 대각 할 때까지의 시대의 주류 담론은 문명개화였다. 이것은 사회진화론을 배경으로 한 제국주의 논리이지만, 애국계몽 운동가들은 독립을 위해 힘을 키우자는 자강론으로 변용하였고, 그 자강을 위해서는 전근대적 요소를 버리고 서구 근대의 제도와 문물을 수용하여 강자가 되는 것이 문명개화라는 인식도 한 축을 형성하고 있었다. 당시의 학교 건립과 사회단체 결성, 그리고 각종 종교 운동과 그 개혁 운동도 이와 무관하지 않다.

그래서 원불교의 가르침 가운데 이 사회진화론에 근거한 자강사상의 흔적이 남아 있다. 다만 그 강자와 약자의 관계를 제국주의자들이 주장하는 그대로 받아들이는 것이 아니라, '진화상의 요법'에서 강자와 약자의 도리로 말하고 있다.[7] 이 진화론 사상은 2대 종법사인 정산鼎山 송규宋奎(1900~1960)의 그것에도 녹아 있는데, '진화하는 교육'이나 '진화하는 가정' 등의 표현이 그것이다.[8]

또 서구의 사상만이 아니라 문물을 수용하여 서양인들처럼 되는 것이 문명개화라는 인식도 당시 사회에서 줄곧 일정한 담론을 형성하고 있었다.[9] 그래서 전근대적 관습이나 제도, 그리고 당시 물밀 듯

---

7) 『정전』, 「수행편」 제13장.
8) 『정산종사법어』, 「세전」, 〈교육〉 ; 『정산종사법어』, 「세전」, 〈가정〉 참조.
9) 이것을 간접적으로 증언하는 것이 유길준의 '개화의 죄인'이라는 비판이다(兪吉濬 著, 1982, 『西遊見聞』, 金泰俊 譯, 博英社, 119쪽). 그 이후 20세기 후반까

들어오는 문명의 이기로 비춰진 물질문명도 박중빈의 사상적 배경을 이루고 있다. 이점은 뒤에서 거론하겠지만 문명개화와 물질문명에 대한 그의 태도 속에 긍정 또는 부정의 모습으로 반영되어 있다.

그와 달리 당시 그가 가르침을 펼쳤던 민중들은 문명개화에 대한 인식과 그 실천적 태도가 투철한 것도 아니고, 또 전통적인 전근대적 습속으로부터 자유롭지도 못했다. 박중빈의 대각은 종교 지도자로서만이 아니라 사상적 선각자로서 이들을 가르쳐야 하는 사명감을 갖는 계기이기도 하였다.

그런데 이러한 자강론에 근거한 문명개화론은 일제강점기에 접어들면 적어도 국내에서는 독립을 위한 투쟁보다 그것을 위한 준비론으로 강조되기도 하였다. 농촌 계몽이나 문맹 퇴치 운동 등도 그런 맥락에서 이해되어야 한다. 이런 준비론은 정치적인 문제와 일정한 거리가 있을 뿐만 아니라, 일제가 조선의 문명개화를 위한다는 명분에도 들어맞아서 투쟁론보다 일제로부터 감시와 탄압을 피하기가 유리했다. 그래서 그런 태도를 가진 인사들은 해외로 망명하지 않고도 국내에서 활동할 수 있었다. 물론 이점은 1920년대 일제의 이른바 문화 정책의 회유 아래서 가능한 일이기도 하였다.

원불교는 그러한 시대의 분위기 속에서 탄생한 종교여서 그 시대의 주류 담론으로부터 완전히 동떨어진 입장을 견지하지는 않았다. 교조의 가르침을 분석해 볼 때도 그런 계몽적 주장과 전혀 이질적이지 않다. 다시 말하면 당시 지식인들이나 선각자들이 가졌던 계몽적 성

지도 서구 근대 따라잡기가 정신적인 면보다는 제도와 물질적인 측면이 강하게 작용하였다.

격이 적어도 「교리도」의 '사요四要' 등에 일정하게 녹아있다.[10]

그러나 이렇게만 본다면 일면적 고찰이 되고 만다. 앞에서 언급했지만 박중빈의 핵심 사상은 전통사상을 종합하여 그 시대에 맞게 새롭게 만들어 낸 것이다. 다만 그 실천적 강령에 당시에 시대정신이 반영되었고, 총체적으로 당시의 시대적 문제를 해결하기 위하여 한국적 문화와 전통을 배경으로 외래사상을 수용하여 우리철학으로 발전시켰다고 볼 수 있다.

원불교의 교리도

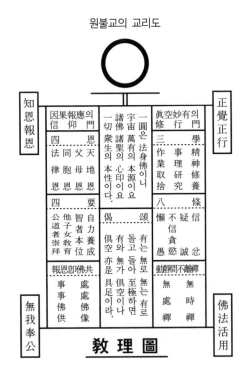

---

10) 가령 四要의 自力養成, 知者本位, 他子女敎育, 公道者崇拜가 그것이다.

2 원불교의 현실 인식과 인간 이해

1) 세계와 현실 인식

어떤 종교든 처음 탄생할 때에는 이전 시대를 긍정적으로 보지 않고, 정도의 차이는 있겠지만 대부분 부조리하거나 윤리·종교적으로 타락했다거나 아니면 기존의 질서가 다했다는 종말론적 성격을 갖고 있다. 한국의 신종교는 대체로 그러한 세계를 선천이라 불렀으며, 개벽이라는 공통적인 시대정신을 띠고 있었다.[11]

원불교 또한 사상적으로 삼교회통을 전개하면서 불교적 입장에 서 있으면서도, 신종교의 개벽 사조를 수운과 증산의 흐름 위에 계승하고 있다.[12] 그러나 개벽사상을 잇고 있다고 해서 선천에 대한 인식의 논리와 내용이 같다고 할 수 없으며, 그 개벽의 시점과 구세救世의 해결 방법이 일치한다고 말하기는 더욱 어렵다. 바로 여기에 원불교만의 세계와 인간에 대한 인식을 살피고자 하는 이유가 있다.

박중빈의 선천 세계에 대한 인식은 원불교 경전에 고스란히 남겨 놓아서 쉽게 알아 볼 수 있다. 그는 당시의 세계를 물질이 개벽한 세상[13]으로 보았다. '물질이 개벽하였다'는 말의 의미는 세계의 본질이 바뀌었다는 의미라기보다 인간이 물질을 탐구하여 그것을 문명의 이기로 활용하는 시대, 오늘날 입장에서 달리 말하면 자본주의적 생산 양식으로 역사가 바뀌었다는 뜻으로 해석할 수 있다. 왜냐하면 "물질

---

11) 양은용, 2012, 「원불교의 개벽사상」, 『한국종교』 제35집, 원광대학교 종교문제
    연구소, 129쪽.
12) 같은 글, 130쪽 참조.
13) 『대종경』, 「서품」 4장.

이 개벽되니"라는 말에 이어서 "정신을 개벽하자."[14]는 말이 등장하기 때문인데, 모두 인간 사회의 문제이다.

사실 증산교나 정역에서 선천과 후천으로 나눈 것은 인간 세계만이 아니라 우주 자체도 그러하다고 보았지만, 이와 달리 원불교는 비록 그런 전통에 따라 선·후천을 구분하고, 선천 세계가 불평등한 음과 상극의 시대이며 후천개벽의 시대는 평등과 상생의 조화로운 양의 시대로 보고 있지만,[15] 이것은 어디까지나 인간 사회의 문제로 보이고, 우주 자체에 대해서는 증산교와 달리 동학과 유사한 방향을 취하였다. 이 우주관에 대해서는 2대 종법사 송규의 사상에 보다 분명하게 보이는데, "우주만유가 영靈과 기氣와 질質로써 구성이 되어 있다."[16]는 말에서 엿볼 수 있다. 곧 "영은 만유의 본체로서 영원불멸한 성품이며, 기는 만유의 생기로서 그 개체를 생동케 하는 힘이며, 질은 만유의 바탕으로서 그 형체를 이름이니라."[17]라고 하여, 우주가 성주괴공成住壞空 되는 것도 형상 없는 한 기운의 작용에 의하여 변화 한다[18]고 보는데, 여기서 질이란 기가 응취하여 된 것이며, 기운이란 죽어 있는 물질이 아니라 영과 결합되어 있는 기, 동학에서 말하는 지기처럼 정신적 요소를 함유하고 있다고 하겠다. 그러니까 기의 철학과 일정한 연관이 있다.[19]

---

14) 같은 책.
15) 박광수, 2010, 「원불교의 후천개벽 세계관」, 『원불교사상과 종교문화』, 원광대학교 원불교사상연구원, 73쪽.
16) 『정산종사법어』, 「법어」, 〈원리〉 13장.
17) 같은 책.
18) 같은 책, 18장.

그러니까 세상이 잘못되었다고 할 때 개벽의 대상은 우주나 자연이 아니라 인간 세상에 해당됨을 알겠다. 앞서 보았듯이 원불교는 당시 사회의 주요 담론이었던 사회진화론을 받아들여 역사 또는 사회가 진화한다는 점을 믿은 것 같다. 그러나 강자와 약자의 관계가 어쩔 수 없는 자연법칙으로 받아들이는 것이 아니라, 현실적 강자를 인정하되 모두가 강자가 되는 길을 택했다.[20] 특히 2대 종법사 송규 때에 이르면 이 진화론적 관점의 적용을 더욱 확대해 나가는데, 진화하는 사회 곧 사회의 진보를 인정한 것으로 보인다. 바로 여기서 '물질이 개벽하였다'는 말은 사회진화론적 관점에서 볼 때 물질적 삶의 진화가 진전되고 있었다는 인식이고, '정신의 개벽'을 주장한 것은 이런 물질적 진화에 맞추어 정신의 진화를 이룩하자는 의미로 보인다.

그렇다면 이런 정신의 개벽이 따르지 못한 물질의 개벽에 따른 사회의 현상은 어떠한가? 박중빈은 「개교의 동기」에서 이렇게 말하고 있다.

> 지금의 형편은 과학의 문명이 발달됨에 따라 물질을 사용하여야 할 사람의 정신은 점점 쇠약하고, 사람이 사용하여야 할 물질의 세력은 날로 융성하여, 쇠약한 그 정신을 항복 받아 물질의 지배를 받게 하므로, 모든 사람이 도리어 저 물질의 노예 생활을 면하지 못하게 되었으니, 그 생활에 어찌 파란고해波瀾苦海가 없겠는가?[21]

---

19) 더 자세한 내용은 본 총서 시리즈의 『서양 문명의 도전과 기의 철학』의 제4장 2-3)의 '송규의 영기질론과 삼동철학'을 참조 바람.

20) 『정전』, 「수행편」 제13장 참조.

21) 『정전』, 「총서편」 제1장. 일부 인용은 필자가 현대식 어법으로 고침.

'물질개벽' 곧 과학 문명의 발달에 따라 인간의 정신이 그것을 따라가지 못하고, 물질의 지배를 받아 모든 사람이 그것의 노예가 되어 생활이 고해가 되었다고 인식하였다. 이 말에는 보편성이 있어서 21세기 오늘날의 입장에서 볼 때 당연한 말이지만, 지금을 기준으로 볼 때 물질적 발전이 상대적으로 저조했던 20세기 전반에 이런 말을 하였다는 것을 어떻게 이해해야 할까?

　사실 근대전환기 문명개화의 담론을 눈으로 피부로 느끼면서 활성화시킨 것은 과학 문명의 이기였다. 전근대적 조선에서는 상상할 수도 없었던 물질개벽이었다. 이른바 외부 사정을 조금이라도 아는 식자들은 이런 문명개화를 항상 입에 담고 살았고, 일제강점기에는 그것이 가속화 되었으며, 그런 문명개화에 현혹되어 전통을 비하하고 외래의 것을 추종하는 풍조가 만연했다는 것을 쉽게 상상할 수 있고 오늘날도 그 영향이 상당히 남아 있다.

　그런 과학 문명이 되레 인간을 노예로 만들었다는 것은 대다수의 사람들이 그것에 의존해 살아가고 있다는 점, 곧 서양의 물건을 모방해 생산한 일본 자본주의의 침탈과 그것에 의존하는 상황을 역설적으로 반영하고 있다. 이렇듯 박중빈이 비판적으로 말한 과학 문명의 외연은 오늘날 우리가 사용하는 의미에서 더 나아가 침략자인 일제 자본가가 제작한 생산품을 포함하고 있고, '물질의 노예'란 말은 종교적 의미로 포장되어 있어서 너무 추상적으로만 해석하지 않는다면, 실은 일제 자본가들이 생산한 소비재를 아무런 의식 없이 구매해 사용하는 사람들의 행태를 비판하는 말로서, 일제의 경제적 침략에 저항하는 의식을 간접적으로 드러낸 말로 해석할 수 있다. 이점은 또 '정신개벽'의 운동으로서 의타심을 버리고 자력으로 양성하며 공익을 존중하며 공동체 활동의 실천으로 나아가게 한 배경이 되고 있다.

그가 당시의 사회를 이렇게 진단한 근거로서, 우리는 일제 지배하에 있는 조선 민중의 특징을 그의 가르침에서 간접적으로 추론할 수 있다. 다시 말해 '어떻게 해야 한다'는 가르침의 반대 상황이 그것을 말해주고 있다. 예컨대 자력으로 양성하라는 말의 이면에는 의타심이 있고, 남녀를 차별하지 말하는 말에는 남녀 차별이 존재한다. 이런 방식으로 원불교 경전에 들어 있는 그의 말을 조사해 종합하면, 당시 조선 민중은 의타적이며 여성은 교육이나 사회적으로 차별을 받았고, 또 여성과 차남 이하는 유산 분배에 차별을 받았으며, 그리고 반상·적서·노소·종족의 차별이 있었고, 교육의 기회균등이 없었으며, 공익을 앞세우는 공적 기관이나 활동가가 적었고, 또 그것을 존중하지 않았음 말하고 있다.[22]

이것을 총체적으로 병든 세상으로 표현하고 있는데, 병이 들었다는 점에서는 민족종교의 다른 교조들이 진단한 논리와 유사하며, 이 병을 좀 더 구체적으로 말하고 있다. 곧 돈의 병, 원망의 병, 의뢰依賴의 병, 배울 줄 모르는 병, 가르칠 줄 모르는 병, 공익심이 없는 병이라고 진단한다.[23]

그렇다면 이 병의 근원적 원인은 무엇일까? 인간의 본성 때문일까? 아니면 외부의 영향 탓일까? 증산교는 우주 상극의 도수와 인간의 욕망 좌절에 따른 원한 등으로 보았는데, 원불교에서는 어떻게 규정하고 있을까? 원불교가 유불선 삼교 가운데 불교의 영향이 가장 큰

---

22) 『정전』, 「교의편」 제3장 참조.
23) 『대종경』, 「교의품」 34장.

점을 고려한다면, 아무래도 불교의 설명 방식과 연관이 있을 듯하다. 이 또한 인간이 버려야 할 행위나 태도를 통해서 거꾸로 추론할 수 있는데, 불신·탐욕·게으름(懶)·어리석음(愚)[24] 등이 그것이다. 이런 것 때문에 남을 원망하여 은혜를 저버리고 살기 때문에 세상이 병들게 된다는 점이다. 결코 인간의 본성에 그 부조리의 근거를 두지 않음으로써 인간의 본래 존재는 대단히 긍정된다. 이 점은 원불교의 핵심인 '일원상의 진리'와 관계되므로 뒤에서 더 다루겠다.

이런 진단의 내용을 종합해보면, 일제강점기 초기만 해도 민중 사회에는 여전히 전근대적 요소와 그에 따른 무기력이 남아있음을 알 수 있다. 물론 이에 대한 문제는 이전부터 문명개화를 이루자는 개화 담론에서 줄곧 주장한 내용과도 맥락이 닿아있다. 곧 박중빈이 진단한 민중 사회의 부조리한 모습은 개화기 언론을 통한 문명개화의 계몽 담론에서 혁파해야할 구습으로 언급한 것과 크게 다르지 않다.[25]

하지만 이러한 사회 현실의 진단에서 민족종교의 다른 교조들과 차이를 발견할 수 있다. 현실의 부조리에 대한 신비적 해석이나 접근을 자제하고, 합리적이며 상식적으로 접근하고 있는 점이다. 이런 태도는 줄곧 원불교의 실천적 가르침을 관통하고 있다. 물론 이것은 이전의 동학이나 증산교에 비해 시대적으로 늦게 등장한 이유도 있지만, 현실 인식과 이해에 대한 근대전환기의 계몽적 접근 방식을 수용한 결과이다. 비록 사회진화론의 영향에 따른 자강론적 요소가 남아

---

24) 『정전』, 「교의편」 제5장.
25) 일례로 박중빈이 '依賴의 병'을 말할 때 그 근거로 드는 '文弱의 폐해'는 박은
식·신채호 등이 계몽 논설이나 저술을 통해 줄곧 주장해 왔다.

있기는 하지만, 그나마 당시로서는 그것이 주류 담론이었음을 고려한다면 매우 합리적이다. 다만 해결책은 전통사상을 계승하면서 그것을 발전적으로 재해석 했다는 점에서 시대적 흐름을 유행처럼 추종하지 않고 나름의 철학을 확고하게 견지하고 있음을 알 수 있다.

어쨌든 물질의 노예가 되었다는 그의 진단은 오늘날도 여전히 유효하다. 인공지능이 등장하고 인간의 삶이 더 풍족하고 편리해졌지만, 인간은 그것에 더욱 의존하고 그 문명의 이기가 없으면 생존조차 불가능하게 되어 버렸다. 자본주의 위력은 지구상의 모든 인류를 그것 없이 생존 불가능하게 만들어 가고 있기 때문이다. 그래서 그의 진단과 철학에 더욱 관심을 갖게 만든다.

2) 인간 이해

(1) 일원상의 진리

원불교에서 말한 개벽이란 '정신개벽'으로서 엄밀히 말하면, 물질문명과 정신문명이 조화 발전된 광대무량廣大無量한 문명 세계를 제시하고 실현하고자 하는 것으로, '일원상一圓相의 진리'를 신앙하고 수행하여 인류 공동체가 지향해야할 새로운 문명사회의 실현이다.26)

여기서 원불교에서 말하는 인간의 본성은 타락했거나 악한 것이 아니라, 개벽된 세상을 건설하기 위해서 유교처럼 회복하거나 불교처럼 깨달아야 할 그 무엇이라면, 인간의 본성이 어떠한지 우선 말해야 하고, 그 본성의 실현을 방해하는 요소를 제거해야 한다. 그리고 인간

---

26) 박광수, 앞의 글, 73쪽.

의 본성으로서 본질적 모습은 우주와 어떤 관계이며, 또 인간 사회 속에서 어떻게 발현되었는지, 그 모델이 무엇인지 밝히는 문제는 매우 중요하다. 마치 유교처럼 요순시대와 같은 모델이나 사례가 없으면 설득력이 떨어지기 때문이다. 그래서 인간의 본질적 모습이 이해하는 것이 이상 사회 건설을 위한 하나의 선결 과제로서 전제 조건이 된다.

그러한 인간의 본질적 모습이자 사례는 '일원상의 진리' 속에 녹아 있다. 일원상의 진리는 교조 박중빈이 스승 없이 20년간 수도 끝에 자수자각自修自覺한 진리 자체를 표현한 말로서 다음과 같이 말하고 있다.

일원一圓은 우주 만유의 본원이며, 제불諸佛 제성諸聖의 심인心印이며, 일체 중생의 본성이며, 대소 유무에 분별이 없는 자리며, 생멸 生滅 거래去來에 변함이 없는 자리며, 선악 업보가 끊어진 자리며, 언어言語 명상名相이 돈공頓空한 자리로서 공적空寂 영지靈知의 광명을 따라 대소 유무에 분별이 나타나서 선악 업보에 차별이 생겨나며, 언어 명상이 완연하여 시방十方 삼계三界가 장중掌中에 한 구슬같이 드러나고, 진공 묘유의 조화는 우주 만유를 통하여 무시광겁無始曠劫에 은현자재隱顯自在하는 것이 곧 일원상의 진리니라.[27]

이 인용은 전통철학을 전공하지 않은 보통사람들이 이해하기에는 매우 난해한 말이다. 쉽게 말해 일원상의 진리는 우주만물의 본원이면서 동시에 여러 부처와 성인들의 깨달은 마음이며 인간의 본성을

---

27) 『정전』, 「교의편」 제1장.

함유하고 있어서, 분별과 생멸이 없는 만물의 본체라 할 만하다. 아울러 분별과 생멸로 드러나는 모든 현상의 작용도 포함하고 있다. 곧 일원상의 진리는 근원적 진리 그 자체로서 사상적으로 볼 때 유불선이 말하는 최고의 원리와 민족종교에서 말하는 진리를 배척하지 않고 아우르고 있으며, 불교식으로 말하면 법신불이다.[28]

동학의 3대 교주인 의암義菴 손병희孫秉熙(1861~1922)도 만유의 본원을 성이라 하였는데,[29] 이 성은 무형의 이치와 유형의 우주 그리고 인간의 길흉화복의 근원처로서 불생불멸하는 무한의 진리[30]로 이해될 수 있다. 곧 성은 비고 고요한 우주의 본체이자 만물이 화생되어 나오는 생성의 근원, 리기가 혼융한 하나의 궁극적 실재, 그리고 성령性靈으로 표시되듯이 영적 실재를 의미하기도 한다.[31] 손병희 또한 이런 교설을 불교의 영향으로 주장한 것이어서 이 일원의 진리와 유사성이 있다. 이 또한 외래 종교에 대응하면서 한국적 문화와 전통에서 그 해법을 찾았기 때문이다.

이제 인간의 본성은 우주의 본원과 같은 것이며 성인들이 깨달은 마음으로서, 만물이 한 몸인 본질적으로 모두가 부처이다. 인간이 정신의 개벽을 통하여 이상 사회를 건설하는 노력은 바로 이 일원상의

---

28) 『대종경』, 「교의품」 8장 ; 「교리도」.

29) 性闇, 則爲萬理萬事之原素, 性開, 則爲萬理萬事之良鏡. 萬理萬事入鏡中, 能運用曰心. 心卽神, 神卽氣運所致也(천도교중앙총부편, 1992, 『천도교경전』, 『의암성사법설』, 「無體法經」, 〈性心辨〉).

30) 오문환, 2006, 「의암 손병희의 성심관 – 『무체법경』을 중심으로 – 」, 『동학학보』 제10권 1호, 동학학회, 142쪽.

31) 김용휘, 2008, 「의암 손병희의 『無體法經』과 동학·천도교의 修煉」, 『동학연구』 25, 한국동학학회, 63쪽.

진리를 믿고, 수행하는 데서 출발한다. 이것을 동학 식으로 달리 표현하면 인간은 천주를 모신 존재, 유교식으로 말하면 천리 또는 태극을 부여받은 존재로서 전통의 맥을 잇고 있다. 다만 그것들과 다르게 독자적인 교리와 신앙 체계, 의식 체계 그리고 독립된 교단을 가지고 있을 따름이다.

따라서 인간이 이러한 존재임을 잊지 않고 자신이 해야 할 바를 깨달아 실천한다면, 물질에 마음이 이끌리지 않아 정신개벽을 이루어 정신과 육체가 함께 완전한 영육쌍전의 경지를 확보할 수 있다. 이처럼 일원상의 진리가 새로운 세상을 이루고자 하는 이론과 실천의 근거가 되고 있다.

(2) 은사상

종교적 입장에서 일반 민중들에게 일원상의 진리만 제시한다면 매우 추상적이다. 그래서 구체적이며 실천적 행동으로 진행하기는 힘들다. 사실 일원상의 진리를 신앙적 차원에서 종합하면, 모두가 부처라는 의미 외에 또 모두가 은혜라는 의미를 가진다. 바로 여기서 본질적 차원이 아니라 현상 중심의 신앙의 필요성이 생기는데,[32] 그것이 다름 아닌 사은四恩 사상이다.

이 둘의 관계에서 일원상의 내역을 말하자면 곧 사은이요, 사은의 내역을 말하자면 곧 우주 만유로서 천지·만물·허공·법계가 다 부처 아님이 없다고 하고, 사은은 일원상의 진리를 은에 입각한 존재 분

---

32) 조성훈, 2017, 「원불교 「일원상 법어」에 대한 연구」, 원광대학교대학원 박사학위논문, 46쪽.

류33)라고 한다. 다시 말해 사은은 법신불 일원의 한량없는 은혜덕상을 편의상 4종류로 부른 것일 뿐이며, 법신불 일원의 광대무량하고 불가사의한 절대적 은혜덕상을 강조하여 부른 이칭이라 할 수 있다.34)

이 사은사상은 바로 인간이 우주와 사회와 관계됨을 드러내는 인간의 위치를 알려주는 가르침으로서, 천지은·부모은·동포은·법률은의 네 가지이다. 여기서 말하는 법률은 특정 국가에서 제정한 법만을 가리키는 것이 아니라 윤리나 종교적 규범과 인도 정의의 법칙까지도 포함된다.35)

은과 인간은 '없어서는 살 수 없는' 관계의 구조를 가지고 있다. 불교에서 연기緣起를 통해 모든 생명의 관계를 설명하듯이, 원불교에서는 '은혜'의 관계로 세상을 본 것이다.36) 서로의 관계가 없어서는 살 수 없다는 것은 관계의 본질이 절대적 상생의 관계임을 시사한다. 다시 말해 이 은사상은 불교의 연기적 세계관 외에 한국 전래의 해원과 상생의 사상을 바탕으로 발전된 사상으로, 해원·상생의 은恩 세계는 우주 내의 모든 생령과 존재가 총체적으로 연기적 은혜의 관계를 지니고 있음을 설정한다.37) 달리 말하면 모든 존재자의 존재 근거로서 '없어서는 살 수 없는 관계'이자 자기의 근거가 사은이다.38)

---

33) [네이버 지식백과] 사은[四恩] (원불교대사전)https://terms.naver.com/entry.nhn?docId=2111965&cid=50765&categoryId=50778(접속일 : 2019.5.1.)

34) 같은 곳 참조.

35) 『정전』,「교의편」제2장.

36) 정순일, 2009,「은사상에 대한 또 하나의 시각」,『원불교사상과 종교문화』41집, 원광대학교 원불교사상연구원, 44쪽 참조.

37) 박광수, 앞의 글, 74쪽.

이렇게 인간 이해에 대하여 석가의 고관苦觀이나 예수의 원죄관原 罪觀과는 다른 은관恩觀을 제기하고 있고,[39] 선천 세계를 원한의 관계 로 보고 그 원한을 해원하는 절대적 상제가 필요했던 증산교와도 다 르다. 동학의 2대 교주 해월海月 최시형崔時亨(1827~1898)은 자기를 낳 고 길러준 부모와 함께 천지도 부모로 여겼는데,[40] 부모는 자연히 은혜가 전제되므로 천지의 은혜를 생각해 볼 수 있다. 더구나 최시형 의 내가 하늘이고 하늘이 나여서 나와 하늘은 한 몸이라는 관점[41]도 앞의 손병희의 성령性靈과 함께 일원의 진리와도 통한다. 이처럼 법 률은을 제외한 세 가지 은혜는 동학의 논리에서도 연역할 수 있지만, 박중빈이 이런 관점을 사은사상으로 체계화시켜 제시한 데 독창성이 있다.

그렇다면 어째서 법신불의 이칭으로서 이 사은을 주장하게 되었을 까? 그것은 은혜라는 덕목이 가지는 감사와 보은의 실천적 의미 때문 이 아닐까? 감사와 보은은 대다수 종교의 가르침에 들어있고, 특히 불교가 선업을 권장하는 입장에서 강조하는 것이기는 하지만, 원불교 에는 더욱 특별할 것이다. 여기에는 나름의 이유가 있을 것이다. 대개 해당 종교의 주요 가르침이 비록 시공간을 초월한 보편적인 것이기는 해도, 그 출발은 적어도 그 종교가 발생하는 특수한 사회적 배경과도

---

38) 유병덕, 앞의 글, 288~291쪽 참조.

39) 양은용, 앞의 글, 137쪽.

40) 天地卽父母, 父母卽天地, 天地父母一體也. 父母之胞胎, 卽天地之胞胎. 今人 但知父母胞胎之理, 不知天地之胞胎之理氣也(천도교중앙총부편, 1992, 『천도 교경전』, 『해월신사법설』, 「天地父母」).

41) 我是天, 天是我也. 我與天, 都是一體也(같은 책, 「修道法」).

연관이 있다. 예컨대 그리스도교에서 원수를 사랑하라는 가르침이나 증산교에서 남에게 척지지 말고 해원을 말한 것은 로마의 지배하에 있던 유대나 일제의 감시 하에 있던 조선 말기의 상황에서 자칫 불온한 인사로 오해받지 않고 생명을 부지하기 위한 일종의 전략일 수 있다.[42]

마찬가지로 원불교에서 사은을 말한 것도 이런 시대적 배경과 모종의 관련이 있다. 곧 약육강식의 생존경쟁이 시대적 담론이었던 때에 약자인 민중은 강자를 원망하고 원한을 가졌기 때문이다. 이런 점은 증산교에서 조선 말기의 전근대적 차별과 수탈, 그리고 동학혁명과 의병 운동 과정에서 일제와 관군에게 잔인하게 진압당한 당시의 민중들의 원한을 어떻게 이해하고 처리할 것인가 한 고민에서, 원한이 쌓인 선천과 원한을 풀어 해원된 후천으로 나누어 문제를 인식하고 해결하듯이, 원불교에서도 이 원한이나 원망을 어떤 방식으로든지 처리해야 하는 가르침이 필요했다. 더구나 원불교는 일제강점기에 성립하여서 이런 전근대적인 요소와 함께 일제의 본격적인 경제적 침탈과 탄압 속에서 민중들의 원한을 가중되었을 것이다. 그럼에도 불구하고 당시 민중들 모습은 전근대적 관습과 무지 속에서 근대적 시민의식이라 할 수 있는 공동체의식 등도 부족하였다.[43] 그래서 그 원한 또는 원망과 불만을 승화시킬 수 있는 가르침이 절실했다.

또 하나 중요한 점은 교조 박중빈이 수운 최제우뿐만 아니라 증산

---

42) 이종란, 「증산 사상의 철학적 특징」, 『인문학연구』 제54집, 조선대학교 인문학연구원, 2017, 169~170쪽 참조.
43) 이점은 사은 가운데 민족의식이 반영된 동포은과 시민의식이 반영된 법률은이 들어간 것을 보면 역으로 추리할 수 있다.

강일순을 잘 알고 그들을 선지자나 신인으로 여겼다[44]는 사실이다. 이 점은 그가 이전 신종교의 가르침도 익히 알고 있었다는 점을 시사한다. 자연히 증산교에서 말하는 원한 또는 원망을 자신의 가르침 체계 안에서 어떤 방식으로서든 해결해야 할 문제로 등장한 것은 당연하고 하겠다.

그래서 원불교에서는 원한의 존재 자체를 비록 부정하지는 않더라도,[45] 증산교처럼 종교적 선천 세계의 본질로 확장·적용시키지는 않았고, 그것과 달리 그 해결 방식을 사은으로 전환시켰는데, 그 실천적 가르침이 감사와 보은이다.[46] 이처럼 원불교는 강증산처럼 신비한 천지공사를 통해 원한을 푸는 것이 아니라, 내게 이미 선험적으로 주어진 은혜를 보답하는 인간의 실천적 행위를 통해서 해소시키고자 하였다.

이 사은에 따른 보은과 감사의 가르침도 증산교의 해원 상생과 동일한 차원에서 논의될 수 있고 보편성을 띨 뿐만 아니라, 당시까지 유행했던 약육강식의 생존경쟁에 대한 대안적 사상이며, 사회적 불만을 승화시키면서 동시에 일제에 대한 비폭력적 성격을 띤다.

이 비폭력적 성격은 원불교의 경제적 자립 운동에도 보이는데, 일제의 경제 침탈에 대한 저항적 요소도 갖는다. 이런 점 때문에 당시 일제 경무국에서 박중빈을 조선의 간디로 지목했고,[47] 또 그 자신도 "일인들이 근자에 나를 인도의 간디에 비하면서 탄압을 가중할 기세라."[48]고 술회하고 있다. 참고로 원불교 경전과 법문집에 '간디'라는

---

44) 『대종경』, 「변의품」 31장 ; 같은 책, 32장 참조.

45) 가령 『대종경』, 「실시품」 10장 ; 『정전』, 「수행편」 제1장 등에 보인다.

46) 『정전』, 「수행편」 제1장 ; 『정전』, 「교의편」 제2장 참조.

47) 『대종경선외록』, 「유시계후장」, 6절.

말이 총13회 등장하는데, 이점은 근대전환기 원불교가 위치하는 민족·정치·사회적 성격을 상징하는 주요한 키워드가 될 수 있다. 뒤에서 더 논의하겠다.

그런데 예외가 없는 것은 아니지만 대다수 종교는 그 발생의 초기에 해당 국가의 정권과 가능한 충돌과 갈등을 피했다. 특히 그리스도교가 로마의 식민지에서 그랬듯이 원불교 또한 일제의 식민지와 그 영향 아래 있었는데, 그 때문에 그 가르침이 보편적이고 포용적일 수밖에 없었다.

그 보편성 때문에 사은에 따른 보은과 감사 생활은 약자이자 피지배층인 민중들만이 아니라, 강자인 지배층에도 해당되는 문제로 확대된다. 그래서 원망과 원한을 풀기 위해 강자를 타도하자는 표현은 없는데, 가령 강자는 약자에게 강을 베풀어 자기와 남을 이롭게 하는 방법을 써서 약자를 강자로 진화시키는 것이 영원한 강자가 되는 길이고, 약자는 강자를 선도자로 삼고 어떠한 어려움이 있어도 약자의 자리에서 강자의 자리에 이르기까지 진보하여 가는 것이 다시없는 강자가 되는 길[49]이라고 하여, 강자와 약자의 대립과 갈등을 상생의 원리로서 해소하는 방향으로 가르침을 펼쳤다. 여기서 더 나아가 강자가 자신만을 이롭게 하고 약자를 해치면 결국 약자가 되고 말며, 약자 또한 강자를 대항하기만 하고 강자로 진화하는 이치를 모르면 영원한 약자가 되고 말 것[50]이라고 한다. 여기서도 강자 약자 모두에

---

48) 『대종경선외록』, 「원시반본장」, 5절.
49) 『정전』, 「수행편」 제13장 참조.
50) 같은 책 참조.

게 비폭력을 강조하고 있다.

사실 이런 강자와 약자의 문제는 사회진화론에 근거한 당시의 시대적 담론이었다. 만해 한용운韓龍雲(1879~1844)도 약자가 본래부터 약자가 아니고 강자가 또한 언제까지나 강자가 될 수 없다고 하였는데,[51] 불교의 관점에서 보면 강자와 약자가 본래부터 정해져 있는 것이 아니라서 연기의 법칙에 따라 유동적으로 바뀐다.

원불교는 이런 연기의 법칙을 보다 구체적인 진화의 관점에서 강자가 되고 약자가 되는 점에 응용한 것 같은데, 사은은 이런 진화를 가능케 하는 원리로 보아 일종의 진화의 윤리로 적용하고 있다. 당시의 강자와 약자가 일차적으로 대별되는 것은 일제와 조선인데, 앞의 주장은 양자 모두에게 해당되는 말로서 일제와 조선인들에게 던지는 가르침이자 종교적 저항과 계몽의 방식이었다. 바로 여기서 외래의 사회진화론과 은혜라는 전통사상이 묘하게 결합되는 모습을 보여주고 있다. 자연히 그 진화는 종교 공동체와 민족 공동체를 넘어서서 인류 공동체의 번영으로 나아가고 있다.

3 이상 세계는 어떻게 도래하는가?

1) 이상 세계와 그 주체

어떤 종교든 이상 세계를 말한다. 그 세계가 현실 세계에 있느냐 사후 세계에 있느냐 또는 양자에 모두 있느냐의 문제는 곧장 해당

---

51) 목정배, 1993, 「한국 불교사상의 근대적 변용」, 조명기 외 33인 저, 『한국사상의 심층연구』, 우석, 139쪽.

종교의 성격을 결정할 뿐만 아니라, 종교적 가르침의 실천 방식에도 큰 영향력을 미친다.

원불교에서는 이런 세상을 '묵은 세상'에 대비되는 '새 세상',[52] 또는 미륵불이 출현하다는 '용화회상龍華會上' 또는 '일원회상',[53] '참 문명 세계'[54] 등으로 일컬으며, 모두 한국 신종교의 전통에서 말하는 개벽된 후천 세계이다. 이 이상 세계를 어떻게 규정하느냐에 따라 원불교의 세계관적 특징은 물론이요, 지향하는 가치 또는 목표와 아울러 민의 철학적 특징을 살펴볼 수 있다.

그렇다면 묵은 세상에 대비되는 이런 새 세상은 어떤 세상인가? 한마디로 말하면 정신과 육체가 모두 조화롭게 온전한 영육쌍전靈肉雙全[55]의 세상이다. 인간을 정신과 육체의 측면으로 나누어 본 것은 원불교에서 '물질이 개벽되니 정신을 개벽하자'는 개교 표어와 관련된다. 그 외연을 보면 물질은 과학이나 경제의 문제이고, 정신은 도덕과 종교의 문제이다. 이것을 달리 '도학과 과학의 병진'으로 표현하기도 하는데, 도학이란 인간의 정신을 다루는 학문 예컨대 철학이나 종교 및 도덕의 영역을 말하며, 과학은 경제의 활성화를 이끈다. 그래서 새 세상의 종교는 수도와 물질적 생활이 둘이 아닌 산 종교여야 한다고 주장한다.[56] 여기서 새 것으로 대체 될 대상은 이른바 '선천기운'이라 말하는데, 이것은 도덕과 배치되는 이기심에 따른 욕망이나 과

52) 『정전』, 「수행편」 제61장 ; 『대종경』, 「전망품」 11장 ; 같은 책, 19장 참조.
53) 『대종경』, 「전망품」 16장 ; 『대산종사법어』, 「개벽편」 18장 참조.
54) 『대종경』, 「교의품」 30장 ; 『대종경』, 「전망품」 20장 ; 같은 책, 21장 참조.
55) 『정전』, 「수행편」 제16장 ; 『대종경』, 「교단품」 39장 참조.
56) 『정전』, 「수행편」 제16장 참조.

학과 거리가 있는 미신 등 대체로 전근대사회의 폐습 곧 묵은 정신을 가리킨다.[57)]

일단 정신적인 측면에서만 볼 때 이 이상 세계는 도덕적 세계로서 문명 세계이다.[58)] 바로 여기서 근대전환기 애국계몽 운동가들이 즐겨 주장하던 문명개화의 그 '문명'을 원불교의 이상 세계의 개념에 적용하고 있는데, 그 핵심적 내용이 도덕이다. 물론 이 도덕의 내용이 무엇이냐 하는 점에 따라 이상 세계의 성격이 밝혀지는데, 도덕의 핵심은 사은사상이며[59)] 그 가운데 법률은은 현실의 법만이 아니라 윤리적 규범까지 포함하고 있어서 외연이 상당히 넓다. 그리하여 "도의 교육을 잘 실현한 사회라야 새 세상의 대운을 먼저 타리라."[60)]라고 하여 이 점을 분명히 하였다. 사은이라는 도덕 내용의 핵심에서 볼 때 전통의 계승과 발전이다. 그러니까 사은사상만 관련지어 볼 때 문명개화의 정신적인 면이 오로지 서구식 그것만을 따르지 않았음을 알 수 있다.

다음으로 물질적인 면에서만 볼 때도 과학은 긍정된다. 물질의 노예가 되었다고 하는 것은 인간이 물질에 대하는 태도의 문제이지 과학 자체의 문제는 아닌 것으로 본 것 같다. 그래서 말하기를 "새 세상 도인들은 신통神通을 쓸 필요가 없나니, 과학의 모든 문명이 모두 신통이니라."[61)]라고 하여 과학을 긍정하는데, 곧 신비주의나 미신 등을

---

57) 『정산종사법어』, 「법어」, 〈도운〉 10장 참조.
58) 『대종경』, 「전망품」 19장 ; 같은 책, 21장 참조.
59) 보본과 보은의 사상을 잘 배양함이 도의 교육의 근본(『정산종사법어』, 「법어」, 〈무본〉 8장)으로 보았으므로 도덕의 핵심은 사은사상이다.
60) 같은 책.
61) 『정산종사법어』, 「법어」, 〈응기〉 28장.

과학으로 대체하고 있음을 알 수 있다.

이것으로 보아 근대전환기 당시의 문명 담론의 양대 축인 과학과 도덕(종교)을 발전적으로 받아들이고 계승하여 이상 세계의 두 핵심 영역으로 사용하고 있음을 알 수 있다. 특히 과학의 영역은 경제적 자립의 문제로 더 전개시켜 나아갔고, 도덕의 문제는 사은사상으로 전통을 재해석해서 구체화시켰음을 알 수 있다. 그래서 말하기를 "도덕을 어기는 사람과 자력을 못 얻은 사람은 새 세상에 서지 못하게 되리라."[62]라고 하여, 원불교에서 말하는 이상 세계는 이 세상의 삶과 무관한 순수 유토피아적 선경도 아니고, 사후 피안의 세계도 아니다. 육체를 지닌 현세의 삶을 크게 긍정하고 있고, 도덕적이며 경제적 자립에 근거한 역사 속의 이상적 현장의 모습이다. 이런 모습은 홍익인간과 재세이화 등의 원류사상으로부터 면면히 이어져 온 현실 세계의 삶을 긍정하는 태도의 발전적 계승이다.

사실 이것만으로 원불교 이상 세계의 성격을 다 알 수는 없다. 이상 세계의 주체 문제가 남아 있기 때문이다. 이 문제는 정치·사회적 문제임과 동시에 사상이나 종교의 성격을 결정짓는 중요한 변수 가운데 하나이다.

사실 초기 그리스도교나 중산교의 경우는 그 주체가 매우 선명하다. 억압받거나 사회적 약자로서 민중이 그들이다. 예수의 '산상수훈' 교훈과 '낙타와 바늘귀'의 비유만이 아니라, 강일순이 후천에서는 약한 자가 도움을 얻으며 병든 자가 일어나며 천한 자가 높아지며 어리석은 자가 지혜를 얻고 강하고 부하고 귀하고 지혜로운 자는 다 스스

---

62) 『정산종사법어』, 「법어」, 〈유촉〉 23장.

로 깎인다[63)는 언급은 후천의 주체가 누구인지 분명히 하고 있다. 이 점은 예수가 살았던 시대나 강일순이 살았던 시대의 민중의 모습을 고찰해보면 쉽게 납득할 수 있는 문제이다. 특히 증산교는 일제에 의한 준식민지 상태와 신분 제도의 잔재와 약자 차별 등 전근대적 경제·사회적 불평등에 여전히 노출되어 있었다. 그래서 그의 발언 가운데 부자와 가난한 자의 대립이 비교적 농후하게 드러난다.

그런데 원불교가 탄생한 시점에는 비록 경제·사회적 불평등과 전근대적 관습이 잔존하고 있었지만, 적어도 명목상으로는 일제에 의하여 전근대적 체제가 상당히 해체되고 있었다. 그것은 일제가 식민지를 보다 용이하게 통치하기 위해서 문명개화라는 명분으로 전근대적 요소의 해체를 가속화시켰기 때문이다. 더구나 일제가 식민지 통치 방식 가운데 하나인 감시와 통제 시스템을 완비한 상황에서 드러내 놓고 민중이 주체가 되는 세계의 정치적 발언을 하거나, 상식을 벗어난 혁명적·종말론적 새 세상을 말할 수 없었다. 이에 반해 신약성서에 보이는 예수의 십자가 처형 사건은 그의 발언과 행동이 정치적·종교적 위협이 될 수 있다는 오해에서 비롯하였다.

이런 이유로 원불교에서 사회적 약자만 드러내 놓고 옹호하거나 이상 세계의 주체로 언급한 말은 찾아보기 어렵다. 대신 약자를 차별하지 않도록 하는데, 가령 반상·적서·노소·종족의 차별을 금지하고, 여성의 교육 기회 부여, 평등한 유산 상속, 남녀 차별, 교육 차별을 하지 말 것 등[64)의 상식적인 가르침이 그것이다.

---

63) 『전경』, 「교법」 2:11 ; 같은 책, 1:24 ; 같은 책, 3:1 ; 같은 책, 3:4 참조.
64) 『정전』, 「교의편」 제3장 참조.

대신 진화의 관점에서 강자와 약자 모두가 각성해야 하는 말을 자주 하고 있다. 특히 '강자·약자의 진화상 요법'을 통해 강자와 약자의 대립과 투쟁을 통해서가 아니라, 서로 이타법利他法을 써서 모두가 강자가 되는 상생의 도리를 제안하며, 강자가 되는 진화의 이치를 모르면 강자가 약자가 되며 약자 또한 영원한 약자가 되고 말며,65) 둘이 서로 대립과 투쟁하면 다 같이 재화를 입어 세상의 평화는 영원히 얻지 못할 것66)이라고 경고하고 있다.

사실 이 강자와 약자는 중의적 의미를 가지고 있고 보편적이다. 강과 약에 해당하는 대상을 일본과 조선으로 볼 수도 있고, 부자와 가난한 자로 대입시킬 수 있으며, 유산자와 무산대중, 사회적 강자와 약자로 나누어 볼 수도 있다. 그런 의미에서 당시 현실에서 절대다수의 소작농을 포함한 농민, 품팔이 하는 자, 도시 빈민 등이 경제적·정치적 약자이며, 일제와 그 대리인인 친일파, 그리고 극소수 부자들이 강자에 해당되었을 것이다.

희망적 복음은 강자가 약자가 되고 약자가 강자가 될 수 있다는 말이다. 여기서 강자와 약자는 전근대적 신분이나 성별 또는 인종이나 민족에 고정된 개념이 아니라, 진화의 원리에 따라 변동 가능한 것임을 알 수 있다. 사회적으로 정해진 약자가 자동으로 유토피아 세계에서 위로받고 복락을 누리는 것이 아니라, 진화라는 실천적 노력에 의하여 이상 세계의 강자 곧 주체가 된다는 점을 암시하고 있다.

어떻든 이런 진술은 투쟁이 아닌 상생을 말함으로써 강자였던 일제

---

65) 『정전』, 「수행편」 제13장 참조.
66) 『대종경』, 「인도품」 24장 참조.

당국에 탄압의 빌미를 제공하지 않을 뿐만 아니라, 나름의 보편성을 지니고 있어서 지금이나 미래에도 통용될 수 있다.

문제의 핵심은 강자가 진화의 도리를 모르면 영원한 강자가 될 수 없어 약자로 전락하고 만다는 진화론에 입각한 인식이다. 일제에 대한 철학적 경고이며 더 나아가 조선 민중에 대한 희망의 메시지이다. 다만 여기서 약자가 '강자를 선도자를 삼고 진보하여야 한다'는 주장은 일제 자체를 선도자로 삼아 일제의 논리나 침략을 따르라는 것이 아니라, 일본이 애초에 근대 국가로 나아갈 수 있었던 진화의 원리를 따르라는 점으로 읽힌다. 그러나 어쨌든 사회진화론을 받아들였다는 점에서 제국주의 논리를 자강론으로 변용, 또는 미래를 위한 희망적 복음으로 변용한 사례라 하겠다. 달리 말하면 사회진화론을 불교의 연기緣起論 입장에서 해석한 느낌을 준다.

이렇듯 원불교에서는 현실 사회의 강자와 약자 그리고 빈부에 따른 계급의 존재가 부정되는 것이 아니다. 다만 진화의 과정에서 그 강자와 약자의 처지가 영원하지 않고 변동 가능하다는 점을 말함으로써, 당시 대다수가 약자의 처지였던 조선 민중의 입장에서는 자신들이 미래 세계의 강자로서 주체가 될 수 있다는 희망을 가지게 만들었다.

이처럼 원불교의 이상 세계는 반드시 현실 세계의 특정 계급이 대표하여 주체가 되는 세상이 아니다. 정신개벽을 통해 지극히 도덕적이며 경제적으로 자립하는 사람들이 그 주체로서, 도학과 과학이 병진하고, 공부와 사업이 병진하며, 영과 육이 쌍전하고, 정신문명과 물질문명이 조화된 세상이다. 이른바 내문명과 외문명이 병진된 평화롭고 안락한 세상이다.[67]

그런데 앞선 시대의 동학이나 증산교에서 말하는 민중은 통치자로부터 또는 이상 사회의 제도로부터 보호받아야 하거나 모두가 평등한 세상 또는 특정 계급이 주체가 되는 그런 흔적이 남아 있지만, 원불교에서는 보호 받아야 할 민중으로서 위상이 되레 약화되고,[68] 대신 진화를 통해 이상 사회의 주체로 부상해야 하는 실천을 강조하고 있다. 이점은 박중빈이 종교 운동을 통해 개벽된 인간을 길러내어 건설하고자 한 세상과 관련이 있다.

여기서 그 주체는 현실 세계의 사회적 강자나 약자일 수도 있으나, 신분에 얽매인 것도 아니어서 각자가 진화의 방식에 따라 변동이 가능하므로, 어느 계급이 영원한 주체라고 말할 수도 없다. 어찌 보면 이러한 주체는 바로 오늘날처럼 법치주의를 근간으로 하는 근대적 시민에 가깝지, 통치자로부터 시혜나 보호를 받아야 하는 전근대적 민은 아니다.[69]

이렇듯 원불교의 이상 사회는 과학 문명을 적극적으로 활용하여 현실의 경제생활을 긍정하며 지극히 도덕적인 사회이다. 전근대적 관습과 현실 세계 강자의 횡포로부터 모두가 평등한 세상을 지향하지만, 모든 계급이 수평적으로 평등한 그런 세상은 아니다. 인간 사회의

---

67) 양은용, 앞의 글, 139쪽.

68) 이 점은 원불교에 민중의식의 흔적이 전혀 없다는 뜻은 아니다. 가령 『대종경』, 「전망품」 22장의 "과거 세상은 어리고 어두운 세상이라, 강하고 지식 있는 사람이 약하고 어리석은 사람들을 무리하게 착취하여 먹고 살기도 하였으나, 돌아오는 세상은 슬겁고 밝은 세상이라"는 표현이 그것이다.

69) 이점을 알 수 있는 말은 가령 『대종경』, 「전망품」 22장의 "비록 어떠한 계급에 있을지라도 공정한 법으로 하지 아니하고 공연히 남의 것을 취하여 먹지 못하리니"가 그것으로, 계급의 고하를 막론하고 실질적으로 법의 지배를 받는다는 점이다.

진화 법칙상 그것이 불가능한 것으로 본 것 같다. 지금의 우리의 모습과 닮아 있지만, 정신개벽을 통한 지극히 도덕적인 사회란 점에서 오늘날 자본주의 사회와도 결이 다르다. 그런 점에서 현재의 우리와 다른 대안적 근대화의 세계라고 평가할 만 하고, 당시의 민중을 해당 세계의 주체이자 시민으로 거듭나게 하였다.

2) 이상 세계의 건설 방법

(1) 정신개벽

'물질이 개벽되니, 정신을 개벽하자'라는 말은 원불교의 개교 표어로서 교조 박중빈의 말이다. '물질의 개벽'은 앞서 언급했듯이 19세기 말부터 20세기 초반 서양 문명의 수용에 따른 영향과 그 대리자로서 일제 자본가들이 만들어낸 소비재 위주의 상품의 유통과 관련이 있고, 무엇보다 또 당시 전파된 서양 과학의 영향도 적지 않은 것으로 보인다.[70]

그런데 물질이 개벽되었다고 할 때 그 물질은 과학을 포함하고 있어서 물질개벽 자체가 문제가 될 것은 없어 보인다. 과학은 도학(종교·철학·도덕)과 병진하여 참 문명 세계를 열리게 하고,[71] 물질문명을

---

70) 『정전』, 「총서편」 제1장 ; 『대종경』, 「수행품」 60장 참조. 박중빈 이전에 물질과 정신의 개벽을 언급한 사례는 손병희의 "天地萬物의 開闢은 空氣로써 하고 人生萬事의 開闢은 精神으로써 하나니 汝의 精神이 곧 天地의 空氣니라(천도교중앙총부편, 1992, 『천도교경전』, 『의암성사법설』, 「人與物開闢說」)."라는 말이다. 참고로 공기는 서양 과학의 air를 번역한 말이지만, 당시 그는 전통의 氣와 혼용해서 사용했다.

71) 『대종경』, 「서품」 8장 참조.

촉진하여 과학을 발전시켜야 영육이 쌍전하고 내외가 겸전하기 때문이다.[72] 문제는 물질문명에 치우쳐 정신문명에 등한시하기에[73] 정신개벽이 필요했다. 곧 정신개벽은 인간이 물질문명에 치우쳐 정신이 점점 쇠약하고 물질의 세력은 날로 융성하여 물질의 지배를 받게 되므로, 모든 사람이 물질의 노예 생활을 면치 못하게 되어 그 생활이 어려워졌기 때문에[74] 그 필요성이 등장한다.

이런 내용의 형식적인 면에서 볼 때 21세기 오늘날에도 여전히 유효한 보편성을 띠고 있어서, 마치 지금 상황을 염두에 둔 예언처럼 보이기도 하지만, 이 또한 당시의 시대상에서 고찰해보아야 할 점으로 보인다. 특히 '물질의 세력'이 무엇인지 그 상황에 대해서 이렇게 전하고 있다.

> 19세기 말엽부터 밖으로는 열강 여러 나라의 침략주의가 기세를 올려, 마침내 세계 동란의 기운이 감돌았고, 급속한 과학 문명의 발달은 인류의 정신 세력이 그 주체를 잃게 하였다. 안으로 한국의 국정은 극도로 피폐되고, 외세의 침범으로 국가의 존망이 경각에 달려 있었으며, 수백 년 내려 온 불합리한 차별 제도 아래서 수탈과 탄압에 시달린 민중은 도탄에 빠져 있는 가운데, 개화의 틈을 타서 재빠르게 밀려 든 서양의 물질문명은 도덕의 타락과 사회의 혼란을 가중시켜 말세의 위기를 더욱 실감하게 하였다.[75]

---

72) 『대종경』, 「교의품」 31장 참조.
73) 같은 책 참조.
74) 『정전』, 「총서편」 제1장 참조.
75) 『원불교교사』, 「개벽의 여명」 제1장.

이 인용문에 등장하는 열강, 침략주의, 개화, 과학 문명, 도덕의 타락, 말세의 위기 등은 그 시대상을 말해주는 키워드이며, 이 내용은 제국주의의 영향 아래 진행된 이른바 문명개화에 대한 치우친 태도를 포함하고 있다. 여기서 언급하는 '물질의 세력'이란 열강·외세와 개화를 틈타 경제적 이익을 노리는 집단이나 개인임을 알 수 있다. 요점은 근대화한 외세가 전근대적 조선에 대한 경제적 침탈 과정에서 등장하는 부조리를 도덕적 타락과 사회의 혼란으로 본 것이다.

그렇다면 이런 문명개화의 부작용으로서 도덕적 타락과 사회적 혼란은 무엇을 말하는 것일까? 당시 조선에 들어온 상품은 대부분 일제 자본가들이 제조한 소비재이다. 그것은 조선 민중의 재래적 생산품으로서 대체 불가능한 것이 아니라, 단지 생활의 편의와 기호를 위한 것[76]이므로, 어찌 보면 그 편의만을 좇는다는 점, 특히 유길준이 '개화의 병신'[77]으로 지목했듯이 그런 소비재를 사용하는 것이 문명인인양 거들먹거리는 행태에서 물질의 노예와 도덕의 타락으로 지적할 수 있고, 사회적 혼란이 되기도 하였다. 왜냐하면 소비재를 수입한 대가가 너무나 커서 쌀을 비롯한 곡물이 일본에 대량으로 반출되어 곡물 가격이 폭등하였다. 그 이전 시대에 일어났던 방곡령防穀令 사건도 본질적으로 이와 관련이 있다.

----

76) 가령 개항(1876) 초기에 수입된 대부분의 상품은 소비 위주의 면직물·석유·성냥·그릇 등이었으며, 일제강점기 때는 이보다 품목이 다양하고 사치성 소비재도 증가했다. 그 가운데에는 이른바 '양'이라는 접두사가 붙은 양복·양말·양동이·양은냄비·양지·양목·양잿물·양담배·양주(포도주·맥주·위스키 등의 서양식 술의 총칭) 등은 조선 민중의 생산품으로 대체 불가능한 품목은 아니었다.

77) 兪吉濬 著, 1982, 『西遊見聞』, 金泰俊 譯, 博英社, 120쪽.

바로 여기서 일제가 생산한 소비재에 지나치게 의존하지 않는 것, 자력으로 생산한 물품을 사용하는 것이 바로 물질의 노예가 되지 않은 길이다. 이것은 과학 문명을 거부하는 것이 아니라, 현실적으로 편의성만 좇아 나태성을 조장하고 경제적으로 침탈당하기 때문이다. 정신개벽의 외연에는 불요불급한 외래 상품에 대한 일종의 '일본 상품'에 대한 불매 운동이라는 저항적 성격도 내포하고 있다고 봐야 한다.

겉으로 보면 정신개벽은 사은사상을 포함한 새로운 도덕의 무장이지만, 이렇게 지나친 물욕에 휩쓸리지 않는 마음의 자세와 실천과 관련이 된다. 서두에서 밝혔듯이 원불교가 근검절약의 저축 운동, 미신 타파, 문맹 퇴치, 허례 폐지, 금연·금주 등의 사회 운동을 펼치고 간척 사업 등을 벌여 공동체의 경제적 기반을 마련했던 그 사회적·역사적 의의를 바로 여기서 찾을 수 있다. 물론 정신개벽의 종교적 함의는 더 논의될 수 있겠으나, 그 철학의 역사적 의의는 근대전환기 공간에서 사회진화론에 바탕을 둔 문명개화를 사상적 무기로 조선을 침탈했던 일제에 대하여 민중의 입장에서 비폭력적으로 저항했던 운동의 강령처럼 보인다.

이런 성격 때문에 앞서 지적했듯이 일제가 박중빈을 조선의 간디로 지목한 것도 정치·사회·경제·민족적 입장에서 볼 때 그런 요소가 강했기 때문임은 분명하다. 철학이 현실의 문제를 해결하려는 사유 체계라는 하나의 관점에서 볼 때, 원불교의 정신개벽도 당시의 이런 현실을 놓고 해결하려는 종교적 가르침이라 보면 되겠다. 그 차이점은 간디의 그것은 국민운동으로서 확장성과 파급력을 지녔지만, 원불교는 종교 내부의 운동이었고 그 때문에 일제의 탄압을 피할 수 있었다.

아무튼 이 정신개벽은 그 자체만으로 의미가 없으며 물질과 정신이 조화로운 관계를 맺을 때만 의미가 있다. 달리 말하면 도학과 과학이 병진하고 영육이 쌍전雙全하며 내외가 겸전兼全하여 평화롭고 안락한 경지를 이루어야 개벽된 세상이다. 따라서 정신개벽에서 물질의 노예가 되지 말아야 한다는 보편적 의미는 지나치게 물질에 정신이 팔려 인간의 주체적 태도를 잃지 말라는 뜻으로도 읽힌다. 물질을 남에게 의존하거나 물욕에 휩쓸릴 것이 아니라, 우리가 주체적으로 물질을 생산하고 이용하여 참다운 인류 공동체를 만들어보자는 것이 본뜻이다.

(2) 공동체 건설과 그 사상적 배경

아무리 정신개벽을 외쳐도 물질적 토대가 마련되지 않으면 공염불에 불과하다는 점을 원불교도 처음부터 인지했던 것 같다. 영육쌍전과 과학과 도학의 병진 등의 주장이 그것을 잘 말해주지만, 이 또한 당시에는 한 개인이 도달할 수 있는 경지는 아니다. 특히 민중의 경우 스스로 자립할 수 있는 경제적 기반은 물론이거니와 정신적으로 홀로 서기 한다는 것은 거의 불가능한 일이다. 초기 원불교의 고민은 아마 이런 점에 있지 않았나 싶다.

혼자서 할 수 없을 때는 공동체를 결성하여 하는 것이 유리하며 그것은 지도자의 몫이다. 그래서 교조의 득도 후 맨 처음 포교하여 형성된 공동체가 40여명의 신자와 9명의 제자들로 구성된 집단이다.78) 그러나 이때는 보통의 종교들이 갖는 공동체이지 경제적 공동체는 아니었다.

실질적으로 최초의 경제적 공동체라 할 수 있는 것은 1917년 8월에 창설한 저축조합이다. 저축금은 술·담배를 끊거나 의복과 음식을 절약하며 명절 휴일을 줄여 그 수입을 저축하며, 끼니마다 쌀을 조금씩 저축하고, 하늘에 지내는 제사를 폐지하는 등으로 충당하였고, 그 저축금으로 숯을 매입하는데 투자하여 훗날 내다팔아 큰 수익을 올렸다고 한다.[79]

이것을 기반으로 하여 조합원을 중심으로 1918년 3월에는 간척 사업을 시작하여 1919년 3월에 준공하였다고 하는데, 이 사업을 영육쌍전의 실제 표본으로 삼았고, 동시에 교당을 건립하여 공부와 사업을 병행하였다고 전한다.[80] 그 외 상조조합, 산업·육영창립단 등도 설립하였으며 상조조합은 초기 공동체의 금고 역할을 맡았다.

이러한 공동체를 종교 공동체라고 말할 수 있으나 좀 더 세밀하게 들여다보면 생산과 생활의 단위로서 종교적 가르침이 주도하는 종교·경제적 공동 조직이라고 규정할 수 있다. 다시 말하면 종교적 이상을 구현하려는 종교 조직과 경제 조직이 결합한 형태였다. 이것이 활성화 되면서 경제 활동에는 과수원·한약방·축산 등의 경영을 거쳐 농원을 설립하는 등의 사실상 기업 활동으로 진행되었다.[81] 그러나 광복 이전에는 농업과 과수원 등의 1차 산업 위주의 사업으로부터 크게 벗어나지 못하였고, 종교 재산도 대부분이 농토와 임야였기 때

---

78) 『원불교교사』, 「개벽의 여명」 제3장 참조.
79) 같은 책, 제4장 참조.
80) 같은 책 참조.
81) 『원불교교사』, 「회상의 창립」 제3장 참조.

문에 이후 경제 주체의 하나인 기업으로 발전하는 데는 한계를 안고 있었고, 교육과 육영 사업도 광복 후가 되어서야 본격적으로 이루어졌다.

여기서 공동체에서는 경제적인 문제에서 더 나아가 그동안 관습으로 내려온 각종 의례를 통일하여 시행하였다. 가령 생일이나 환갑과 제사와 명절의 기념을 교당에서 같은 날 합동으로 진행함으로써 절약된 금액으로써 공익사업도 하고 개인의 생활에 보탬이 되고자 하였다.[82] 이렇게 보면 종교·경제·생활·문화 등이 결합된 공동체의 성격을 띤다.

그렇다면 이런 원불교의 공동체에 대한 당시 여론의 평가는 어떠하였을까? 1934년 5월 28일자 일본 「아사이[朝日]신문」에서는 "불교의 진리에 입각, 근검 역행을 실천, 동지 5백이 공동생활을 하는 반도의 새 마을"[83]이라고 소개하였고, 1935년 7월에 조선총독부가 발간한 조사 자료 제 42집에는 "본회는 대체로 미신을 타파하고 자연의 원리에 바탕하여, 민중의 근면을 장려한 바 있어 종교적 진흥회로서 의미 있는 활동을 하고 있다."고 하고 도산 안창호安昌浩(1878~1938)도 내방하여 찬양과 격려를 아끼지 않았고, 국내의 신문들도 대대적으로 찬양·보도하였다[84]고 전한다.

이런 보도를 보면 원불교가 공동체의 성격이 강했던 것만은 분명하며, 훗날 1970년대 등장했던 '새마을 운동'의 효시로도 볼 수 있다.

---

82) 같은 책, 제2장 참조.
83) 같은 책.
84) 같은 책.

새마을 운동의 3대 정신으로서 '근면·자조·협동'도 공동체의 정신인 교조의 가르침에서 벗어나지 않았다는 점에서 그렇다. 아무튼 새마을 운동이 원불교의 공동체 정신을 모방했는지는 알 수 없으나, 새마을 운동을 주도한 박정희나 교조 박중빈의 사상의 근저에, 또 이승만의 '뭉치면 살고 흩어지면 죽는다'는 구호 속에, 그리고 독립을 위한 실력 양성론 내지 준비론 속에 공통적으로 이 사회진화론에 근거한 자강 논리의 그림자가 숨어 있다. 애국계몽기 이후 일제강점기 때도 이 논리를 줄곧 경쟁과 진보라는 의미로 재생산하였기 때문이다.

이 당시 공동체 중요성에 대한 사상적 배경은 인류 사회가 무리를 이루어 진화한다는 '합군진화合群進化'라는 논리에서 기원한다. 이것은 청일전쟁 후 중국인 옌푸[嚴復](1851~1921)가 사회진화론을 천연론天演論으로 번역하여 소개한 말[85])에 등장하는데, 당시의 진화 개념은 대체로 개인보다 사회나 국가의 진보 개념으로서, 일본에 망명하고 있었던 량치차오[梁啓超](1873~1929)를 통해 수용되며,[86]) 그 영향으로 민지民智와 민덕民德의 계발과 식산흥업殖産興業이 당시의 민족 내부의 자강을 이루기 위한 과제가 되었다. 원불교가 영에 해당하는 종교를 표방하면서도 이러한 육에 해당하는 경제적·생활적 공동체를 구

---

85) 馮契 主編, 1989, 『中國近代哲學史』, 上冊, 上海人民出版社, 302쪽. 당시 중국 학자 옌푸[嚴復]는 사회가 合群進化하기 위해서는 먼저 자유·평등을 실현하고 봉건적 속박을 제거하여 상하가 하나의 몸으로 합쳐야 한다고 하여, '合群'의 주장은 실질적으로 자유로운 자본주의 사회를 실현할 것을 요구하는 것이었다(같은 책). 그런 점에서 원불교의 경제 공동체는 한국 자본주의 발달사에 시사되는 점이 분명히 있을 것이다.

86) 양일모, 2007, 「동아시아의 사회진화론 재고 - 중국과 한국의 진화개념의 형성 - 」, 『한국학연구』, 인하대학교 한국학연구소, 25쪽.

성한 데는 비록 당시의 타 단체와 지향 점과 목표는 다르더라도 적어도 이런 사상적 배경은 유사성을 갖는다 하겠다.

이것을 더 살펴보기 위해 원불교 내부의 가르침을 주시해 볼 필요가 있다. 예컨대 「교리도」 가운데 사요를 보면 ① 자력양성 ② 지자본위智者本位 ③ 타자녀 교육 ④ 공도자公道者 숭배가 그것이다. 먼저 자력양성은 전근대사회의 폐습 가운데 하나였던 의타심이나 여성의 삼종지도三從之道을 버리고, 남녀가 다 같이 직업에 근실하여 생활에 자유를 얻을 것이며, 가정이나 국가에 대한 의무와 책임을 동등하게 이행할 것을 강조한다.87) 다음으로 지자본위는 과거의 불합리한 제도와 차별에서 벗어나 오직 앎을 구하는 사람의 목적을 따라 지자를 스승으로 삼아야 한다고 주장한다.88) 타자녀 교육은 후진을 두루 교육함으로써 세상의 문명을 촉진시키고 일체 동포가 다 같이 낙원의 생활을 하자는 것이라고 말하며, 타자녀도 내 자녀 같이 도와주고 교육하자는 것으로, 국가와 사회 차원에서도 교육 기관을 널리 설치하자고 한다.89) 끝으로 공도자 숭배는 공익과 그 공익에 힘쓰는 자를 숭배하고 잘 대우하자는 주장이다.90)

얼핏 보면 이런 내용은 개화기 당시 전근대적 폐습을 탈피하는 개화의 조목으로 일컬어지는 내용들인데, 크게 보아 지육智育과 덕육德育으로 분류할 수 있고, 세분하면 근면과 자주, 교육과 공익 존중 등의 근대적 시민의식이자 생활 태도이다. 모두 당시의 시대적 담론

---

87) 『정전』, 「교의편」 제3장 참조.
88) 같은 책 참조.
89) 같은 책 참조.
90) 같은 책 참조.

이 조선 민중들에게 요구하였던 덕목이다.

이런 배경에서 원불교 공동체는 일제강점기 곧 사회가 어려울 때에는 적어도 해당 지역의 민중들과 교인들에게는 긍정적 역할을 한 것 같다. 일제의 경제적 수탈과 정치적 탄압을 민중 한 개인이 짊어지기는 힘든 시기에 공동체의 삶을 통하여 어려운 시기를 견뎌내는 하나의 모델이 되었음은 분명하다.

더 나아가 이런 종교·경제적 공동체가 인류 공동체로 발전하는 데는 지금의 입장에서 실천할 때 걸림돌이 적지 않다. 과거 사회주의 국가의 몰락이 잘 보여주기도 하지만, 모든 경제 주체는 이익을 두고 서로 경쟁하고 대립하며 때로는 타협하기 때문에 종교와 결합된 경제 공동체는 그 외부 대상과 상생을 이루기 쉽지 않기 때문이다. 이익만 주장하면 갈등을 피하기 어렵고, 손해를 보고 이익을 양보하면 공동체가 유지되기 어렵기 때문이다. 특정한 시대나 소규모 집단에서는 종교와 경제가 결합한 공동체가 가능할지 몰라도 인류 공동체로 발전하는 데는 제한점이 있을 수밖에 없어서, 이 점은 해당 종교에서 새로운 대안을 모색한 또 더 모색해야 할 지점이기도 하다.

4 민의 철학에서 본 원불교사상의 의의

1) 민족주의와 근대적 시민의식의 고양

한국의 민족종교는 근대전환기 태동했고 민족주의 성격이 강하다. 그것은 대체로 후천 세계의 주체로 한민족을 중심으로 하고, 교조가 이 땅에서 우리의 역사와 문화를 배경으로 가르침을 펼쳤다는 데 공통점이 있다. 원불교 역시 그러하지만, 민족주의 성향을 어떤 영향으로 갖게 되었고, 또 구체적으로 어떻게 간직하고 있는지, 더 나아가 민의 철학으로서 민족주의 성격이 얼마나 있는지 따져볼 필요가 있다.

사실 '민족'이라는 말은 근대전환기 이전에는 우리 역사에서 거의 사용하지 않은 말로서, 이것은 서양 용어의 번역어이다. 여기에는 여러 의미가 함유되어 있어서, 우리처럼 동일한 종족과 언어와 문화와 역사를 공유한 공동체만을 가리키지 않는다. 어떻든 한국의 민족주의는 근대전환기 사회진화론의 영향 아래 계몽 지식인들이 자강을 통한 자주독립을 주장할 때, 그 개념을 보다 구체화하면서 강화되었다. 물론 그 이전에 동족의식이나 국가의식 또는 공동체의식이 전혀 없었다는 뜻은 아니다.

이렇듯 원불교의 가르침 속에 '민족'이라는 말이 등장하는 것은 시대적 맥락에서 당연하다 하겠다. 일례로 박중빈이 안창호의 방문을 영접하면서 '민족을 위한 그의 수고를 위로 한다'는 말이나 '민족에게 큰 이익을 주고 있지 못하고 있다'는 안창호의 발언에 등장한다.[91] 여기서 두 사람의 민족의식을 엿볼 수 있다. 모두 당시 민족을 위해 노력해야 한다는 점을 공통적으로 인지하고 있었는데, 이것은 이들 사고에 민족주의가 바탕을 이루고 있다는 점을 전제하고 있다. 이들의 발언이 반영하고 있듯이 '민족을 위해 좋은 일을 해야 한다'는 점은 당시 조선 민중이 겪고 있는 고난과 고초를 보고 선각자들이 느끼는 사명감이다. 이렇듯 한국의 민족주의는 외세 특히 일제의 침략을

---

91) 『대종경』, 「실시품」 45장 참조.

통해서 더 강화되었다고 말할 수 있다.

이 대화에서 매우 중요한 요점은 안창호의 발언으로서 그 요지는 박중빈이 자신보다 되레 동포[92] 대중에게 공헌함이 많다는 점이다. 이 발언은 크게 두 가지 의미를 지닌다. 하나는 박중빈의 공동체 활동이 민족 구성원들에게 기여하는 점이 많다는 점이고, 다른 하나는 전통적 민의 개념이 동포 개념으로 전환되고 있다는 점이다. 특히 후자의 경우는 원불교에서 바라보는 전통적 민의 위상에 대한 변화를 암시하고 있다. 우리는 여기서 왜 사은사상에 '동포은'이 포함되었는지 이 각도에서 생각해보아야 한다. 이미 안창호의 '동포 대중'이라는 발언에서 동포는 민족의식을 내포하는 동시에 대중의 의미로도 사용하여, 민족국가 내의 시민 대중으로 전환되는 과도기적 뜻으로도 해석할 수 있다. 이런 맥락을 고려한다면 『정전』「교의편」 제2장 3절의 '동포은'에서 말하는 동포는 더 이상 전근대사회의 민이 아니다. 그래서 거기서 말하는 사·농·공·상은 전통의 신분적 계급이 아니라, 하나의 직능 곧 직업에 따른 분류일 뿐이다.

민족주의를 함유하는 동포라는 말 외에 또 원불교에서는 '민중'이라는 말도 사용하고 있다. 이 경우도 문맥과 배경에 따라 의미가 조금씩 달라 하나로 통일해서 말하기는 어렵지만, 공통적으로 민중은 어리석어 허위와 미신에 정신을 팔기도 한다는 등[93]의 부정적 의미로 사용하고 있어 가르침이 필요한 존재로 본다. 그러나 "황도불교의 간

---

92) 同胞의 원래 의미는 한 부모에서 태어난 형제자매를 일컫는 말이었으나, 동일한 국가 또는 동일한 민족의 구성원을 일컫는 말로 바뀌었고, 더 나아가 四海同胞와 같이 인류 차원 그리고 만물에까지 확장하였다.

93) 『원불교교사』,「개벽의 여명」제3장 참조.

판을 내걸었다면 해방을 맞은 민중들에 의하여 타도되고 말았을 것이다."94)라는 표현을 볼 때 이 때의 민중은 민족주의에 투철한 대중이다. 또 드물게 인민이라고 용어를 사용하는데, "인민의 지지를 받으면 그 나라의 지도자가 될 수 있다."95)는 발언은 근대적 시민의 뜻에 가깝다.

이렇게 봤을 때 원불교에서 말하는 동포나 민중은 전근대사회의 민도 아니면서 동시에 근대적 시민도 아닌 과도기적 성격을 띠며, 그 가르침은 문명 세계의 구성원 곧 민족 국가의 시민으로서 주체성을 자각하도록 하는 데 있었다. 비록 일제강점기여서 주권이 없고 참정권 등이 배제되어 있었지만, 그 의식만큼은 근대적 시민을 염두에 두고 있다고 봐야 한다.

따라서 이 당시 민족주의는 전통의 주요 사상처럼 특정한 계급이 전유한 사상이 아니다. 물론 원불교에서 사용하는 민족주의도 그러하다. 그런 의미에서 원불교사상을 민의 철학으로 분류했을 때, 그 민은 전통의 그것이 아닌 근대적 시민에 이르는 과도기적인 성격을 띠고, 그 철학의 내용도 당연히 근대적 시민의식을 고양하는 각성된 민의 철학이라는 성격을 띤다.96) 물론 불교의 수행이 각자의 깨우침을 통해 실천하도록 하는 점에서 원불교 또한 그런 영향을 배제하지는 않지만, 모두 각성된 개인을 통해 가정과 사회와 국가와 인류가 평화롭

---

94) 『대종경선외록』, 「교단수난장」 16절.
95) 『정산종사법어』, 「법어」, 〈도운〉 17장.
96) 그 대표적 근거는 문명관과 결합된 앞서 설명한 사은 가운데 '법률은'과 사요 가운데 '자력양성', '타자녀 교육', '공도자 숭배' 등이 그것이며, 철학적 배경은 '일원상의 진리'이다.

게 만들자는 주장97)은 단순히 개인의 구도적 차원을 넘어서는 실천철학이다. 바로 여기서 동포 사랑은 또 인류 사랑으로 더 나아가 피은被恩과 보은報恩의 대상이 만물에까지 나아가는데, 그의 민족주의가 국수주의에 갇혀있지 않음을 뜻한다.98)

이렇듯 원불교사상 속에 민족주의가 바탕이 되고 있음은 분명하나, 당시 일제의 감시와 탄압 속에서 교단 차원에서 드러내 놓고 행동하거나 주장하지는 못했을 것이다. 그러나 가르침을 면밀히 조사해보면 민족주의가 묻어나는 발언지 적지 않다. 일례로 다음의 말이 그 가운데 하나이다.

산동교당 뜰 앞의 무궁화와 태극기를 보시며 말씀하셨다. "무궁화는 그 이름이 좋으니, 무궁은 한량없고 변치 않음을 뜻한다. 이 나라가 새 세상 대 도덕의 근원이 될 것을 저 무궁화가 예시하고 있으며, 태극기는 그 이치가 깊으니 태극은 곧 우주의 원리로서 만물의 부모가 되는 것이요, 태극은 무극이며 무극은 일원이라 일원대도가 장차 온 인류의 귀의처가 되고, 그 발원지인 이 나라가 전 생령의 정신적 부모국이 될 것을 저 태극기가 예시하고 있다."99)

우리나라가 새 세상의 대 도덕의 근원이 된다거나 전 인류의 정신적 부모의 나라가 된다는 것은 종교의 발생이 우리나라에서 시작되었으니 당연한 말이겠으나 이 또한 민족주의 정신의 발로이다.

---

97) 『정전』, 「교의편」 제2장 참조.
98) 2대 교주 송규는 '세계 동포'라는 말도 사용하고 있다(『정산종사법어』, 「세전」, 〈세계〉).
99) 『정산종사법어』, 「법어」, 〈국운〉 33장. 일부 인용은 필자가 현대식 어법으로 고침.

2) 공동체사상의 심화와 종교 화합

원불교가 공동체에 관심을 갖게 된 배경에는 일차적으로 교조가 깨달은 일원상의 진리 곧 일원이 우주만유의 본원, 일체중생의 본성인 본체로서, 그리고 현상 세계의 작용의 배후로서 동일하다는 진리에 근거하고 있겠지만, 앞서 설명하였듯이 당시 시대적 담론과도 일정한 맥락이 닿아 있다. 당시는 진화의 개념을 진보의 개념과 거의 동일하게 사용하고 있었으며, 그 대상은 개인보다는 사회와 민족(국가)이었다. 왜냐하면 인간 사회는 무리를 이루어 진화해 왔다(合群進化)고 여겼기 때문이다. 20세기 초반 그 많은 사회단체와 기관이 탄생한 까닭은 이를 배제하면 설명하기 어렵다.

원불교가 영육쌍전을 주장한 것도 일원의 작용에 해당되지만, 따지고 보면 당시의 문명개화로 비춰진 근대화된 서구 문명을 바라볼 때, 조선의 입장에서 그렇게 진보하려면 당연히 주장될 수밖에 없는 논리로서 물질적 진보에 상응하는 정신개벽이 요구되었던 것이다. 그렇다고 해서 물질적 진보가 완성되었다는 말도 아니다. 다만 자본주의 생산품을 보고 물질이 개벽되었다고 선언한 것에 불과하지 조선 민중들의 삶이 물질적으로 개벽되었다는 의미는 아닐 것이다.

이런 의미에서 실질적인 물질개벽과 정신개벽은 동시에 이루어지며 그 방법은 정신적·물질적 공동체를 통해서인데, 정신적 공동체는 종교이고 물질적 공동체는 조합 등의 경제적 공동체로서, 수도와 생활이 하나이면서 둘이요 둘이면서 하나인 관계였다.

그런데 근원적으로 만물은 동일 하지만, 공동체의 실질적 구성과 실천은 가정에서 출발하여 사회·국가·세계로 확대된다. 원불교의 세

계 인식 방법이나 가르침의 실천적 범위도 항상 이렇게 확대해 가는
데, 공동체의 구성과 실천은 점진적이며 원불교의 발전사에서 볼 때
주로 종교 내의 사회적 단계에서 진행되었다.

이것은 일제강점기와 신종교라는 여건상 더 확대하기 어려웠던 제
한점 때문이지만, 적어도 이론의 전개 과정에서 볼 때는 여기서 머물
지 않는다. 이런 공동체사상이 절정에 이른 것은 2대종사 송규의 법어
에 등장한다. 이른바 삼동윤리三同倫理가 그것이다.

삼동윤리의 첫째 강령은 동원도리同源道理로 모든 종교와 교회가
그 근본은 다 같은 한 근원의 도리인 것을 알아서 서로 대동 화합하자
는 것으로100) 종교 화합의 이론적 근거가 된다. 여기서 종교적 화합은
적어도 어떤 공동체를 상정하지 않고는 성립하기 어려운 일이다. 종
교 갈등은 대개 한 사회나 국가 또는 세계 안에서 발생하는 문제이기
때문이다.

아무튼 모든 종교가 같은 근원이라는 말은 일원의 진리를 연역한
것이지만, 종교 간의 문화적 교리적 차이로 인해 공동체 내에서 갈등하
지 말고, 그 근본적 가르침은 같기 때문에 화합하자는 뜻으로 읽힌다.

종교가 화합해야 한다는 가르침은 교조인 박중빈의 행적에도 나타
나 있다. 다소 길지만 인용하면 다음과 같다.

박중빈 : (목사 한 사람이 와서 뵈오니) 귀하가 여기에 찾아온 것은
　　　　무슨 뜻에서인가?
목　사 : 좋은 가르침을 얻어 듣고자 합니다.

---

100) 『정산종사법어』, 「법어」, 〈도운〉 35장 참조.

박중빈 : 그러면 귀하가 능히 예수교의 국한局限을 벗어나서 광활한 천지를 구경하였는가?

목　사 : 그 광활한 천지가 어느 곳에 있습니까?

박중빈 : 한 번 마음을 옮겨 널리 살피는 데에 있으니, 널리 살피지 못하는 사람은 항상 저의 하는 일에만 고집하며 저의 집 풍속에만 습관이 되어 다른 일은 비방하고 다른 집 풍속은 배척하므로 각각 그 규모와 구습을 벗어나지 못하고 드디어 한 편에 떨어져서 그 간격이 은산철벽銀山鐵壁같이 되니, 나라와 나라 사이나 교회와 교회 사이나 개인과 개인 사이에 서로 반목하고 투쟁하는 것이 다 이것이 원인이다. 어찌 본래의 원만한 큰살림을 편벽되이 가르며, 무량한 큰 법을 조각조각으로 나누겠는가? 우리는 하루 속히 이 간격을 무너뜨리고 모든 살림을 융통하여 원만하고 활발한 새 생활을 전개하여야 할 것이니 그리된다면 이 세상에는 한 가지도 버릴 것이 없다.[101]

이렇듯 종교 사이의 갈등은 '고집과 관습을 따르고 본래의 원만한 큰살림을 편벽되이 가르며, 무량한 큰 법을 조각조각으로 나누는 데 있다'고 보았다. 일원상의 진리에 근거한 발언으로 종교만이 아니라 각종 갈등도 무지와 편견으로 인해 생긴다고 하였다. 이 점은 박중빈이 당시 한국 개신교 다수가 따르는 근본주의 신학[102]의 문제점을

---

101) 『대종경』, 「불지품」 21장. 원래는 어록체이나 필자가 극본체로 바꾸고 일부 표현은 현대식 어법으로 고침.

에둘러 표현한 것이지만, 지금까지도 유효한 말이다.

삼동윤리의 둘째 강령은 동기연계同氣連契로 모든 인종과 생령이 근본은 다 같은 한 기운으로 연계된 동포인 것을 알아서 서로 대동 화합하자는 것으로[103] 공동체사상의 철학적 근거이다. 사실 일원의 진리만 놓고 말하면 너무 추상적이어서 보통사람들이 이해하기 쉽지 않다. 그 일원의 진리가 작용하는 현상에서 말하면 쉽게 이해될 수 있어서 기로서 만물이 연관된 동포라는 점을 상기시킨다. 여기에는 그의 기의 철학적 관점이 녹아 있다.[104] 그래서 천하의 사람들이 다 같이 이 관계를 깨달아 크게 화합하는 때 세계의 모든 인종과 민족들이 다 한 가족을 이루어 서로 친선하고 화목하게 될 것이며, 모든 생물들에게도 그 덕화가 두루 미칠 것이라고 전망하고, 이 정신으로써 세계의 인류를 평등으로 통일하는 데 앞장서야 할 것이라고 보았다.[105]

삼동윤리의 셋째 강령은 동척사업同拓事業으로 모든 사업과 주장이 다 같이 세상을 개척하는 데에 힘이 되는 것을 알아서 서로 대동 화합

---

102) 근본주의 신학은 대체로 성서만이 하느님의 유일한 진리와 계시, 예수만이 유일한 구세주, 기독교만이 유일한 참 종교라는 특징, 곧 성서무오설, 동정녀 탄생, 기적, 육체 부활, 인간의 죄성, 대속, 예수의 재림과 심판 등을 무조건 문자적으로 인정하고 의심 없이 믿어야 한다는 태도를 견지하고 있다(오강남, 2001, 『예수는 없다』, 현암사, 27쪽).

103) 『정산종사법어』, 「법어」, 〈도운〉 36장 참조.

104) 삼동윤리의 철학적 배경에 대한 더 자세한 내용은 본 총서 시리즈 『서양 문명의 도전과 기의 철학』 제4장 2-3)의 '송규의 영기질론과 삼동철학'을 참조 바람.

105) 『정산종사법어』, 「법어」, 〈도운〉 36장 참조.

하자는 것106)을 말한다. 당시 세계에는 이른바 두 가지 큰 세력이 그 주의와 체제를 따로 세우고 여러 가지 사업을 각각 벌이고 있고, 주장과 방식에는 차이가 있으나 근본 목적은 이 세상을 더 좋은 세상으로 개척하자는 데 벗어남이 없는 것으로, 모든 사업이 큰 줄기에서는 본래 동업이므로 천하의 사업가들이 다 같이 이 관계를 깨달아 서로 이해하고 크게 화합하는 때에는 세계의 모든 사업이 다 한 살림을 이루어 서로 편달하고 병진하다가 마침내 중정中正의 길로 귀일하게 될 것107)이라고 한다.

두 세력이란 광복 전후의 동서 냉전 세력을 의미하며 둘 다 근본 목적은 이 세상을 더 좋은 세상으로 개척하자는 데 있다고 여겨 동척 사업이라고 여겼다. 자본주의든 사회주의든 양자 가운데 하나를 배척하지 말고 서로 이해하고 화합하자고 한다.

이렇게 삼동윤리는 철학적으로 만물이 하나의 근원이라는 데서 출발하지만, 인간의 측면에서는 사회와 국가 공동체 더 나아가 인류 공동체를 의식하고 대동으로 화합하자는 데로 나아가고 있다.

이제 원불교는 초기처럼 한 종교가 주도하는 공동체를 떠나 보다 큰 공동체를 지향하고 있다. 여기서 굳이 종교적 경제 공동체를 들먹일 이유도 전혀 없고 그렇게 할 수도 없다. 작은 공동체에서 큰 공동체로 전환할 때, 예컨대 특정 종교에서 출발하여 국가나 인류 차원으로 상승하여 화합하려고 할 때는 보편성이나 공통점만 말하면 되지, 차이점을 강조하면 안 된다. 그런 점에서 "세계의 모든 종교도 그 근

---

106) 같은 책, 37장 참조.
107) 같은 책 참조.

본이 되는 원리는 본래 하나이나, 교문을 별립하여 오랫동안 제도와 방편을 달리하여 온 만큼 교파들 사이에 서로 융통을 보지 못한 일이 없지 아니하였나니, 이는 다 모든 종교와 종파의 근본 원리를 알지 못하는 소치라."[108]고 말하여 그 보편성을 '근본이 되는 원리'로서 진술하고 있다.

사실 원불교의 종교 화합은 근원적으로 교조 박중빈의 삼교회통의 태도와도 관련 있다. 이 점은 원불교사상을 분석해 보면 금방 알 수 있겠지만, 무엇보다 일원상의 진리는 '제불제성諸佛諸聖의 심인心印'[109]으로서 여러 부처와 성인이 깨친 근본 진리임을 확신하는 데서 극명하게 드러난다. 종교가 서로 화합하지 못한 원인은 세계의 종교들이 그 근본이 되는 원리는 하나이며 제불제성의 본의가 상통하는 사실을 모르기 때문이라고 한다.[110]

그런 점에서 오늘날 우리나라에서 보이는 미묘한 종교 갈등이나 세계의 종교·문화적 갈등 양상을 보면, 해당 종교의 특수한 문화나 교리를 지나치게 확대하고 보편화하여 사회에 적용하려는 데서, 그래서 상대방 종교에서는 그 특수성이 무시당하는 데서 생기는 것이 아닌지 모르겠다. 그런 점에서 세상의 모든 종교의 보편성이 화합의 근거도 되지만, 특수성을 존중하는 것도 화합에 이르는 길 가운데 하나이다. 그래서 "다른 종교나 그 숭배처를 훼방하지 말라."[111]는 가르침

---

108) 『정전』, 「총서편」 제2장.
109) 『정전』, 「교의편」 제1장.
110) 정순일, 1993, 「원불교의 삼교원융사상」, 『원불교사상과 종교문화』 vol.18, 원광대학교 종교문제연구소, 210쪽.
111) 『대종경』, 「교단품」 38장.

을 두었다.

이상의 설명이 현재의 원불교가 종교 화합과 포용에 앞장서는 근거가 될 것이지만, 근원적 보편성만 강조하다보면 종교의 정체성이 희미해지고, 특수성만 강조하면 종교가 화합하기 어렵다. 다만 한국이라는 특수한 환경에서 일부 종교들이 지나치게 근본주의적이며 배타적인 입장을 견지하는 가운데, 원불교는 그런 종교들을 포용하고 화합하는 매우 긍정적인 역할을 해 왔고 앞으로도 그럴 것이라 본다. 이 모두가 공동체를 위한 일이다.

3) 원불교사상과 우리철학

우리철학이 무엇이며 또 우리철학을 위한 방법론이 무엇인지 필자의 견해는 앞의 서두에서 밝혔기 때문에 다시 설명하지 않겠다. 다만 그 핵심 논리만 상기한다면 해당 시대가 직면한 우리의 문제를 해결하기 위해 한국적 문화와 정서를 바탕으로 창출해낸 사유 체계가 우리철학이라 보면 되겠다. 구체적인 방법론은 전통사상의 발전적 계승, 전통사상의 창의적 재해석을 통한 특성화, 외래사상의 한국적 수용, 그리고 외래사상에 대응한 한국적 변용 등이 그것이다. 이렇게 보면 우리철학은 기존의 한국철학과 개념상 차이가 없어 보이나, 현실의 문제를 해결하려는 실천적 성격을 연동한 것이 차이점이다. 기존의 한국철학이 현실의 문제를 다루지 않은 것은 아니지만, 순수한 철학사상만 다루는 경향도 없지 않기 때문이다.

아무튼 우리철학으로서 원불교사상이 갖는 위치는 지대하다. 우선 교조의 문제의식에서 당시 민중들의 삶을 어떻게 이끌 것인지 구세

정신이 돋보인다. 일제강점기 정신적으로 방황하고 경제적으로 궁핍한 민중들을 구원코자 하는 문제의식을 가지고, 그 해결 방식에서 영육쌍전을 주장한 것도 정신적인 문제만이 아니라 현실의 삶의 문제를 생각했다는 점에서, 우리철학의 방법론에서 필수 요소로 지목되는 한국인의 삶과 문화에 기초한 시대인식과 문제의식을 잘 드러내고 있다. 특히 시대인식은 정신개벽과 물질개벽의 시대로 보고 물질개벽에 맞추어 정신이 개벽할 때라고 보았다. 물론 '개벽'을 주장하게 된 사상적 배경에는 동학과 증산교사상과 자강론에 근거한 문명개화라는 시대적 담론이 있었다.

또 우리철학이 되는 방법에는 한국의 전통사상을 계승하는 문제도 있다. 많은 학자들이 지적하였듯이 교조 박중빈은 유불선 사상을 제삼의 입장 곧 자신의 관점에서 창조적으로 회통하고 있다[112]고 한다. 불교에서는 진리관과 법신불과 보응의 이치와 수행법 등을, 유교에서는 삼강오륜과 인의예지와 수제치평修齊治平, 태극·무극 등을 받아들이고, 선교(도가)의 우주자연의 도와 양성養性과 청정무위清靜無爲 등을 받아들여 회통하고 있다.[113]

바로 여기서 유불선의 요소를 받아들이고 계승한 점도 분명히 있지만, 더 나아가 유불선도 아닌 일원상의 진리와 사은사상 등으로 대표하는 제삼의 사상으로 전환하였다. 이것이 바로 전통의 창의적 재해석을 통한 특성화로서 우리철학의 또 다른 방법론을 전형적으로 보여주고 있다.

---

112) 정순일, 「원불교의 삼교원융사상」, 앞의 글, 211~212쪽.
113) 『대종경』, 「교의품」 1장 ; 같은 책, 3장 참조.

그런데 당시 20세기가 들어서면서는 전통사상보다 되레 외래사상이 시대의 주류 담론으로 유행하고 있었다. 사회진화론의 영향 아래 자강을 통해 문명개화나 독립을 이루자는 생각이 그것이다. 물론 문명개화의 담론 그 자체도 주로 일본을 통해 들어온 외래사상이다. 앞서 분석해 보았듯이 원불교사상에도 이런 담론의 내용이 분명히 들어 있다. 그것은 영육쌍전의 한 측면인 생활에 필요한 정신적 요소로서, 이것은 전근대사회의 구습을 타파하고 문명의 길로 나아가자는 애국계몽 운동가들의 언설에서 흔히 볼 수 있는 주장이다. 다만 그것을 맹목적으로 받아 들인 것이 아니라 정신개벽의 한 측면으로서, 또 육체를 튼튼하게 하기 위한 경제적 자립과 생활 원리로서 주체적으로 수용하였다는 점에서 우리철학의 또 다른 방법론이기도 하다.

끝으로 원불교는 외래사상을 포용하면서 대응한 점이 분명히 있다. 그 대응 방식은 비판하여 대안을 제시한다기보다 포용[114]하면서 자신의 논리 속에 녹여버리는 방식이다. 먼저 박중빈의 그리스도교에 대한 인식은 근본은 같은 것이라 보았으나 그 단점으로서 '국한'되었다는 점이다.[115] 달리 말하면 그 종교가 발생한 지역의 문화와 종교의 주장(교리)을 고집하기 때문에 지나치게 배타적이라는 지적일 수 있다. 물론 유교의 경우도 이런 지적을 하는데,[116] 이것은 외래사상을 떠나서 볼 때도 어떤 사상에 대한 근본주의적 태도를 꼬집은 것이다.

---

114) 원불교의 경전과 법문집에는 그리스도교의 가르침을 인용하거나 포용한 모습을 무수히 발견할 수 있다.

115) 『대종경』, 「불지품」 21장 참조.

116) 『정산종사법어』, 「법어」, 〈원리〉 31장 참조. 여기서는 局限이라는 말 대신 局執이라는 용어를 사용하고 있다.

그런 근본주의적 모습은 당시의 개신교나 조선 후기 주자성리학을 고수하는 유생들의 태도에서 흔히 볼 수 있었다.

그러나 그런 배타적인 모습에 대해 크게 내색하지 않고 포용하면서 자신의 논리 속에 녹여 버린다. 이런 모습은 그의 대화에서 보이는데, 가령 조송광이라는 개신교 장로와의 대화에서 확인할 수 있다. 내용이 다소 길지만 이해의 편의를 위해 인용한다.

> 박중빈 : (조송광이 처음 와 뵙자) 그대가 보통 사람보다 다른 점이 있어 보이니 어떠한 믿음이 있는가?
>
> 조송광 : 여러 십년 동안 하나님을 신앙해온 예수교 장로입니다.
>
> 박중빈 : 그대가 여러 해 동안 하나님을 믿었다 하니 하나님이 어디 계시던가?
>
> 조송광 : 하나님은 전지전능하시고 무소부재하사 계시지 아니하는 곳이 없다고 합니다.
>
> 박중빈 : 그러면 그대가 늘 하나님을 뵈옵고 말씀도 듣고 가르침도 받았는가?
>
> 조송광 : 아직까지는 뵌 일도 없고 말하여 본 적도 없습니다.
>
> 박중빈 : 그러면 그대가 아직 예수의 심통心通 제자는 못 되지 않았는가?
>
> 조송광 : 어떻게 하면 하나님을 뵈올 수도 있고 가르침을 받을 수도 있겠습니까?
>
> 박중빈 : 그대가 공부를 잘하여 예수의 심통 제자만 되면 그리할 수 있다.
>
> 조송광 : 성경에 예수께서 말세에 다시 오시되 도둑 같이 왔다 가리

라 하였고 그 때에는 여러 가지 증거도 나타날 것이라 하였
으니 참으로 오시는 날이 있겠습니까?

박중빈 : 성현은 거짓이 없으니 그대가 공부를 잘하여 심령心靈이
열리고 보면 예수의 다녀가는 것도 또한 알 것이다.

조송광 : 제가 오랫동안 저를 직접 지도하여 주실 큰 스승님을 기다
렸더니, 오늘 대종사를 뵈오니 마음이 흡족하여 곧 제자가
되고 싶습니다. 그러나 한 편으로는 변절 같아서 양심에
자극이 됩니다.

박중빈 : 예수교에서도 예수의 심통 제자만 되면 나의 하는 일을 알
게 될 것이요, 내게서도 나의 심통 제자만 되면 예수의 한
일을 알게 된다. 그러므로 모르는 사람은 저 종교 이 종교
의 간격을 두어 마음에 변절한 것 같이 생각하고 교회 사이
에 서로 적대시하는 일도 있지마는, 참으로 아는 사람은
때와 곳을 따라서 이름만 다를 뿐이요 다 한 집안으로 알게
되니, 그대의 가고 오는 것은 오직 그대 자신이 알아서 하
라.117)

이 대화의 핵심 키워드는 '심통'과 '한 집안'이다. 여기에는 원불교
와 그리스도교는 한 집안이라는 교조의 인식과 공부를 통해 심통에
이르게 된다는 관점이 들어 있다. 몇 십 년 동안 신앙생활을 한 장로
의 공부 태도 더 나아가 당시 그리스도교의 신앙관과 공부 방법에

---

117) 『대종경』, 「전망품」 14장. 이 인용은 원래 어록체로 되어 있으나 필자가 읽기
쉬운 극본체로 바꾸고 현대식 어법으로 고쳤음.

분명히 문제가 있음을 알았고, 그 특유의 교리가 되레 진리를 보는데 방해하고 있다는 점을 간파했다고 행간을 통해 읽어낼 수 있다. 그러나 그는 그것을 문제 삼지 않고, 종교의 본질에 대해서만 그리스도교의 가르침이나 교리와 상관없이 본인의 종교철학적 관점에서 규정하고 판단하고 있다.

이런 점이 그의 그리스도교에 대한 대응 방식 가운데 하나이다. 곧 전통의 삼교회통만이 아니라 모든 종교의 회통이라는 입장에서 대응하고 있다. 대신 그 철학적 논리는 외래에서 가져 온 것이 아니라 바로 창의적으로 재해석한 전통사상이다.

자, 여기서 우리철학의 한 영역이자 민의 철학으로서 원불교사상의 성격을 규정해보기로 하자. 크게 보아 근대전환기에 전통사상을 발전적으로 계승 또는 재해석하고, 외래사상을 포용·대응하면서 새롭게 창조한 사상이라 평가할 수 있다.

여기서 좀 더 세분해 들어가 원불교사상을 민의 철학으로 분류했을 때 갖는 성격을 좀 더 논의해 보아야 한다. 앞서 밝혔듯이 원불교사상에는 근대전환기 민의 염원이나 새 세상의 욕구로서 이를테면 평등과 물질적 안락을 요구하는 개벽사상 등이 반영되어 있다. 그렇다고 해서 동학이나 증산교의 사상처럼 민중의 사상이라고 말하기에는 뭔가 석연찮은 점이 있다. 비록 교조인 박중빈이 민중 출신이기는 해도, 그의 사유나 가르침은 당시의 많은 민중들이 가졌던 생각 그 자체를 곧장 대변하는 것이 아니라, 이른바 각성된 민중의 지도자이자 더 나아가 구도자로서 종교적 깨달음의 성격을 띠고 있기 때문이다.

바로 여기서 민의 철학만 말할 때 이중적 의미를 지닌다. 민의 입장을 대변했다는 의미가 일차적이지만, 또 반면에 정신개벽을 통해 민의 생각을 개조하고자 하는 점에서, 그리고 진화를 통해 개벽된 세상의 주체가 되는 모습에서 계몽적 성격을 띠는 개화 지식인들의 사유가 침투되어 있다는 점이다. 어쩌면 후자는 계몽된 민중의 사상이라는 점이 더 가깝다. 교조 박중빈 자신이 민중 출신으로 한 때 그런 계몽사상의 영향도 받았기 때문이다.

　게다가 민중이라는 것도 동학혁명 때의 민중이 아닌, 비록 일제의 지배하에 놓여 있었지만, 적어도 신분상이나 법적인 지위에서 볼 때 근대적 시민으로 나아가는 과도기적 위치에 있었으므로, 그 이전의 민의 사상과 같은 지위와 선상에서 논의되기는 어렵다. 시대적 배경으로 정치적 발언이 제한되어 있는 점을 십분 고려한다면, 원불교사상은 종교적 차원을 떠나 순순한 민의 철학의 관점에서만 바라볼 때에는 전근대적 민중이 현대적 시민으로 전환해가는 가는 과정에서 등장한 사상이라 평가할 수 있다.[118]

　더 나아가 우리철학의 관점에서 볼 때 비록 전통사상과 외래사상이 자강론을 매개로 공존하고 있지만, 그 사상의 중심에는 전통사상을 창의적으로 재해석한 그만의 철학이 우뚝 서 있다. 이것은 현대의 우리에게 시사되는 바가 크다. 현대와 미래의 우리철학을 어떻게 구축할 것이냐는 문제에 일종의 모범 사례를 제시하고 있기 때문이다. 다시 말하면 우리철학의 현대화와도 관련된 문제로서, 외래사상을 배척하지 않으면서 주체성을 살리는 길을 보여주고 있다는 점에서 큰 의의가 있다고 하겠다.

---

118) 이점은 비록 현대의 자료로 보이지만 국가에 대한 국민으로서 예의와 의무를 명시한 것(『예전』, 「제1통례편」, 제17장 참조)을 보면 원불교와 타종교에 비해 시민의식의 강조가 남다르다 하겠다.

우리철학으로서 민의 철학

근대전환기 민의 철학과 우리철학

지금까지 민의 철학이라는 주제 아래 민족종교의 사상에 녹아든 우리 근대전환기 민중들의 삶과 생각을 통해서, 그들의 견해를 철학적으로 재구성해 보았다. 민중이라는 계급적 특성 때문에 부득이 그들이 참여한 종교사상을 근거로 그들의 견해를 살필 수밖에 없었다. 그 종교 또한 무엇보다 원형사상을 배경으로 한국적 특징을 담보하면서 민족주의적 태도를 보인 민족종교를 대상으로 선택하였다.

서두에서도 밝혔지만, 본서 집필의 주목적이 특정 종교의 사상과 교리 등을 천착하는 것이 아니라, 거기에 녹아든 민중들의 철학적 관점을 재구성하는 일이다. 달리 말하면 근대전환기 민중들이 민족사적 비극과 혼란 속에서 겪어야 했고, 또 해결하고자 했던 문제를 중심에 두고, 한국적 정서와 문화 속에서 전통의 어떤 사상을 계승·발전·극복하고, 또 외래의 어떤 사상과 문물을 수용하거나 거기에 대응했는지 살펴보았다. 이러한 일련의 과정과 연구 방법은 근대전환기형 우리철학을 탐구하기 위해서 동원된 것들이다.

자세한 내용은 각 장별 세부 항목에서 설명하였기 때문에 여기서는 각 종교의 공통점을 중심으로 근대전환기형 우리철학으로서 민의 철학의 특징을 간단하게 정리하겠다.

먼저, 시대의 문제를 해결하려는 고민과 몸부림을 엿볼 수 있다. 전근대적 체제와 외세의 침략에 저항한 동학은 말할 필요도 없고, 민족의 독립을 위해 민족의식과 독립정신의 고취와 활동을 펼친 대종교, 동학혁명의 실패 뒤에 민중을 위로하고 새로운 대안적 세계를 제시한 증산교, 그리고 일제강점기 아래 공동체를 통해 민중의 실질적 삶의 개선 운동을 전개한 원불교가 모두 그러하다. 이렇듯 모두 외세의 침략과 전근대적 문제에 노출된 민중의 고난을 해결해 보자는 목적의식을 가지고 있었다. 동학이 외세를 배격하고 보국안민·포덕천하·광제창생을 기치로 모두가 평등한 후천개벽의 유토피아를 내세운 것이 그것이며, 대종교의 단군신앙을 통해 민족정체성의 확립과 항일투쟁을 통한 국가의 독립운동을 펼친 것이 그것이고, 해원과 상생의 평화 이념을 통해 민중이 주체가 되는 증산교의 지상선경의 건설이 그것이며, 원불교가 사은사상의 정신개벽과 공동체 생활의 실천을 통해 물질과 정신이 조화를 이루는 이상 사회의 건설코자 한 것이 그것이다.

둘째, 민족종교의 정의에서도 그 점은 천명하고 있듯이 단군 이래의 경천사상을 계승하고 있는 점을 들 수 있다. 물론 겉으로 보면 각 종교마다 약간의 결을 달리하고 있는 부분, 예컨대 동학은 지기로서 천주를, 대종교는 삼신일체인 단군을, 증산교는 인격적 상제를, 원불교는 세계에 내재하는 영적 존재(법신불)를 신앙의 대상으로 삼는 구분은 있지만, 모두 하늘이 인간과 분리되지 않고 인간 내면의 영성으로 수렴되고 있어서, 영과 육이 조화를 이룬 인간의 심성 안에서 하늘을 찾는다는 점에서 경천사상의 계승과 발전이라 말할 수 있다. 다시 말해 고유사상에 있는 신인상화神人相和 태도의 계승으로서, 내 속에서 천성天性을 찾고 불성佛性을 찾고 신성神性을 찾는 한국사상의 본령을 잘 계승하고 있다.[1] 당연히 이것은 인간 심성 안에서 리를 확인하는 성리학과 구별된다. 곧 성리학의 관심은 형이상의 리 중심이었다면, 민족종교는 대체로 기와 연관된 영성에 중심을 두었다고 말할 수 있다.[2] 그러나 이마저도 인간의 내면에서 찾는다는 점에서는 공통점을 갖는다.

그것만이 아니다. 또 인간의 현실적 삶을 긍정하는 단군신화의 전통도 잇고 있다. 원형사상 가운데 보이는 홍익인간과 재세이화의 전통은 이들 민족종교가 서양의 종교 개념의 영향을 받았으나, 결코 거기에 휘둘리지 않고 끝까지 계승한 점이다. 다시 말하면 개벽을 통해 이 세상에 유토피아를 건설코자 하는 점은 단지 평등한 물질적 육신의 안락만을 추구한 것이 아니라, 영혼(하늘)과 육신(땅)이 조화를 이룬 영육쌍전의 현실 긍정의 태도이다. 사실 조선에 전파된 그리스도교는 현세의 삶보다 되레 내세의 복락에 중요한 가치를 두었다. 그것은 그리스도교가 성립할 즈음 신의 정의(justice)가 지상에서 덕이 있는 사람에게 번영을 주지 못하는 것을 목격하자, 이 정의는 천국에서 성

---

1) 최영성, 2017, 「한국사상의 원형과 특질」, 『한국철학논집』 55, 한국철학사상사 연구회, 35쪽 참조.
2) 성리학이 理 중심의 存養과 窮理를 강조했다면, 동학의 至氣와 守心正氣, 대종교의 머릿속에서 신성을 찾는 것, 증산교의 기운(신명)과 精魂사상, 원불교의 靈氣質은 모두 理에서 氣로 방향을 전환하여 영성을 찾는 것들이다. 靈이나 神이나 魂 등은 모두 氣의 그것이기 때문이다.

취될 것이라고 생각했으며, 이것은 또한 영생에 대한 신앙으로 전환하였기3) 때문이다. 그렇기 때문에 그리스도교에서 말하는 영혼불멸이나 천당과 지옥 그리고 죽음 후의 부활과 예수의 재림에 관련된 사상은 신앙으로 이끄는 방편이 아니라, 그리스도교의 초대 교회가 그랬듯이 실제로 존재하여 미래에 또는 곧 닥칠 일로 믿는다. 그러니 현세의 고난이나 고통 따위는 내세에 주어지는 복락을 생각하면 참을 수 있는 것이 된다. 그러나 민족종교에서 말하는 이상 사회는 절대적인 신 중심이 아니라 인간 중심의 개벽된 현실로서 성속聖俗이 일치된 사회이다. 신기할 정도로 민족종교에서는 그리스도교와 같이 내세의 피안을 강조하는 종교는 하나도 없다.4) 그것은 당시의 민중이 감내할 고통이 너무 커서 죽기까지 기다릴 수 없는 절박함을 반영하고 있기도 하지만, 무엇보다 한민족에게 면면히 흘러온 원형사상의 흔적5)이면서, 동시에 전통으로부터 계승되어 온 교敎의 개념이 서양의 종교

---

3) B. 러셀 저, 최민홍 역, 1988, 『서양철학사』 상, 집문당, 463쪽.

4) 내세관이 없다는 뜻으로 오해하면 안 된다. 그것은 그리스도교와 다른 방식, 곧 각자의 수양이나 공부를 통해 깨닫거나 우주적 영체와 합일하는 문제로 남는다.

5) 현대 한국의 전통과 외래 종교를 포함한 대형 종교의 특징 가운데 하나가 기복 종교라는 비판을 받기도 하지만, 이 점을 역으로 생각해보면, 이들 종교가 무속처럼 현실을 중시하는 고유사상의 정서 및 태도와 습합·융합된 것으로 본다. 모든 외래 종교는 토착 종교와 만나면서 갈등을 겪으며 융합할 수밖에 없기 때문이다. 그리스도교의 경우 건축 양식과 음악·언어 등을 겉으로 보면 '서구적'이라 하겠지만, 심층 구조를 보면 한국의 개신교 문화도 다분히 '무속적'이라고 말할 수 있기(서광선, 1993, 「탈종교성과 민중의식 – 그리스도와 문화 … 한국사상 造形과 관련하여 – 」, 조명기외 33인 저, 『한국사상의 심층연구』, 우석, 532쪽 참조) 때문이다.

개념에 완전히 잠식당하지 않는 점이라 하겠다.

셋째, 민족종교는 대체로 유불선 삼교회통의 전통을 잇고 있지만, 그렇다고 기존의 그것을 답습한 것만도 아니다. 게다가 정감록신앙과 개벽사상은 물론 민간신앙의 요소도 포함하고 있는 독창적인 제3의 사상이다. 개벽사상만 하더라도 세계를 선천과 후천으로 나누어 전자를 부조리한 세계, 후자를 유토피아적 세계로 설정하지만, 그 개벽의 방식과 언제 개벽하느냐 하는 점은 종교마다 다르다. 바로 이점이 전통을 이었지만 답습하지 않은 그 종교만의 독창성이다. 그래서 이런 것들을 전통사상의 한국적 발전 또는 특성화라고 일컬을 만하다. 달리 말하면 유불선과 관련된 사상을 곧이곧대로 계승하지 않았다는 의미이다.

넷째, 이들 종교는 전통을 매우 중시하면서 동시에 외래 문물의 장점을 받아들여 대응하고 있다는 점을 지적하지 않을 수 없다. 어떤 사상이나 철학도 무에서 유가 창조되는 것은 아니다. 자신의 전통도 계승하지만, 외래사상이나 종교를 무조건 배척하거나 백안시한 것은 아니다. 잘 알다시피 동학이라는 말도 서학에 대응에서 나온 말로서, 당시 천주교가 동학 성립에 알게 모르게 영향을 끼친 것은 확실하다. 대종교의 민족주의 고취는 근대전환기 우리의 민족주의 형성 자체가 사회진화론의 영향과 관계되며, 삼신일체의 교리도 그리스도교의 영향에 대한 대응의 성격이 강하다. 증산교도 당시 전파된 서양 문물과 그리스도교의 영향을 받으면서 이에 대응한 노력이 크며, 원불교 또한 문명개화라는 당시 시대정신과 무관하지 않은데, 특히 당시의 자유민권사상과 애국계몽기의 개화사상을 받아들였지만, 자신들의 정체성을 잃지 않았다. 그것은 원불교가 정리하고 발전시킨 전통사상이 확고했기 때문이다.

바로 여기서 이처럼 외래 문물의 영향 아래 있으면서도 전통의 중
요한 맥을 놓지 않고 대응하고 있다는 점을 지적하지 않을 수 없다.
가령 민족종교가 말하는 신이나 영혼 그리고 기의 개념만 보아도 알
수 있다. 잘 알다시피 당시 전파된 그리스도교에서 말하는 신과 영혼
은 비물질적인 것으로서, 신이 창조한 어떤 사물이나 인간의 육체와
본질적으로 다른 실체이다. 특히 창조주인 하느님은 그가 창조한 피
조물과 같거나 그 속에 거할 수 없는 초월적 존재이다. 게다가 창조는
하느님의 머릿속에 있는 이데아를 만물에 부여하는 과정이므로 사실
상 죽은 질료의 창조에 지나지 않는다. 다시 말하면 인간을 제외한
만물은 영성이 없는 단순 피조물이다. 반면 동학·증산교·원불교 등
에서 말하는 만물은 모두 일기의 소산이다. 그래서 동학에서는 천주
라 하더라도 기로 이루어진 존재이고, 증산교의 신명과 상제도 기와
연관이 있고, 원불교도 영기질靈氣質을 내세워 세계를 설명한다. 그러
니까 신神이든 영靈이든 기와 분리하여 생각할 수 없었다. 따라서 이
들 종교에서 말하는 기는 단순히 죽은 물질로서 질료가 아니라 영성
도 지닌 존재이다. 어찌 보면 우주와 세계와 만물과 인간은 하나로
연결된 영체靈體이다. 이런 관점은 철저하게 일기一氣, 생기生氣, 기의
취산聚散과 불생불멸不生不滅, 특히 신기神氣나 영기靈氣 등의 전통적
개념을 끝까지 계승·발전시킨 점으로서 서양 종교의 논리에 먹히지
않고 대응한 점이다.6)

----

6) 기와 관련해서 더 자세한 것은 본 총서 시리즈 『서양 문명의 도전과 기의 철
   학』을 참조 바람. 세계와 만물을 하나의 영체로 보는 견해와 같은 것은 아메리
   카 인디언들이 믿는 것 또는 인간과 신은 모두 자연의 일부인 것과 유사성을

사실 미국의 국부 가운데 한 사람인 토마스 제퍼슨은 비물질적인 존재들에 관해 말하는 것은 존재하지 않는 것들에 관해 말하는 것과 같아서 인간의 영혼, 천사, 신이 비물질적이라고 말하는 것은 그들이 존재하지 않는 것들이라고 말하는 것과 같다고 하였다.[7] 또 미국의 현대 신학자 하비 콕스도 일찍이 전통 그리스도교 신학의 이러한 신화(종교)적이며 형이상학적인 존재론의 문제점을 인지하였다. 그는 형이상학적 신의 존재를 거부하고, 아니 존재론 자체에 의미를 두지 않고, 신은 숨어서 나타나지 않지만 인간의 역사 안에서 그가 필요할 때 활동한다는 것을 보여준다고 주장한다.[8] 대신 신이 무엇으로 이루어져 있는가 하는 점은 유보하고 있다. 이렇게 신의 존재론적 기반이 없다면, 전통적인 신의 존재를 인정할 수 없어 무신론이나 비신론(nontheism)으로 오해할 가능성이 농후하다. 그 난점을 해결하는 방식 가운데 하나는 한국 민족종교에서 말하는 기로서 하나 된 신인합일의 입장에서 인간의 마음에서 신을 찾는 길도 있다. 아무튼 그는 역사 안에서 신이 어떻게 활동하는지는 인간이 그에게 응답하는 방식 이외에는 설명하지 않는다. 인간의 응답을 요구하는 신의 뜻이란 역사적

갖는다. 이런 것은 '주술적인 세계관(하비 콕스 지음, 이상률 옮김, 2020, 『세속도시』, 문예출판사, 63쪽 참조)'으로 보는 현대 기독교 신학자 하비 콕스의 견해와 상반된다. 비록 그는 서양 전통의 형이상학적 신학을 포기했지만, 여전히 자연은 영혼 없는 신의 창조물로서 정복하고 기계적으로 다룰 수 있다는 전통적 관점을 따른다(같은 책, 64~65쪽 참조). 아마도 자연과학적 세계관을 따르는 세속인들의 삶을 긍정해야 하기 때문에 불가피한 선택인지 모른다. 이것은 현대에도 근본적으로 화해하기 어려운 두 세계관이다.

7) 리처드 도킨스 저, 이한음 옮김, 2007, 『만들어진 신』, 김영사, 67쪽 참조.
8) 하비 콕스, 앞의 책, 380~381쪽 참조.

사건 속에서 인간을 해방시키기 위한 부름 외에는 달리 방법이 없고, 결국 그 응답은 현실을 인식하는 사회나 정치의 문제와 결부될 수밖에 없으며, 신이 누구인가 하는 문제는 앞으로 일어날 사건에 의해 대답할 수밖에 없다.9) 이렇게 비록 존재론에서는 형이상학도 아니고 민족종교와도 다르지만, 신의 초청에 응답하는 세속적 방식에 있어서는 민족종교가 근대전환기에 해 왔던 여러 운동과 유사한 점이 있다.

민족종교의 내세관 문제도 신화적 세계관에 머문 종교의 그것과 다르다. 특히 사후 내세를 보장받기 위해 보수적 그리스도교가 절대자인 신 중심의 신앙을 강조하는 것과 달리, 되레 도덕적·영적 수양을 통해 그 신과 하나가 되는 길을 택한다. 내세가 있다면 그런 경지이다. 그 신이라 하는 것도 세계를 초월한 존재가 아니라 세계와 인간과 만물 안에 깃든 존재이다. 전통 그리스도교는 은총을 기반으로 초월적 신이 인간의 내면에 성령으로 임하지만, 민족종교는 본래부터 인간의 내면에 영이나 성으로서 존재한다. 이것은 확실히 전통의 천인합일적인 태도의 연장이다. 결국 유교도 아니고 불교도 아니고 도교도 아닌 길, 그리스도교에 대응하여 이미 세계적인 보편 종교로 지향하고 있었다. 모든 사상과 종교를 아우르려면 그러한 포용성이 필요하였다. 좀 더 부연하면 전통의 장점을 계승하면서 동시에 당시 전파된 개신교의 배타적이며 근본주의적 신학에 대한 대응과 장점의 포용을 동시에 지니고 있다. 이점은 시대 순으로 동학에서 원불교로 올수록 더욱 종합되면서 드러나 보인다.

다섯째, 실천적으로 모두 민중의 자각을 이끌었다. 동서고금을 막

---

9) 같은 책, 357~395쪽 참조.

론하고 민중은 대체로 현세를 살아가는 데 무엇이 내게 '이익'을 줄 것이냐 하는 그것만을 생각하는 현실주의자들이다.[10] 이런 민중을 향해 보편적·합리적 자각을 이끌지 못하는 종교는 혹세무민하는 사이비일 뿐이다. 그런 점에서 동학은 전근대적 민이 생명력 있는 우주적 존재로서의 자의식을 주체적으로 자각하게 하였고, 하늘 길과 함께하는 삶의 중요성을 깨달았으며, 하늘의 길을 인간의 내부에서 자각적으로 본받아 형성된 도덕성으로 드러냈다. 또 사회·역사적으로 후천개벽의 새로운 시대에 맞는 삶의 양식으로서의 지기至氣가 인간의 내면에서 작동하는 원리에 대한 자각과 그것의 의의를 구현해야 할 것으로 생각했다. 더 나아가 평등사상과 정치·사회적으로 억압된 고통을 민중이 해결할 수 있다는 점을 자각하여 투쟁을 전개하기도 하였다. 대종교는 민족정체성을 자각케 하여 항일투쟁정신과 민족정신의 함양에 앞장섰다. 특히 우리 민족에게 민족정신과 항일투쟁이 둘이 아님을 강조하였고, 그 정신은 청산리전투 승리의 원동력이 되었으며, 이후 한국인들에게 민족주의의 형성에 일정하게 기여하였다. 민족의식의 강조는 자연히 해방된 신분 개념을 포함한다. 민족 단결이라는 당위성 앞에는 전근대적 민의 개념이 용납될 수 없었기 때문이다. 증산교는 먼저 현실의 부조리가 개인의 잘못이나 죄의 탓으로 돌리기보다 근원적으로 우주적 상극의 원리에 따른 역사적 원한 때문임을 깨달았다. 그로부터 연원되는 각종 원한을 폭력으로 해결하는 것이 아니라, 그것을 해원과 상생으로 승화시켜 해결하고자 했다. 그럼으로써 민중의 맹목적 기복의 태도를 승화시켜 보편적 도덕의 자각

---

10) 김용옥, 1989, 『나는 불교를 이렇게 본다』, 통나무, 149쪽 참조.

과 실천력을 확보케 하였다. 끝으로 원불교는 근대 문명의 가치를 수용하였으나 거기에 머물지 않고, 전통에 바탕을 둔 영적인 주체성을 깨닫고 애국계몽사상을 수용하여, 영육쌍전의 정신적·물질적 가치의 조화를 꾀하고, 실천적 삶을 통한 공동체의식을 고양하여 근대적 시민으로 자각케 하였다. 특히 이 공동체 사업을 통해 민중의 기복적 태도를 보다 현실적·합리적·상식적인 방향으로 전환시켜, 영적인 깨달음과 병행하게 하였다. 그럼으로써 미신적인 기복 신앙을 차단하였다.

이렇듯 민족종교의 자각 내용은 시기마다 약간의 차이는 있으나, 연속하는 역사의 배경과 흐름에서 본다면 전근대적 민에서 근대적 시민으로 자각·성장해가는 민중의 모습을 엿볼 수 있다. 그러나 현대적 관점에서 볼 때, 민중이 겪는 고난과 부조리의 발생은 종교적·상징적 가르침의 설명 방식보다 직접적으로 정치·경제·사회·역사와 외세 침략 등 각 방면의 구조적이며 계급적인 관계에서 등장하는 문제로 설명하는 것이 정확하며 효과적이다. 이는 종교 지도자들의 직관에서 단편적으로 보이기도 하지만, 이를 총체적이면서 구조적으로 보지 못한 것은 어쩔 수 없는 민중이 갖는 시대적 한계였다. 그런 점에서 그렇게 인식해야 할 것은 또 현대 민중의 몫이다.

끝으로 이들 종교를 민족종교라고 규정한 바와 같이 모두 민족주의 성격이 강하다. 동학이나 대종교는 원래부터 일제에 저항한 운동을 펼쳤기 때문에 더 말할 필요도 없겠다. 다만 증산교는 해원과 상생의 비폭력을 강조하여 표면적으로 외세에 적극 투쟁하는 모습이 보이지 않지만, 교조의 가르침을 분석해보면 민족주의적인 요소를 발견할 수 있다. 원불교 또한 각종 가르침 속에 민족주의적 요소가 녹아 있는데,

특히 사은 가운데 '동포은'을 둔 것이 그 가운데 하나이다. 다만 증산교와 원불교는 일제의 영향 아래 국내에서 성립되고 활동한 종교여서, 비폭력적 행동을 강조하여 동학·대종교와 달리 민족주의를 드러내 놓고 투쟁하거나 활동하지 못한 한계는 있다.

이상에서 정리한 것처럼 이 네 종교사상을 철학적으로 재구성하여 민의 철학이라는 이름으로 살펴보았는데, 근대전환기 우리철학의 면모를 잘 보여주고 있다. 곧 시대적 문제 해결에 강한 문제의식을 가지고, 전통사상을 계승하거나 발전시키며, 외래사상을 수용하면서도 대응하는 점에서 근대전환기형 우리철학을 만들어가는 방법을 잘 보여주고 있다. 다만 이들 종교사상은 철학의 입장이 아니라 종교의 입장에서 전개한 것이어서 일부 주장 가운데는 보편성이나 합리성을 입증하기 힘들고, 종교를 믿지 않는 민중에게 영향력을 미치기 어렵다. 그 또한 종교가 갖는 한계이다.

현대적 의의와 과제

우리의 현대 문화는 대체로 서구식 근대화의 결과물이다. 그것은 근대전환기 이후로 이 땅의 엘리트 지배층이 이른바 문명개화 또는 근대화라는 명목 하에 과학과 문명을 상징하는 서구식 가치와 문화를 거의 폭력적으로 주입하였기 때문이다. 세상의 일이란 다 좋은 것도 다 나쁜 것도 아니기에 근대화 이후의 우리 문화는 좋은 점 못지않게 폐단 또한 노출하고 있다. 어찌 보면 전통의 폐습 못지않게 지금까지 일본과 미국이라는 제국주의의 틀 안에서 알게 모르게 자의든 타의든

길들여진 속성 때문이다.

　그 폐단 가운데 하나가 정체성의 혼란인데, 민족종교는 그것을 극복하는 계기를 마련하고 있다. 정체성의 혼란은 이른바 '세계화' 이후 더욱 가속화 되었다. 우리의 미래 세대에게는 지역과 역사와 인종적 특징 정도만 제외하고, 과연 한국적이라는 정체성이 남아 있을지 회의적이다. 겨우 문화적 정체성을 유지하는 분야는 전통 학문이나 예술과 문화재 등인데, 그나마 여기에 민족종교도 한 몫하고 있다는 데 나름의 의의가 있다고 하겠다.

　앞서 살펴 본대로 민족종교는 그리스도교에 대응하면서 등장하고 성장하였으므로 무엇보다 전통의 특징을 잘 보존하고 있다. 이런 민족종교가 우리의 고유사상으로 복귀한 것은 시조리始條理에 대한 종조리終條理의 성격을 지니며, 이들 종교의 교전敎典에서는 단군사상으로 귀결되는 한국 고유사상에 대해 요약하고 정리해놓아서, 합리적·실증적인 테두리 안에서 이런 종교사상을 수용할 가치가 있다[11]고 평가된다.

　특히 철학적 세계관의 측면에서 서양 종교가 갖는 형이상학적 존재를 인정하지 않고, 혹 그것을 인정하더라도 반드시 기와 공존하는 방식으로 설명하였다. 다시 말하면 자연관에서 세계는 일기의 소산이며, 신은 비물질적인 신이 아니라 반드시 기로 이루어져 있거나 기와 분리될 수 없는 무엇으로 설명한다. 인간관 또한 이러한 신을 본질적으로 모신 존재 또는 세계의 영적 존재와 마음이 합일된 존재로 설명해 내었다. 곧 세계와 인간은 영체로서 하나였다. 그러니까 서구적 이원

---

11) 최영성, 앞의 글, 12쪽 참조.

310

론을 허용하지 않았다.

어쩌면 이러한 신관이 한 때 비합리적인 것 어쩌면 무속과 같은 것이라 여겨 도외시한 느낌이 있지만, 과학적 합리성에 비추어 볼 때 다시 주목받게 될 가능성이 있다. 그것은 신 또는 영적 존재가 세계를 초월하지 않고 세계 안에 있으므로, 물질 또는 기로 이루어진 존재나 만물이 갖는 영성으로 보아서 신과 만물, 인간과 신, 인간과 만물이 서로 하나로서 소통·체득할 수 있는 근거이기 때문이다. 다만 각 사물이 갖는 영성의 층위를 어떻게 설명할 것이냐는 문제는 당분간 인간 중심이 될 수밖에 없고, 또 해당 종교에서 말하는 영성 그 자체가 기의 정화나 속성인지 아니면 이것과 별개의 존재인지 후학들이 탐구해서 해결해야하는 문제는 여전히 남아 있지만, 적어도 그 방향만은 합리적 세계관에 접근하고 있다고 하겠다. 이러한 신관 또는 영성은 신과 인간과 만물이 하나되는 신인합일神人合一이라는 한국적 특징 가운데 하나이다.

다음으로 이들 종교가 갖는 현대적 의의 가운데 하나는 강한 현실 긍정이다. 원형사상의 홍익인간이나 재세이화 등의 전통을 따라 바로 이 땅에서 유토피아를 건설하고자 하는 점이 그것이다. 신앙이란 현세의 고통과 괴로움을 내세의 복락으로 보상받는 역할이 아니라, 이 땅에서 개벽으로 고통과 괴로움을 제거하여 유토피아를 실천적으로 건설해야 하는 노력 속에 있다. 곧 이런 신앙이란 차안이 피안이고 피안이 차안인 세계를 만들고자 하는 공부와 노력으로, 공부는 자기 수양이며 노력은 사회적 실천이다.

이것이 단군 이래의 전통을 계승한 한국 민족종교의 위대한 점이다. 종교적 실천이 영적인 일과 육신의 일로 이원화되어, 영적으로 중시하는 내세가 자칫 현실도피의 수단이 되거나 현실의 부조리에 눈감거나 외면하는 장치가 되서는 안 되는 이유이다. 이는 종교가 정치에 직접 관여하라는 점이 아니라, 종교의 사회적 기능과 역사적 책임이 필요하다는 말이다. 그런 맥락에서 그리스도교의 경우에도 한국사상과 한국문화의 조형造形에 기여할 수 있는 것은 서구식 형이상학의 도입을 통하여서만 가능한 것이 아니라, 되레 기독교 문화의 기반인 그리스도의 참 복음이 한국사상과 연결되는 데서 가능하다. 곧 그것은 그리스도교의 탈종교성과 민중의식에 있으며,12) 우리철학으로서 민의 철학에 기여할 때 가능하다고 본다.

여기서 강한 현실 긍정이 민족종교의 특징이기는 하지만, 필연적으로 폐단도 생길 수 있음을 잊어서는 안 된다. 곧 현실을 중시하는 것은 자칫 개인적 탐욕과 사회적 폐단을 조장하는 결과를 낳기 때문이다. 우선 개인 차원에서 인간이 신에게 기원하는 온갖 소원 성취의 욕구는 삶이 궁지에 몰렸을 때 절박한 심정에서 나오는 경우도 있지만, 때로는 만족할 줄 모르는 개인적 탐욕에서 나오기도 한다.13) 또 종교의 현실 참여와 사회적 기능을 중시해야 하는 것은 매우 당연하지만, 현실 중시는 자칫 세속적·계급적 정치·사회 운동으로 전락될 수 있다. 과거 공산주의가 종교 집단과 다르지 않았고, 또 특정 이념을

---

12) 서광선, 앞의 글, 535쪽 참조.
13) 탐욕 추구의 수단으로 신앙을 이용한 대표적 사례 가운데 하나가 우리 민담 가운데 '여우누이'라는 설화가 있다. 아들이 여러 명 있는 부자가 유독 출가외인이 될 수밖에 없는 처지인 딸을 낳게 해달라고 부처나 삼신할미에게 비는 것은 남아를 선호하는 유교적 관습에서는 과욕이다. 그래서 그 민담의 결과가 비극적이다. 더 자세한 것은 이종란 지음, 2008, 『전래동화·민담의 철학적 이해』, 철학과현실사, 21~126쪽을 참고할 것.

따르는 종교 집단이 힘을 과시하며 민중의 삶을 개선하는 것이 아닌 자신들만의 이익을 위해 정치·사회적 투쟁을 벌이는 등 영성 없는 종교의 현실 중시 태도 또한 대단이 위험하다. 그런 점에서 신인합일 또는 영육쌍전의 전통을 계승하는 것은 여전히 큰 의의가 있다.

또 민족종교가 갖는 의의 가운데 하나는 민족주의의 성격이다. 이 또한 이들 종교의 성립과 성장 배경과 분리할 수 없는 문제이기도 하지만, 또 한편 고대로부터 이어진 우리의 정체성을 이루는 한 부분이기도 하다. 특히 이들 종교는 단군신화에서 출발하는 우리의 원형 사상과 직간접으로 연결되어 있기도 하고, 무엇보다 종교 성립의 배경에서 강한 민족주의의 영향을 배제할 수 없었다.

그런데 지금 현실은 서구식 근대화와 서양 종교의 유행과 다문화 사회에서 단군신화 자체가 퇴색한 느낌마저 든다. 물론 세계화와 다문화 사회에서 인종이나 혈연에 기초한 자국 중심의 민족주의는 경계해야 마땅하다. 그런 의미에서 우리 민족의식의 출발이라 할 수 있는 단군신화를 종족적으로 해석할 것이 아니라, 보다 보편적이고 합리적인 문화 중심으로 재해석할 필요가 있다. 사실 종족 중심의 민족주의는 사회진화론이 만들어낸 허구이다. 어떤 민족이든 고대로부터 지금까지 순수 혈통으로 남아 있는 민족은 특수하게 고립된 지역의 몇몇 부족을 제외하고 거의 없다고 봐야 한다. 특히 한반도의 지정학적 위치상 그런 종족 중심의 민족주의는 설득력이 희박하다. 어쩌면 민족주의는 그 자체가 공동체가 필요에 의하여 만들어낸 구성원들을 결속하는 이념적 장치의 성격이 강하다.

그럼에도 불구하고 지금 여기서 민족주의를 거론하는 것은 그것이 아직 용도 폐기될 시점에 이른 것이 아니기 때문이다. 다양한 종교와 문화가 공존하는 대한민국이라는 공동체를 하나로 묶어가기 위해서는 현실에 맞는 민족주의가 필요하다. 그런 점에서 타 민족과 인종을 배척하지 않고 서로 화해하고 공존하며 상생과 평화를 위한 이념을 우리의 민족종교를 통해서도 연역할 수 있다. 다만 종교 그 자체의 세계적 확장을 위해서는 민족주의를 완화 또는 재해석하여 인류 전체를 행한 보편적인 것으로 지향해야 할 것 같다. 그리스도교가 유대교에 뿌리를 두면서도 그것을 벗어난 것처럼 진행할 필요가 있다.

끝으로 민의 철학을 담고 있는 이 민족종교가 유토피아와 관련된 민중적 특징을 현대에 어떻게 살릴 것인지 고민해 봐야 한다. 세계의 어떤 종교든 영향력이 큰 종교는 처음에는 대개 민중이라는 하층 계급으로부터 출발하였다. 애초 한국 개신교가 선교에 성공할 수 있었던 요인도 사회의 하층민인 민중을 대상으로 포교하기 때문이다.[14] 이렇게 민중 종교에서 출발하여 귀족 종교가 되기도 하고, 그 귀족 종교의 반성을 통해 다시 민중 종교의 입장으로 환류하는 과정을 겪어 왔다. 만약 그런 과정이 없다면 해당 종교는 외면당한다.

가령 고려 시대의 불교를 들여다보자. 불교가 귀족화되면서 왕실의 보호를 받았을 뿐만 아니라, 대량의 토지와 노비를 소유하고, 민중 위에 군림하며 기복 종교로서 혹세무민한 대가가 조선에 이르러 배불 숭유로 전환됨을 익히 알고 있다. 그동안 불교계의 개혁 운동이 없었던 것은 아니지만, 세속과 결탁한 교단과 승려들의 각성을 이끌기에는 역부족이었다. 그래서 신흥 사대부들이 신유학으로 무장하고 민본

---

14) 김용복, 1993, 「근대화와 한국 기독교의 성격 – 민족사적 평가를 위한 새 시각 – 」, 조명기외 33인 저, 『한국사상의 심층연구』, 우석, 507쪽 참조.

사상을 명분으로 불교를 배척하고 유교 국가의 조선을 건립하였다. 마찬가지로 유교를 국교로 선택한 조선 사회가 19세기 이후 또 어떻게 변하였고, 그에 따라 유교의 위상이 어떻게 되었는지도 우리는 너무나 잘 알고 있다.

이런 사실은 현대의 대형 종교에 시사되는 바가 크다. 현대의 민중은 유동적이고 계급과 계층의 연합 성격이 강하나, 여전히 사회의 하층민으로서 공동체로부터 보호받아야 할 대상임은 분명하다. 그럼에도 불구하고 현재의 종교가 그런 역할에 앞장서고 있는지 되돌아봐야 한다. 가난한 사람을 돕는다는 겨우 면피용의 구제 사업에 만족할 것이 아니라, 민중의 삶이 법적·사회적으로 향상될 수 있도록 종교가 앞서서 노력해야 한다. 고액 연봉을 받는 종교인들의 납세를 반대한다거나, 사회·정치적 이슈에서 노골적으로 특정 이념을 고수하면서, 기득권자들의 편을 드는 행위는 스스로 귀족 종교임을 자처하는 꼴이 된다. 이런 종교에서 더 이상의 민중을 대변하는 모습을 발견하기 어렵지만, 현실에서 민중의 눈을 멀게 하여 지배층의 이념만 재생산한다. 어찌 되었든 긴 안목에서 볼 때 진정한 반성과 개혁 없이는 해당 종교의 장기적 존속도 어렵다.

같은 맥락에서 근대전환기의 민족종교가 적어도 그 출발은 근대적 시민으로 성장할 수 있도록 민의 각성을 이끌었는데, 지금은 어떠한지 되돌아볼 필요가 있다. 사실 종교는 이중성을 가지고 있다. 기복 종교처럼 민중의 욕망에 미끼를 던져주지 못하면 종교가 크게 성장할 수 없다. 한국의 대형 종교도 그렇고 민족종교가 출발할 때도 그런 점이 없었다면 교세를 확장할 수 없었을 것이다. 물론 기복 종교가 현실을 중시한다는 점에서 긍정적이고, 또 다양한 수준의 민중을 최종 진리로 이끄는 방편으로 이해해 볼 수도 있다. 마치 불교의 경전이 다양하지만 최종 목적은 일승성불—乘成佛의 길로 인도한 것[15]처럼 필요하다. 그러나 민중을 진리로 이끌기 위해 그런 방편이 필요하다는 점을 십분 인정하더라도, 지나친 욕망과 결탁된 기복 종교의 형태는 지양되어야 한다. 지금 대다수 한국의 종교 현실은 주객이 전도된 느낌마저 든다. 언제까지 가능할까?

하지만 현대나 미래의 상황은 더 이상 신 또는 기존의 종교를 찾지 않는 사람들이 늘어갈 전망이다. 우리보다 앞서 도시화가 진행된 유럽이나 미국을 보면 알 수 있다. 다시 말하면 서양 전통의 형이상학적 신의 존재나 관념, 그로부터 연역되는 가치는 근대사회로 넘어 올수록 서구인들의 삶을 제대로 설명할 수 없었고 그들에게 영향을 미치기도 어려웠다. 서양의 저명한 기독교 신학자인 폴 틸리히, 칼 바르트, 하비 콕스 등의 신학도 바로 이런 고민에서 출발하였다. 대체로 이들의 신학은 전통의 그리스철학과 결합된 그것을 따르지 않고, 더 이상 신을 찾지 않는 세속적 인간의 삶을 두고 기독교 신학이 무엇을 할 것인지에 대한 고민에서 출발한다.[16]

현행 한국의 민족종교도 현행의 혹세무민에 가까운 기복 종교나 종교주의의 전철을 밟지 않고 앞서가려면 그 같은 방편에만 기댈 것이 아니라, 과거처럼 민중을 새롭게 자각하게 만드는 원리나 철학을 21세기에 맞게 다시 제시해야 할 것이다. 그것은 현재의 다수 시민의

---

15) 이종익, 1993, 「조선의 배불 정책과 불교회통사상」, 조명기외 33인 저, 『한국사상의 심층연구』, 우석, 143쪽 참조.
16) 하비 콕스, 앞의 책, 129~148쪽 참조.

삶과 사회·경제적 모순을 참고하여 해당 종교의 교조나 지도자의 가르침 속에서 얼마든지 연역하여 재해석할 수 있다. 그것이 바로 21세기형 우리철학이자 신학일 수 있다. 필자는 그것이 민족종교가 미래에 살아남는 길이기도 하고 진정한 종교의 역할이라 본다. 이것은 해당 종교 지도자의 몫이기도 하지만, 철학을 공부하는 사람들의 또 다른 관심사이기도 하다.

그런데 종교를 떠나서 순수한 시민의 입장에서 볼 때, 민의 철학이 갖는 현대적 과제는 더 크다고 하겠다. 아직도 종교가 시민에게 영향을 미치기도 하지만, 현대적 시민의식의 함양과 실천에, 아니 미래 세대의 관심사에 종교가 얼마나 긍정적 역할을 할지 미지수이기 때문이다. 종교 논리에 빠지거나 종교가 보수화되면 되레 그것에 부정적이어서, 종교에 현실 개혁에 대한 새로운 시민운동을 기대하기는 쉬워 보이지 않는다. 일례로 신자유주의 여파로 전 세계적으로 '슈퍼리치'가 등장하여 그들이 가진 재산이 전체 인류가 가진 것의 삼분의 이 이상을 차지한다는 대체적인 통계는 빈부의 양극화가 얼마나 심각한 단계로 진행되었음을 말해주고 있다. 이는 단지 경제의 문제만이 아니라 인류 전체의 생존과 삶에 영향을 미친다. 그 점은 우리나라도 예외가 아니다. 그런데도 이런 문제의 개선에 21세기 종교는 여전히 무력하다.

그런 점에서 우리의 21세기 민의 철학은 종교와 무관하게 전개되어야 하고 또 전개되고 있다. 다만 철학의 특성상 보편성을 지향하므로 지나친 계급성을 지양해야 한다. 그 철학의 이름을 민의 철학이 아니라 '시민철학'이든 '민중철학'이든 또 무엇이라 부르든 간에 경제·사회적 약자를 대변하면서도 다수 시민을 위한, 모두가 상생하는 철학이 되어야 할 것이다. 사실 마르크스주의도 서양식 민의 철학이라 할 수 있겠지만, 그것이 20세기 말에 왜 퇴조했는지의 이유를 안다면, 시대에 맞는 민의 철학을 창조할 수 있을 것이다.

따라서 사회·경제적 약자인 다수의 시민이 자신들의 삶을 주체적으로 개선하려면, 시대의 문제를 구조적이고 종합적으로 인식하고 인간을 보편적으로 이해하는 능력이 있어야 한다. 그게 언제 가능할지 모르겠지만, 각성되지 못한 채 독이 될지도 모르는 눈앞의 작은 이익만 추구하며 지배층이 재생산하는 논리를 무비판적으로 따르는 이율배반적 모습은 언제나 '민중은 개돼지'라는 조롱에 노출될 수밖에 없다.

이제 근대전환기 민족종교의 이상을 우리는 어떻게 대해야 할까? 해당 종교를 믿든 안 믿든 민족종교가 한 때 꿈꾸었던 개벽된 이상 세계의 건립은 종결된 것이 아니라 현재 진행형으로 봐야 한다. 그것은 여전히 해당 종교의 지향점이기도 하지만, 또 한편 사회적 약자로서 다수의 시민이 꿈꾸는 세계로서, 그 주체의 역량에 달려 있는 문제라고 본다. 따라서 깨어 있는 시민들의 정치 참여와 선거 혁명을 통해 개혁을 이끌지 못한다면, 현대의 다수 시민들이 자신들의 삶을 개선할 아무런 희망이 없을 것이다. 그런 점에서 21세기 새로운 세계를 건립하고 그것을 지탱할 가치와 철학을 창조하는 것 또한 시민 자신들의 몫으로 남는다. 근대전환기 민의 철학이 그랬듯이 그 또한 21세기 우리철학으로서 '시민철학'이 되지 않겠는가?

참고문헌

1. 원전 및 근대 매체

『三國史記』

『三國遺事』

『後漢書』

『甲骨金文字典』, 1993, 巴蜀書社.

『論語』

『道德經』

『孟子』

『禮記』

『莊子』

張載, 「西銘」

張載, 『正蒙』

『周易』

『朱子語類』

朱熹, 『西銘解』, 『通書解』

『中庸』

『中庸章句』

陳淳, 『北溪字義』卷上

周惇頤, 『通書』

許愼 撰, 段玉裁 注, 中華民國 76年, 『說文解字注』, 天工書局印行.

『淮南子』

吳澄, 『吳文正集』卷2

王夫之, 『四書訓義(上)』卷二, 「中庸一」

王夫之, 『張子正蒙注』

王夫之, 『周易內傳』

王夫之, 『周易外傳』

『闢邪錄辨』

『東學文書』, 1985, 『韓國民衆運動史資料大系 - 1984年의 農民戰爭篇附
　　　　東學關係資料1』, 驪江出版社.

俞吉濬, 1969, 『西遊見聞』, 景仁文化社.

申采浩, 『丹齋申采浩全集』

朴殷植, 『朴殷植全書』

고려대학교 아세아문제연구소 육당전집편찬위원회 편, 1974, 『육당최남선
　　　　전집』, 현암사.

원불교정화사, 1977, 『圓佛敎全書』, 원불교출판사.

천도교중앙총부편, 1992, 『천도교경전』.

증산도 도전편찬위원회, 2004, 『道典』, 대원출판사.

대한성서공회, 2006, 『신약전서』.

국립민속박물관, 2009, 『한국민속신앙사전 - 무속신앙 - 』.

대순진리회교무부, 2010, 『典經』 13판, 대순진리회출판부.

대순진리회교무부, 2012, 『대순지침』, 대순진리회출판부.

한국정신문화연구원, 1996, 『한국민족문화대백과사전』.

象形字典(www.vividict.com)

『皇城新聞』

『大韓每日申報』

『三千里』

2. 저서 및 번역서

강재언, 1986, 『근대한국사상사연구』, 미래사.

고익진, 1991, 『한국의 불교사상』, 동국대학교 출판부.

김동화, 1991, 『중국조선독립운동사』, 느티나무.

김용옥, 1989, 『나는 불교를 이렇게 본다』, 통나무.

김영태 저, 1990, 『한국불교사개론』, 경서원.

김윤식, 1960, 『續陰晴史(上)』 권8, 국사편찬위원회.

계연수 저, 임승국 번역 및 해설, 1886, 『환단고기』, 정신세계사.

노길명 등, 2003, 『한국민족종교운동사』, 사단법인 한국민족종교협의회.

대종교종경종사편수위원회, 1971, 『대종교중광60년사』, 대종교총본사.

문화체육관광부, 2018, 『2018년 한국의 종교현황』.

민중신학연구소 엮음, 1995, 『민중신학 입문』, 한울.

박정훈 편저, 1982, 『한 울안 한 이치에』, 원불교출판사.

백낙청·임형택·도진순 외 지음, 백영서 엮음, 2019, 『백년의 변혁』, 창비.

사단법인 한국민족종교협의회의의, 1992, 『한국민족종교총람』, 한누리.

우리경제연구회 편, 1987, 『한국민중경제사』, 형성사.

유길준 저, 김태준 역, 1982, 『서유견문』, 박영사.

유승국, 1988, 『한국사상과 현대』, 동방학술연구원, 94쪽.

오강남, 2001, 『예수는 없다』, 현암사.

윤석산, 1999, 『龍潭遺詞』, 동학사.

이명수, 2015, 『유가 철학의 욕망 경계와 근대적 분화』, 다른생각.

이종란 지음, 2008, 『전래동화·민담의 철학적 이해』, 철학과현실사.

이종란 지음, 2017, 『의산문답』, 한설연.

정의행, 1993, 『한국불교통사』, 한마당.

조명기외 33인 저, 1993, 『한국사상의 심층연구』, 우석.

조춘희 등 편, 2018, 『백봉전집』, 역사공간.

한국도교문화학회 편, 2015, 『증산사상의 다층적 분석』, 청홍.

한국민족종교협의회, 2003, 『한국민족종교운동사』, 윤일문화.

한국철학회 편, 1987, 『한국철학사』 하권, 동명사.

고이케 나가유키 저, 이상결 역, 1997, 『종교를 알아야 일본을 안다』, 철학과
    현실사.

郭沫若 저, 조성을 역, 1991, 『中國古代思想史』, 까치.

鎌田茂雄 저, 신현숙 역, 1991, 『한국불교사』, 민족사.

샷사 미츠야키, 2003, 『한말·일제시대 단군신앙운동의 전개』, 서울대학교
    박사학위 논문.

牟鐘鑒 지음, 이봉호 옮김, 2015,『중국 도교사』, 예문서원.

村岡典嗣 저, 박규태 역, 1998,『일본 신도사』, 예문서원.

馮契 主編, 1989,『中國近代哲學史』, 上冊, 上海人民出版社.

리처드 도킨스 저, 이한음 옮김, 2007,『만들어진 신』, 김영사.

미르세아 엘리아드 저, 이은봉 역, 1985,『신화와 현실』, 성균관대학교 출판부.

하비 콕스 지음, 이상률 옮김, 2020,『세속도시』, 문예출판사.

히하라 도시쿠니 지음, 김동민 옮김, 2013,『한 제국, 덕치와 형벌의 이중주』, 글항아리.

B. 러셀 저, 최민홍 역, 1988,『서양철학사』 상, 집문당.

3. 논문

김성윤, 2000,「姜甑山의 理想社會論과 天地公事」,『지역과 역사』 제7호, 부경역사연구소.

김용휘, 2008,「의암 손병희의『無體法經』과 동학·천도교의 修煉」,『동학연구』 25, 한국동학학회.

김재원, 1992,「단군계 교단 개관」,『한국민족종교총람』, 한누리.

김현우, 2017,「민족종교에 나타난 한국 정신문화의 원류」,『한국철학논집』 52, 한국철학사연구회.

김현우·이경원, 2017,「민족종교에 나타난 한국정신문화의 원류」,『한국철학논집』 52, 한국철학사연구회.

김형효, 1997,「퇴계 성리학의 자연 신학적 해석」,『퇴계의 사상과 그 현대적 의미』, 한국정신문화연구원.

김홍철, 1999,「檀君信仰의 實態와 그 特性」,『고조선단군학』 1, 단군학회.

박광수, 2010,「원불교의 후천개벽 세계관」,『원불교사상과 종교문화』, 원광대학교 원불교사상연구원.

박맹수, 2014,「동학계 종교운동의 역사적 전개와 사상의 시대적 변화 - 동학과 천도교를 중심으로 -」,『한국종교』 제37집, 원광대종교문제연구소.

박종일, 2008, 「종교와 근대민족주의의 형성: 새로운 연구 동향과 한국적 맥락에 대한 검토」, 『동양사회사상』17, 동양사회사상사학회.

양은용, 2012, 「원불교의 개벽사상」, 『한국종교』 제35집, 원광대종교문제연구소.

양일모, 2007, 「동아시아의 사회진화론 재고 - 중국과 한국의 진화개념의 형성 - 」, 『한국학연구』, 인하대학교 한국학연구소.

오문환, 2001, 「동학의 도덕적 평등주의」, 『동학과 동학경전의 재인식』, 신서원.

_____, 2006, 「의암 손병희의 성심관 - 『무체법경』을 중심으로 - 」, 『동학학보』 제10권 1호, 동학학회.

유동식, 1978, 「별신굿의 종교적 특징」, 『明大』 9, 명지대학교 교지집편집위원회.

柳承國, 1977, 「韓國 固有思想에 나타난 人本思想」, 『원불교사상』 2, 원광대학교 원불교사상연구원.

윤사순, 2000, 「퇴계 천개념의 다의성에 대한 검토」, 『퇴계학보』107, 퇴계학연구원.

이경원, 2012, 「강일순의 후천개벽론」, 『한국종교』 제35집, 원광대학교 종교문제연구소.

이관호, 2016, 「퇴계 이황의 '천' 사상연구 - 理學과의 관련성을 중심으로 - 」, 연세대학교대학원 박사학위논문.

이명남, 2001, 「동학의 인간관」, 『동학과 동학경전의 재인식』, 신서원.

이종란, 2017, 「증산 사상의 철학적 특징 - 민중의 입장이 반영된 사상세계 건립과 관련하여 - 」, 『인문학연구』 제54집, 조선대학교 인문학연구원.

_____, 2018, 「『전경』의 사상분석으로 살펴본 '우리철학'의 방법론」, 『대순사상논총』 제30집.

이철승, 1995, 「민중사상과 종교」, 『강좌한국철학』, 예문서원.

_____, 2007, 「평등 세상을 꿈꾼 민중 운동의 사상」, 『한국철학스케치』

2, 풀빛출판사.

_____, 2009,「동학사상에 나타난 자아관의 성립 근거와 의의」, 철학연구회, 『철학연구』제87집.

_____, 2013,「『통서』에 나타난 '성(誠)'관의 논리 구조와 의의」, 한국철학회, 『철학』제115집.

_____, 2014,「맹자의 '浩然之氣' 사상에 대한 주희와 왕부지의 관점 비교」, 『유교사상문화연구』57집.

_____, 2015,「현대 사회에서 인仁은 어떻게 실천되어야 할까?」, 『유교사상문화연구』61집.

_____, 2016,「우리철학의 현황과 과제(1) - 근대 전환기 '철학' 용어의 탄생과 외래철학의 수용 문제를 중심으로 - 」, 『인문학연구』제52집.

_____, 2017,「동학사상에 나타난 도덕의식」, 조선대 인문학연구원, 『인문학연구』54집.

조성환, 2012,「바깥에서 보는 퇴계의 하늘섬김 사상」, 『퇴계학 논집』10, 영남퇴계학연구원.

정규훈, 1998,「한국근종교의 사상과 실제에 관한 연구」, 성대관대학교대학원 박사학위논문.

_____, 2002,「한국민족종교에 미친 유교의 영향」, 『동양철학연구』29권, 동양철학연구회.

정순일, 1993,「원불교의 삼교원융사상」, 『원불교사상과 종교문화』vol.18, 원광대학교 종교문제연구소.

_____, 2009,「은사상에 대한 또 하나의 시각」, 『원불교사상과 종교문화』41집, 원광대학교 원불교사상연구원, 2009.

조성훈, 2017,「원불교「일원상 법어」에 대한 연구」, 원광대학교대학원 박사학위논문.

조수동, 2002,「일연의 화회사상 - 『삼국유사』를 중심으로」, 『철학논총』29, 새한철학회.

조재국, 1998,「증산교의 역사와 사상」, 『한국문화신학회 논문집』vol.2, 한

324

국문화신학회.

차선근, 2013, 「대순진리회의 개벽과 지상선경」, 『신종교연구』 제29집, 한국
　　　신종교학회.

＿＿＿, 2016, 「대순진리회의 의학사상」, 『신종교연구』 제34집, 한국신종교
　　　학회.

최영성, 2017, 「한국사상의 원형과 특질」, 『한국철학논집』 55, 한국철학사상
　　　사연구회.

최재목, 2014, 「韓國思想의 低流와 退溪學」, 『한국학논집』 56, 계명대학교
　　　한국학연구원.

황상희, 2015, 「퇴계의 천관을 중심으로 한 성리설 연구」, 성균관대학교대학
　　　원 박사학위논문.

황수영, 2015, 「한국 고유사상의 특징 - 단군신화와 풍류도를 중심으로 - 」,
　　　『韓國思想과 文化』 79, 한국사상문화학회.

허태근, 2015, 『弘巖 羅喆의 大倧敎 重光과 朝天 硏究』, 부경대학교 박사
　　　논문.

4. 학술 사이트

천도교 경전, http://www.chondogyo.or.kr/niabbs4/bbs.php?bbstable=dongkyung

원불교경전법문집, http://won.or.kr/bupmun

대종교 관련 자료, http://www.daejonggyo.or.kr/

대순진리회 전경, http://www.daesun.or.kr/kyoungjun/search.php

네이버 지식백과, https://terms.naver.com/entry.nhn?docId= 2111965&cid=
　　　50765&categoryId=50778

| 지은이 소개 |

이종란李鍾蘭

서울교육대학교를 졸업하고 교사로 근무했다. 성균관대학교 대학원에서 한국철학을 전공하고, 최한기崔漢綺의 철학을 연구하여 박사학위(철학)를 받았다. 한국방송대학교, 한국체육대학교, 성균관대학교에 출강하였으며, 조선대학교 우리철학연구소에서 전임연구원을 지냈다. 현재는 집필 활동에만 전념하고 있다.

주요 저서로는 『기란 무엇인가』, 『의산문답』, 『최한기의 운화와 윤리』, 『전래동화·민담의 철학적 이해』, 『전래동화 속의 철학1-5』, 『청소년을 위한 이야기 논어』, 『주역, 삶에 미학을 입히다』(공저), 『한국철학스케치』(공저) 등이 있고, 『쉽고 재미있는 동양고전 30』 외 다수의 철학동화가 있으며, 번역서로는 『운화측험』, 『왕양명실기』, 『공제격치』, 『주희의 철학』(공역), 『왕부지 중용을 논하다』(공역) 등이 있고, 주요 논문으로는 「『주역』을 통해 구축한 동서철학 융합의 플랫폼」 외 다수가 있다.

김현우金賢優

성균관대학교 동양철학과를 졸업하고, 동 대학원에서 동양철학과 한국철학을 전공하여 박은식과 양계초의 비교 연구로 박사학위(철학)를 받았다. 중국사회과학원에서 방문학자로 있었으며, 이후 몽골국립생명과학대학에서도 교환교수로 잠시 연구하였다. 성균관대학교 유교문화연구소에서 연구원으로 연구하였고, 한남대학교와 조선대학교에 출강하였으며, 조선대학교 학술연구교수를 지냈다. 현재는 한국효문화진흥원에 연구원으로 있다.

주요 논문으로는 「학규신론에 나타난 박은식의 경학관연구」(2014), 「박은식의 양계초 수용에 관한 연구」(2013), 「中國의 儒敎觀 硏究(1949~1978)」(2010), 「조선후기 호락논쟁湖洛論爭에서 보이는 근대적 사유에 관한 연구」(2010) 등이, 저술로는 『세계 각국의 효문화』(2019, 공저), 『한국 효문화 뿌리를 찾아서 I』(2020, 공저) 등이 있다.

이철승李哲承

현재 조선대학교 철학과 교수 및 우리철학연구소장으로 재직하고 있다. 성균관대
에서 철학박사학위를 받았고, 중국 북경대北京大 철학과 연구학자(박사후연수), 중국
중앙민족대中央民族大 및 형양사범대衡陽師範學院 객좌교수, 중국 곡부사범대曲阜師
範大 겸직교수, 한중철학회 회장, 한국유교학회 회장 등을 역임하였다.

논문으로 「박제가의 철학 사상에 나타난 비판 정신과 반성리학적 경향」(2002), 「근
대 전환기 한국사상계의 '동서문화융합론'에 나타난 경제관 분석」(2004), 「동학사상
에 나타난 자아관의 성립 근거와 의의」(2009), 「우리철학의 현황과 과제(1,2)」(2016,
2017), 「동학사상에 나타난 도덕의식」(2017), 「21세기 우리철학의 현황과 과제」(2019)
외 다수가 있다. 또한 저·역서로 『강좌한국철학』(1995, 공저), 『우리들의 동양철학』
(1997, 공저), 『유가사상과 중국식 사회주의 철학』(2002), 『철학의 21세기』(2002, 공
저), 『철학, 문화를 읽다』(2009, 공저), 『처음 읽는 중국현대철학』(2016, 공저), 『완역
성리대전』총10권(2018, 공역), 『오늘의 한국철학, 그리고 우리철학』(2019, 공저), 『우리
시대, 새로운 유학을 사유하다』(2020, 공저), 『우리철학, 어떻게 할 것인가』(2020) 외
다수가 있다.

한국학 총서

조선대학교 우리철학연구소 우리철학총서 05
근대전환기의 한국철학 〈民〉

민족종교와 민의 철학

초판 인쇄 2020년 12월 10일
초판 발행 2020년 12월 20일

지 은 이 | 이종란·김현우·이철승
펴 낸 이 | 하운근
펴 낸 곳 | 學古房

주   소 | 경기도 고양시 덕양구 통일로 140 삼송테크노밸리 A동 B224
전   화 | (02)353-9908 편집부(02)356-9903
팩   스 | (02)6959-8234
홈페이지 | www.hakgobang.co.kr
전자우편 | hakgobang@naver.com, hakgobang@chol.com
등록번호 | 제311-1994-000001호

ISBN 979-11-6586-122-3 94100
        978-89-6071-865-4(세트)

값: 20,000원